UNDERSTANDING
OF ADVERTISING

광고의 이해(2판)

최호규 권주형 공저

이프레스

* 머리말

최근의 한류는 가수 싸이의 강남스타일 이후 방탄소년단(BTS)의 '러브 유어 셀프 전 티어'가 빌보드 메인 차트 1위를 차지했다. 이는 빌보드 78년 역사상 한국의 가수가 1위를 한 것은 역사상 처음 있는 일이다. 이는 단순히 한 그룹의 성공이 아닌 한국이라는 국가 브랜드 이미지의 제고와 다양한 문화적 부가가치를 만들어 낸 일련의 사건이라고 할 수 있다.

KB 국민은행에서는 이러한 흐름을 놓치지 않고 BTS를 모바일뱅킹 어플리케이션(앱) 'KB스타뱅킹'광고에 BTS를 기용했으며, 동영상 서비스 700만 조회를 넘어서는 등 톡톡한 광고효과를 나타내었다. 신한은행 또한 통합 앱 '쏠'의 광고모델로 11인조 아이돌인 '워너원'을 내세우면서 순식간에 550만 명의 가입자를 유치할 수 있었다.

이와 같이 광고는 기업에게 매우 중요한 역할을 수행한다. 심지어 정부에서도 광고를 대국민 홍보를 위해서 가장 중요한 수단으로 여기고 있다. 특히, 광고의 핵심은 얼마나 전달하고자 하는 내용을 효과적으로 전달할 것인가를 결정하는 것이다. 이를 위해 절대적으로 필요한 것은 창의성, 즉 크리에이티브(creative)이다.

저자는 지난 2014년, 좀 더 재미있고 쉽게 광고가 가져야할 다양한 특성과 크리에이티브 전략을 수립할 수 있을까를 고민하면서 학부생을 중심으로 하는 '광고의 이해'를 집필하였다. 이후 시간이 지나면서 스마트폰 기능의 엄청난 발전과 함께 광고 분야는 괄목할 만큼의 성장을 보이고 있다. 따라서 새롭게 성장하고 있는 우리나라 광고시장의 변화와 함께, 광고의 본질을 살펴볼 수 있도록 최신의 자료를 중심으로 본 교재를 출간하게 되었다.

본 교재의 특징을 들면 다음과 같다.

첫째, 본 교재는 학부생이 한 학기 동안 광고의 본질과 특성을 충분하게 이해할 수 있도록 총 12장으로 구성하였다. 특히, 최근 미래의 고객을 대상으로 한 아이돌 그룹의 광고사례 등을 포함하여 광고의 분야별 특성을 나타낼 수 있도록 하였다.

둘째, 본 교재는 전반부에서 광고의 이론 및 광고의 역사를 살펴보면서 우리나라 광고 산업의 발전과 전망에 대해 살펴보았으며, 자칫 무심코 넘어가기 쉬운 규제대상 광고의 유형을 살펴봄으로써 광고가 가질 수 있는 문제점 등을 스스로 살펴볼 수 있도록 하였다.

셋째, 본 교재의 중반부와 후반부는 광고실무 분야로 크리에이티브 및 광고 아이디어 발상과 광고카피를 살펴봄으로써 독특하고 차별화된 광고카피의 실제를 다루어볼 수 있도록 하였다. 이는 향후 광고분야뿐만 아니라 기업을 경영하는 데 있어서 어떠한 상황에서라도 훌륭하게 기업이 추구하는 가치에 걸맞은 제품과 서비스의 가치를 알릴 수 있는 감각을 키울 수 있도록 하였다.

넷째, 본 교재는 본문의 구성에 있어서 새롭게 등장한 이론이나 자료에 대한 설명 등에 대하여 Tip 형태를 이용하여 설명함으로써 독자들이 이해를 쉽게 할 수 있도록 구성하였으며, 각 장마다 주용 내용을 요약하여 복습할 수 있도록 구성하였다.

다섯째, 본 교재는 각 장마다 광고격언과 함께 각 장의 주제에 맞는 국내외 광고를 선별하여 수록하였으며, 광고관련 각종 시험에 대비할 수 있도록 교양수업 및 전공수업에서 출제한 기출문제와 정답을 가감 없이 그대로 실어놓았다.

여섯째, 본 교재는 대학생 광고공모전, 광고전략(기획) 수립, 광고사례 분석 등을 대비할 수 있도록 구성하였다.

본 교재는 지면이 허락하는 범위 내에서 가능하면 많은 내용을 포함하고자 하였으나, 그럼에도 불구하고 광범위한 광고의 세계를 모두 포함할 수 없다는 점에 대해 독자들에게 미리 양해를 구하면서, 실질적인 광고기획 예산이나 효과 평가 등에 대한 영역의 취급에는 다소 한계가 있음을 나타낸다.

끝으로, 본 교재에 대한 재출판을 허락해 주고 부족한 부분을 보강해 주기 위해 노력해 주신 도서출판 이프레스 최용구 사장님과 직원 여러분에게 진심으로 감사를 드린다. 또한 바쁜 과정에서도 광고사례를 보완 · 정리해 준 석 · 박사과정 대학원생과 김진경 박사에게도 고마움을 전한다.

2018년 9월
금강의 초가을 풍경을 바라보면서
저자일동

* 차례

CHAPTER 02 광고의 역사와 현황

CHAPTER 03 광고의 규제

CHAPTER 04
광고의 반응과 모델

CHAPTER 05
광고와 소비자심리

CHAPTER 06
크리에이티브

CHAPTER 07

광고 아이디어 발상

CHAPTER 08

광고카피

CHAPTER 09 광고카피의 논리와 아트디렉션

CHAPTER 10 매체별 광고카피 전략

CHAPTER 11

대상별 광고카피 전략

CHAPTER 12

광고 전략 수립과정 및 광고공모전

광고 불변의 법칙

지 식 을 쌓 고 넓 혀 라 !

훌륭한 광고인은 남보다 더 많이 알고 있다.
필요한 지식을 일부러 배우려 들지 않는 것은 매우 흔한 일이다.
수많은 텔레비전 광고와 인쇄광고를 만드는데 엄청난 돈을 쏟아 붓지만
그 결과를 분석해 장단점을 찾는 사람은 거의 없다.

CHAPTER 01

광고의 개관

Understanding of Advertising

광고와 마케팅의 관계를 마케팅의 교환과정 측면과 마케팅믹스의 측면, 광고의 개념과 구성요소, 광고와 관련된 유사개념을 홍보, 공중관계, 선전과 비교 · 검토한 후 광고의 과정과 목표, 광고의 효과를 이론적 측면과 실증적 측면에서 알아본다. 또한 광고의 기능을 기본적 기능과 파생적 기능, 순기능과 역기능 측면에서 알아보고, 다양하게 분류되고 있는 광고의 종류와 사용매체에 의한 광고의 종류에 대해 알아본다.

Advertising & Copy

우리나라의 다양한 부동산 매물을
스마트폰으로 찾아볼 수 있는 어플리케이션 광고.
우리말의 문맥과 음절을 이용한
광고 카피와 부동산을 찾아
고민하는 20대의 대표적인 걸그룹 연예인이
잘 조화된 광고로 볼 수 있다.

CHAPTER

01

광고의 개관

1. 광고와 마케팅의 관계

우리가 배우고자 하는 광고(advertising)는 과연 마케팅(marketing)과 어떤 관계가 있을까? 결론적으로 말해서, 광고와 마케팅은 전혀 다른 학문이 아니라 불가분의 관계에 놓여 있다.

TIP | 마케팅의 개념

마케팅이란 조직과 이해관계자들에게 이익이 되는 방법으로 고객에게 가치를 창조하고, 알리고, 전달하며, 고객관계를 관리하기 위한 조직의 기능과 일련의 과정을 말한다(marketing is an organizational function and a set of processes for creating, communicating, and delivering value to customers and for managing customer relationships in ways that benefit the organization and its stake holders. AMA, 2004).

※ AMA(American Marketing Association)는 미국마케팅학회를 지칭한다.

1) 마케팅의 교환과정 측면

광고는 마케팅의 목적을 달성하기 위한 수단 중에서도 가장 큰 비중을 차지하고 있는 요소라고 해도 과언이 아니다. 즉, 광고는 마케팅을 실현하기 위한 하나의 중요한 수단이라고 할 수 있다. 따라서 광고의 주된 목적이 기본적으로 정보제공과 설득과정을 통한 교환활동이라고 할 수 있기 때문에 광고자체를 마케팅의 교환과정 측면에서 생각해 볼 수 있다.

TIP | 마케팅 목적과 마케팅 수단

마케팅 목적 : 고객과 사회의 욕구충족을 통한 이윤창출, 사회적 책임
마케팅 수단 : 광고, 인적 판매, 홍보 및 대중관계, 판매촉진 등

[그림 1-1]에서 보는 바와 같이, 기업은 소비자에게 아이디어(ideas)나 상품(goods) 및 서비스(services)를 제공(알리고, 전달)하고 그 대가를 받음으로써 교환(exchange)이 일어난다. 이러한 교환과정에서 기업과 소비자는 각각 그들의 욕구(needs and wants)를 최대한 충족시키기 위해 서로 간의 교환효용(exchange utility)을 극대화시킨다. 즉, 마케팅의 본질인 교환활동을 통하여 기업은 유지 · 발전하고 소비자는 그들의 욕구를 충족시킨다.

그림 1-1 | 마케팅의 교환과정

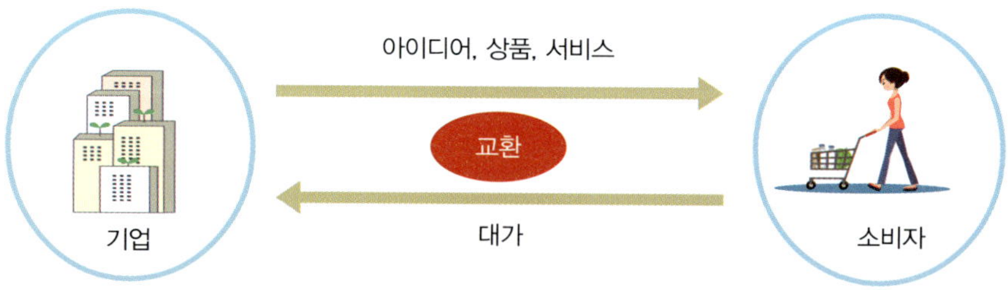

TIP | 마케팅의 본질

마케팅의 본질은 인간의 욕구를 충족시킬 목적으로 수행하는 교환활동이라고 할 수 있다. 즉, 인간은 누구나 제품과 서비스 및 아이디어에 대한 욕구(needs and wants)를 가지고 있다. 이러한 욕구는 교환을 통하여 충족되고 있다. 따라서 마케팅은 교환이라는 개념을 핵으로 교환효용의 관리에 관심을 집중시키는 학문이라고 할 수 있다.

인간의 욕구 중 식욕을 소재로 한 치킨광고

그러나 광고는 현실적으로는 많은 당사자들이 여러 번의 교환과정에 참여하여 서로 간의 욕구를 충족시키고자 하는 복합 순환적 교환과정(complex circular exchange process)이 존재한다고 할 수 있다(Bagozzi, 1975). 이러한 내용을 수정 · 보완하여 그림으로 나타내면 [그림 1-2]와 같다.

그림 1-2 | **광고의 복합 순환적 교환과정**

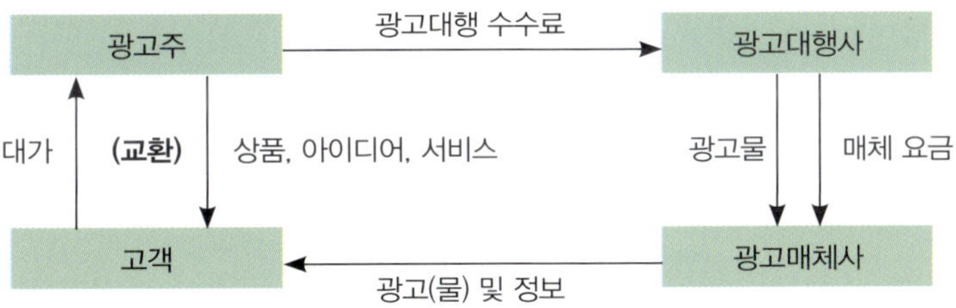

따라서 광고는 광고주, 고객, 광고대행사, 광고매체사 등의 여러 당사자가 참여하여 복잡한 교환과정 끝에 최종적으로 고객에게 광고와 필요한 정보를 제공하고 이들에게서 상품구매라는 보상을 받게 되는 복합 순환적 교환과정을 필요로 하는 마케팅 활동의 하나라고 할 수 있다.

TIP | **용어 표현**

광고주(sponsor, advertiser): 광고를 의뢰한 사람, 기업, 조직, 단체 등
고객(customer) = 소비자(consumer)
광고대행사(advertising agency) = 광고회사(advertising corporation)
광고매체사(advertising media company): 방송사, 신문사, 출판사, 인터넷, 플랫폼 기업 등

이와 같이 광고를 마케팅의 교환과정 측면에서 바라보면, 교환의 대상(objects)이 누구이고, 어떤 상품(goods, product), 어느 경쟁자들(competitors)과 경쟁을 해야 하는지를 파악할 수 있으므로 마케팅 전략과 광고 전략을 수립하는 데 커다란 도움이 될 것이다.

2) 마케팅믹스의 측면

마케팅믹스(marketing mix)는 마케팅 목적을 달성하기 위한 4p의 최적배합으로 McCarthy(1996)가 이들을 4p라는 4개의 요소로 정리한 데서 유래되었다. 마케팅믹스는 마케팅 학문의 근간을 이루는 핵심요소로써 제품(product), 가격(price), 유통(place, distribution), 촉진(promotion)으로 구성되어 있다([그림 1-3]).

TIP | Marketing Mix

The marketing mix refers to the set of actions, or tactics, that a company uses to promote its brand or product in the market. The 4Ps make up a typical marketing mix – Price, Product, Promotion and Place(economictimes, 2018).

그림 1-3 | 마케팅믹스(marketing mix)

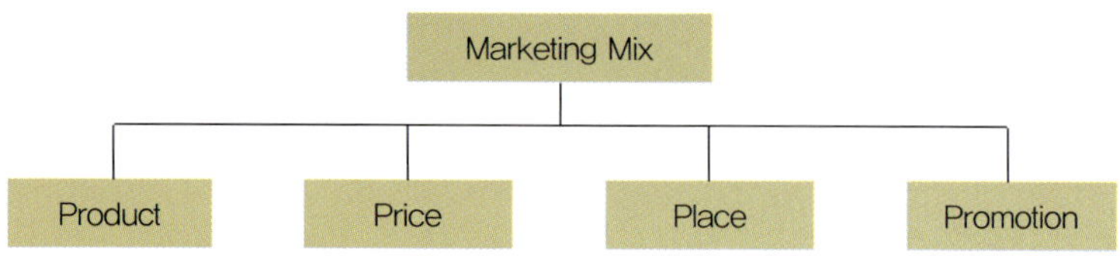

촉진믹스(promotion mix)는 촉진의 근간을 이루고 있는 핵심요소로써 광고(advertising), 인적 판매(personal selling), 홍보 및 공중관계(publicity and public relations), 판매촉진(sales promotion)으로 구성되어 있다([그림 1-4]).

TIP | Promotion Mix

The promotion mix identifies the optimum level of advertising, personal selling, publicity and public relations, and sales promotion(Wells et. al., 2006).

그림 1-4 | 촉진믹스(promotion mix)

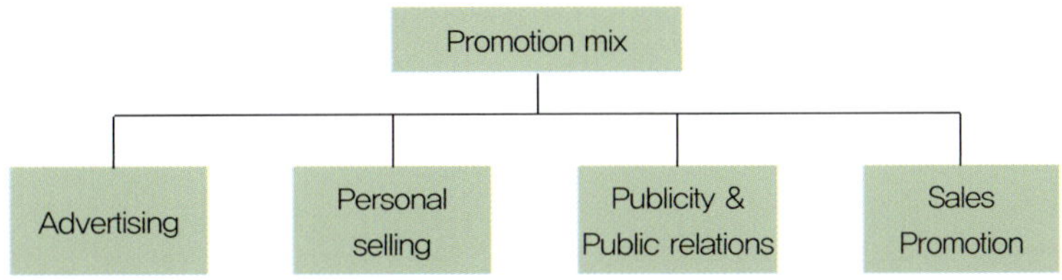

따라서 마케팅믹스와 광고와의 관계를 정리하면 [그림 1-5]와 같다.

TIP | 마케팅믹스와 광고와의 관계

Advertising is a category within the promotion mix and promotion is a category within the marketing mix(Wells et. al., 2006).

그림 1-5 | 마케팅믹스와 광고와의 관계

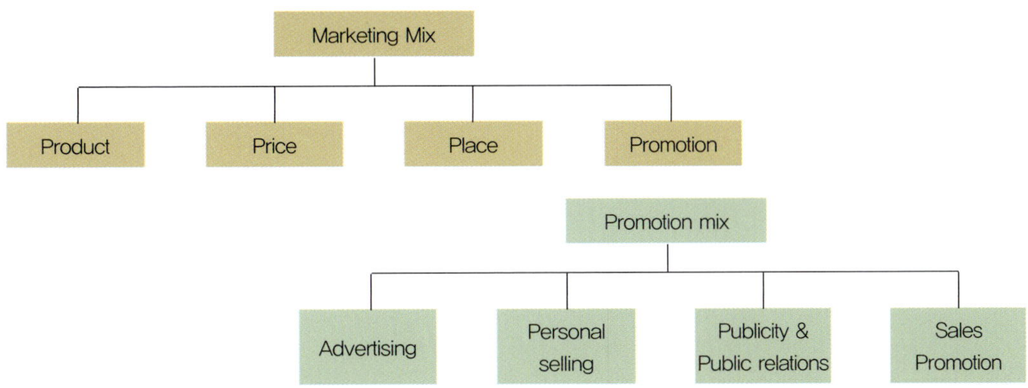

2. 광고의 개념과 구성요소

1) 광고의 개념

광고란 무엇일까? 대부분의 많은 사람들은 광고에 대해 아마도 한번쯤은 텔레비전, 라디오, 신문, 잡지, 인터넷, 광고게시판 등을 통해서 들어 보거나 접해 보았을 것이다.

그렇다면 도대체 광고란 무엇인가? 광고는 상품을 팔기 위해 알리고, 보여주는 것으로 많은 사람들은 선전(propaganda)이나 홍보(publicity)와 같은 의미로 생각하고 있다. 그러나 광고는 의미와 사용에서 매우 다양한 형태를 가지고 있다. 광고의 개념은 시대에 따라 또는 보는 관점에 따라 다양한 형태로 표출되어 왔다.

그동안 보편적으로 알려진 광고에 대한 개념을 요약하여 정리하면 〈표 1-1〉과 같다.

표 1-1 | 광고의 개념

AMA (1963)	광고는 이름을 밝힌 광고주에 의해 아이디어나 상품 및 서비스에 대한 유료형태의 비인적 제시 및 촉진활동이다(advertising is any paid form of nonpersonal presentation and promotion of ideas, goods, and services by an identified sponsor).
Dunn & Barban (1986)	광고는 이름을 밝힌 기업이나 비영리조직 또는 개인이 다양한 매체를 이용하여 특정 집단의 청중에게 정보를 제공하거나 설득하고자 하는 유료의 비인적 커뮤니케이션이다.
Kotler (1988)	광고는 자기를 밝힌 광고주가 요금을 내고 사람이 아닌 다른 매체를 이용하여 어떤 상품(서비스, 생각, 사람, 조직단체 등 포함)을 제시하거나 그 상품이 팔리도록 촉진하는 것이다.
Bovee & Arens (1989)	광고는 요금을 지불하고 다양한 매체를 이용하여 제품, 서비스, 아이디어에 관한 정보를 전달하기 위한 비인적 설득 커뮤니케이션이다.

Nylen (1993)	광고는 특정한 제품, 서비스, 신념, 행동에 관한 정보를 제공하거나 소비자들을 설득시킬 목적으로 대중매체에 요금을 지불하고 싣는 메시지이다.
Bennett (1995)	광고는 이름을 밝힌 광고주가 비용을 지불하고 아이디어나 제품 또는 서비스를 비대면적으로 제시하고 촉진하는 것이다.
이두희 (2003)	광고는 확인 가능한 광고주가 교환을 창출하거나 유지하기 위해 다양한 매체를 이용하여 주로 유료로 행하는 일방 또는 상호작용적 마케팅 커뮤니케이션이다.
장대련 · 한민희 (2006)	광고는 자신의 이름을 밝힌 광고주가 사람의 대화가 아닌 정보전달의 매체를 이용하여 어떤 상품(서비스, 생각, 사람, 조직단체 등 포함)을 특정 대상에게 소개하거나 판매를 촉진하는 활동이다.
Moriarty et. al. (2009)	광고는 이름을 밝힌 광고주와 구매자를 연결시키고 상품이나 서비스, 아이디어에 관한 정보를 제공하기 위해 대중매체와 상호작용매체를 사용하여 대중에게 다가가는 유료형태의 설득 커뮤니케이션이다.

그러나 이러한 광고는 시대에 따라 변화하고 진화되기 때문에 그 시대의 역할과 환경적 변화를 반영할 수 있어야 한다.

앞에서 살펴본 광고의 개념을 바탕으로 오늘날 현재 시점에서 광고가 갖추어야 할 조건을 들면 다음과 같다.

- 광고주가 명시되어야 한다.
- 유료형태여야 한다.
- 아이디어나 상품 및 서비스를 대상으로 하여야 한다.
- 비인적 매체(nonpersonal media)를 통한 제시여야 한다.
- 정보를 제공하고 설득, 강화, 촉진, 판매를 위한 것이어야 한다.

TIP | 비인적 매체

비인적(非人的) 매체라 함은 사람이 아닌 다른 매체(TV, 신문, 라디오, 잡지, 인터넷, 어플리케이션 등)를 의미한다.

이상에서 살펴본 바와 같이, 광고의 개념은 앞서 살펴본 촉진믹스의 인적 판매, 홍보 및 공중관계, 판매촉진과는 확연히 다르다는 점을 알 수 있다. 즉, 인간매체에 의한 촉진은 인적 판매, 유료가 아닌 경우는 홍보, 전통적인 대중매체(TV, 신문, 라디오, 잡지 등)에 의하지 않는 촉진활동은 판매촉진에 해당된다고 볼 수 있다.

TIP | 인적 판매(personal selling)

인적 판매는 예상구매자들과 집적면담을 통하여 상품구매를 도와주거나 또는 구매를 설득하는 촉진활동을 말한다. 이는 판매와 더불어 고객관계를 구축하기 위한 목적으로 수행되며 판매원판매(sales people sale) 또는 방문판매(door to door sale)로도 불린다.

TIP | 홍보(publicity)

홍보란 특정제품이나 서비스 및 기업체에 관한 정보를 대량매체에 의하여 요금을 지불하지 않고, 뉴스나 논설형태로 다루어지는 활동을 말한다. 예를 들어, 양로원이나 보육원에 대한 기업의 기증행위, 신제품에 대한 개발소식, 명절이나 휴가철의 차량 애프터서비스, 정부 및 지자체의 행사안내, 질병예방 등이 언론에 기사화되거나 뉴스의 형태로 보도되는 것을 들 수 있다.

TIP | 판매촉진(sales promotion)

판매촉진은 광고와 인적판매의 활동을 측면에서 보강 · 지원하는 비 반복적이고 단기적인 촉진활동을 말한다. 이는 고객의 주의를 끌고, 즉각적인 반응을 유도할 수 있는 강력한 동기를 제공하며, 제품을 극적으로 표현하고, 위축된 판매를 증진시키는데 사용될 수 있다. 예를 들어, 견본(견품), 상품권(coupon), 경품(premium), 진열, 구매시점광고, 전시, 거래스탬프(trade stamp), 경연(contest), 장려금, 거래점지원, 특별할인 등이 있다.

그러나 이와 같은 광고의 개념은 최근 들어 급속하게 발전하고 있는 SNS, 인터넷 등을 포함한 상호작용매체(interactive media)의 역할이 커지면서 기존의 전통적인 대중매체 외에 광고의 주요 전달수단으로 급부상하고 있는 SNS를 포함한 다양한 매체가 포함된다.

또한 커뮤니케이션 이론의 발달과 마케팅 적용범위의 확대에 따라 상업광고뿐만 아니라 비영리광고도 포함시키는 방향으로 확대되고 있음을 고려해야 할 것이다. 예를 들어, 비영리광고에는 사회서비스, 불우이웃돕기, 절약정신, 환경보호 등과 같은 공공서비스(공익) 광고를 들 수 있다.

TIP | 사회서비스

'삶의 질' 향상을 위해 사회적으로는 꼭 필요하지만 민간 기업들이 저(低)수익성 때문에 참여하지 않는 복지서비스를 뜻한다. 예를 들어 간병 · 가사 · 간호 · 보육 · 노인수발 서비스, 외국인 주부 · 저소득가정 아동 · 장애인 등에 대한 교육 서비스, 문화 · 환경 관련 서비스 등이 이에 포함된다.

홀로 지내는 노인을 위해 기부를 독려하는 영국 비영리광고의 예

TIP | 마케팅의 적용범위

오랫동안 마케팅은 영리조직을 대상으로 적용되어 왔다. 그러나 최근 들어 마케팅은 영리조직뿐만 아니라 비영리조직까지도 포함시키고 있다(Kotler & Armstrong, 2008). 영리조직은 주로 영리를 추구할 목적으로 마케팅 활동을 하기 때문에 영리마케팅(profit marketing)이라고 부르며, 비영리조직은 영리추구보다는 조직의 특수한 공공의 목적을 달성하기 위해 마케팅과 유사한 활동(marketing like activities)을 하기 때문에 비영리마케팅(nonprofit marketing)이라고 부른다. 예를 들어, 비영리마케팅으로는 대학, 교회, 병원, 박물관, 정부(지자체), 군대, 공공기관, 사람(정치인이나 연예인), 관광(국가나 관광지) 등을 대상으로 한 마케팅 활동을 들 수 있다.

흡연으로 인한 기관절개술과 사산(死産)을 표현한 금연광고의 예

2) 광고의 구성요소

광고를 구성하는 주요 요소에는 [그림 1-6]과 같이, 광고전략(advertising strategy), 크리에이티브 아이디어(creative idea), 크리에이티브 실행(creative execution), 매체계획(media planning)을 들 수 있다. 따라서 이러한 요소는 광고효과를 분석할 때 사용될 수 있는 기본적인 개념이기 때문에 유기적으로 연결되고 결합되어야 시너지효과를 기대할 수 있다.

그림 1-6 | 광고의 구성요소

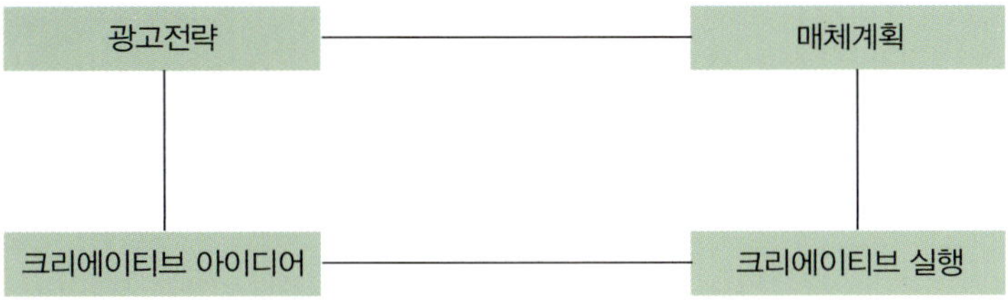

결론적으로 광고는 우선 광고의 논리와 계획, 방향을 제공해 주기 위한 전략을 세우고, 이에 기초하여 광고주가 의도한 목적을 고객들에게 전달하고, 설득하기 위한 효과적인 광고메시지를 창조하고, 어떤 방법으로 어떻게 표현할 것인가를 결정한 후 어떤 매체를 통해 전달하고 설득해야 하는지를 결정해야 한다.

3. 광고와 관련된 유사개념

1) 홍보(publicity)

홍보란 특정제품이나 서비스 및 기업체(비영리단체 포함)에 관한 정보를 대량매체에 의하여 요금을 지불하지 않고 뉴스나 논설형태로 다루어지는 활동을 말한다. 예를 들어, 양로원이나 보육원에 대한 기업의 기증행위, 신제품에 대한 개발소식, 명절이나 휴가철의 차량 애프터서비스, 정부 및 지자체의 행사안내, 질병예방 등이 언론에 기사화되거나 뉴스의 형태로 보도되는 것을 들 수 있다.

이와 같은 홍보는 여러 측면에서 광고와 유사한 특징을 내포하고 있다. 홍보와 광고가 같은 점은 비인적(非人的)이고 대량매체에 의해 노출되며 정보전달 및 설득적으로 사용된다는 점을 들 수 있다. 홍보와 광고가 다른 점은 홍보는 무료형태이고 광고주를 명시하지 않으며 주관적인 정보를 제공하는 광고와는 달리 뉴스의 형태로 객관적인 정보를 제공하기 때문에 신뢰성이 높다. 하지만 편집기관이 광고주

보험회사의 무상 점검서비스 홍보

질병관리본부의 올바른 손씻기 홍보

2018 고양국제꽃박람회 홍보

2018 평창 동계올림픽과 동계패럴림픽 홍보

가 아니라 보도기관이기 때문에 통제하는 데 어려움이 있다.

따라서 홍보를 효과적으로 이용하기 위해서는 평소 보도기관이나 매체사와의 관계를 좋게 유지해야 함은 물론 영업상 의의가 있는 뉴스를 창출해야 할 필요가 있다. 예를 들어, 기업에서 신기술개발이나 사내구성원이 특허를 출원하였을 경우 이러한 내용을 뉴스의 형태로 만들어 기사화하거나 보도하게 할 필요가 있다.

일자리 창출관련 업무협약식을 통한 공중관계

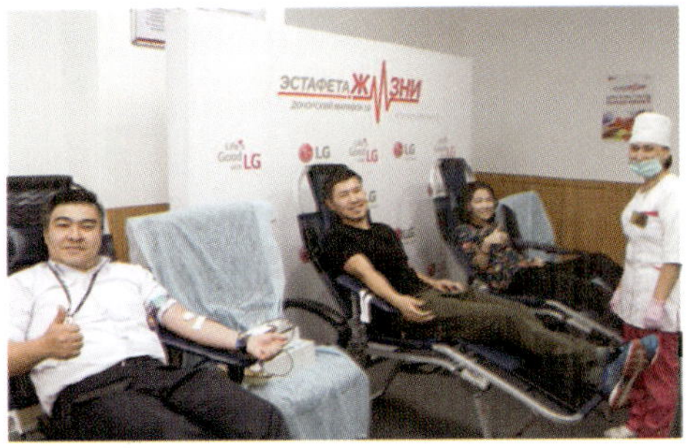

기업의 헌혈캠페인을 통한 공중관계

2) 공중관계(public relations: PR)

PR은 광고의 역사처럼 오래되었으며 여론형성에 매우 중요한 요소로서 대중의 지지를 획득하려는 권력자들의 욕구충족에 필요한 수단으로 발전되어 왔다.

그러나 오늘날 사용되는 것과 같은 기업 측의 PR은 20세기 초반부터 본격적으로 발전하여 왔다. 즉, 1900년대 초에 미국의 대기업, 철도, 은행, 공익단체들이 저지른 지나친 행동에 대하여 일반대중의 비난이 거세지면서 이에 대한 방어수단으로 오늘날과 같은 PR을 사용하기 시작했다.

따라서 PR이란 기업과 사회 간에 원만한 관계를 정립하기 위하여 기업이 행하는 여러 가지 활동을 말한다. PR 활동 중 가장 전형적인 것으로는 홍보를 들 수 있다. 그 밖의 PR 활동으로는 자사의 이미지 제고를 위한 기업광고, 자사의 활동을 알리기 위한 각종 간행물 및 사보발간, 기업의 이미지 제고를 위한 행사, 특별 이벤트(개막행사, 불꽃놀이, 레이저쇼, 풍선기구 설치), 장학금이나 연구비 지원 및 자선단체 지원, 정부기관에 대한 재정이나 정보 및 기술지원, 방문객 안내, 회사시설 대여 등을 들 수 있다.

그러나 PR의 효과는 장기적이고 간접적으로 나타나기 때문에 계속적인 노력이 필요하다. 기업에 대한 좋은 이미지는 그 기업이 만드는 제품에까지 연장되기 때문이다.

3) 선전(propaganda)

전국 노동자들의 주장을 전달하기 위한 선전

Propaganda란 말은 원래 17세기에 카톨릭 교회가 신도들에게 전도할 목적으로 사용되기 시작했다. 선전이란 사전에 결정된 목적에 따라 신념이나 행동에 영향을 미치도록 신중하게 계획된 의견의 표현 또는 어떤 사상이나 주장을 전달하고자 하는 커뮤니케이션의 활동이라고 할 수 있다.

가끔 선전은 그 주체가 불명확하여 신뢰성을 떨어뜨리는 경우도 있다. 그러나 넓은 의미에서 선전은 광고와 거의 동일한 의미로 사용되고 있다. 하지만 두 차례의 세계대전으로 선전은 부정적인 의미로 인식되고 있다. 즉, 광고와 달리 선전은 파괴적인 활동으로, 은폐나 숨겨진 목적으로, 대중의 정서 · 공포 · 편견 · 적의를 환기시키기 위한 목적으로 인식되고 있다.

4. 광고의 과정과 목표

1) 광고의 과정

광고는 전통적인 광고의 특성과 상호작용적 특성을 모두 살리고, 상호보완하며, 상승작용을 할 수 있도록 계획하고, 실행하며, 평가하는 통합적 광고(integrated advertising)가 되어야 한다. 그 역할도 커뮤니케이션을 통한 촉진뿐만 아니라 상호작용을 통한 구매행동의 즉각적인 유발도 포함되어야 한다(이두희, 2009).

TIP | 통합적 광고에 대한 견해

이두희(2009)는 통합적 광고를 전통적 매체를 통한 교환의 촉진과 상호작용적 매체를 통한 교환의 직접적인 유발과 시장으로서의 기능을 체계적으로 계획하고 실행하는 광고라고 정의하였다. 그러나 이러한 광고는 아직 초기단계에 있는 것으로 보고 향후 이론과 실무 면에서 더 많은 연구가 필요함을 주장하였다.

우리가 눈으로 보거나 귀로 듣는 광고는 [그림 1-7]과 같이, 광고의 과정(advertising process)을 통해 일어난다. 이러한 과정은 상황분석에 기초하여 이루

그림 1-7 | 광고의 과정

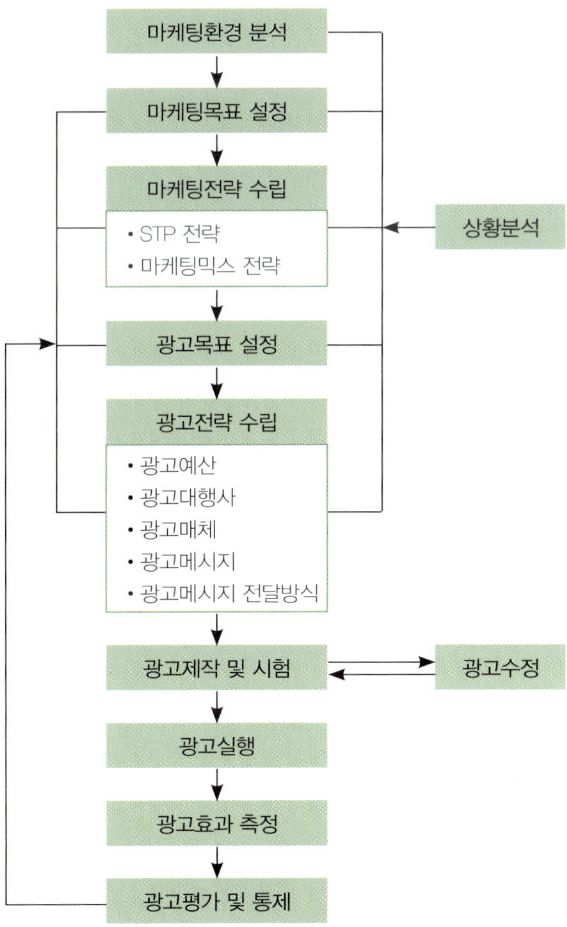

어진 마케팅의 환경 분석과 이를 토대로 설정 · 수립된 마케팅 목표 및 마케팅 전략에 기초하여 광고목표를 설정하고 광고전략을 수립한 다음 광고제작 및 시험, 광고실행 후 광고효과의 측정, 광고평가 및 통제의 과정을 거쳐 나타난다. 따라서 합 마케팅적 광고가 되기 위해서는 바로 이러한 광고의 과정이 체계적으로 수행될 때 달성될 수 있다.

2) 광고의 목표

광고의 목표는 궁극적으로 마케팅 목적(목표)을 실현할 수 있도록 설정되어야 한다. 그러나 마케팅 목적(목표)을 달성하는 데에는 광고 이외에도 여러 가지 요인들이 영향을 미친다. 즉, 가격, 유통, 인적 판매, 디자인, 포장, 판매촉진, 경쟁상황 등이 직 · 간접적으로 영향을 줄 수 있기 때문에 매출액이나 시장점유율의 증대와 감소가 반드시 광고 때문이라고 단정하기에는 어려운 점이 있다.

TIP | 마케팅의 목적(목표)

마케팅은 고객과 사회의 욕구를 파악하여 충족시켜 주고 그를 통해 이익을 창출하는 데 그 목적이 있다. 즉, 욕구를 충족시켜 주면서 이익을 내는 것이다. (예) 가구산업의 선두 주자인 IKEA는 소비자들이 실질적으로 더 낮은 가격에 더 좋은 가구를 원하고 있다는 점을 파악하여 조립식 가구를 만들어 소비자들의 욕구충족에 기여했다. 그러나 오늘날 마케팅의 활동이 점차 복잡하고 다양화됨에 따라 관계마케팅, 통합마케팅, 내부마케팅, 사회적 책임 등의 총체적 마케팅(holistic marketing) 개념을 동시에 추구하는 방향으로 나아가고 있다.

따라서 오늘날 광고는 마케팅 전략에 근거한 일관성 있는 광고, 즉 합 마케팅적 광고가 수행되어야 한다. 이는 오늘날 통합마케팅 커뮤니케이션(Integrated Marketing Communication: IMC)과 같은 의미로 사용되고 있다. 결론적으로 광고는 마케팅 목적(목표)을 달성할 수 있도록 유기적으로 결합된 합 마케팅적 광고가 수행될 때 비로소 광고의 목표를 극대화시킬 수 있다.

TIP | 통합마케팅 커뮤니케이션(IMC)

통합마케팅 커뮤니케이션이란 광고 외에 다른 촉진수단, 즉 홍보, 인적 판매, 판매촉진뿐만 아니라 상품, 가격, 유통에 따른 커뮤니케이션의 효과를 포함하는 광고의 확장된 개념이라고 할 수 있다.

광고의 구체적인 목표를 제시하면 다음과 같다(한민희 · 장대련, 1995).

첫째, 상품과 브랜드의 개성(product and brand identity)을 포지셔닝(positioning)시키는 데 있다. 포지셔닝에 대한 예를 들면 [그림 1-8]과 같다.

TIP | 포지셔닝(positioning)

포지셔닝은 1980년대에 등장된 이론으로 소비자의 마음속에 기업이나 상품을 원하는 위치로 부각시키려는 노력을 말한다. 즉, 기업의 이미지나 제품의 이미지를 확고하게 심어주는 것을 말한다. 포지셔닝의 유형에는 속성, 편익, 이미지, 사용도, 사용자, 경쟁사, 경쟁제품에 의한 포지셔닝을 들 수 있다.

그림 1-8 | 자동차 브랜드 포지셔닝의 예

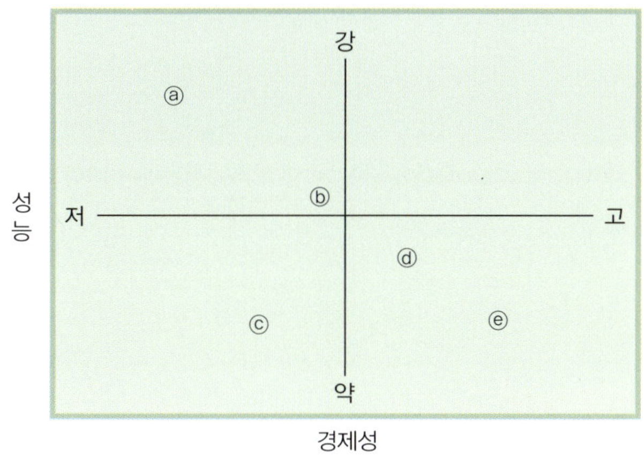

ⓐ – ⓔ : 자동차 브랜드를 의미함

위의 그림은 소비자들이 ⓐ와 ⓑ에 대하여 성능은 좋지만 경제성이 떨어지는 것으로, ⓒ는 성능과 경제성이 모두 떨어지는 것으로, ⓓ와 ⓔ는 성능은 떨어지지만 경제성이 좋은 것으로 생각하고 있는 자동차 시장의 각 브랜드에 대한 포지셔닝을 나타내고 있다.

둘째, 기업 애호도(corporate loyalty) 및 브랜드 애호도(brand loyalty)를 증가시키는 데 있다.

TIP | 기업 애호도 및 브랜드 애호도

기업 애호도(충성도) 및 브랜드 애호도(충성도)는 기업이나 브랜드를 좋아하는 정도를 말한다.

기업의 애호도(충성도)를 표현한 애플사 심벌마크 광고

기업의 애호도(충성도)를 표현한 에스오일 광고

셋째, 기업의 위상(corporate position)과 브랜드의 가치(brand equity)를 향상시켜 이익을 추구하는 데 있다.

5. 광고의 효과

광고는 시대에 따라 끊임없이 변화하고 진화되며 발전한다. 발전하는 기술과 미디어의 영향을 받기도 하고, 학문과 예술의 발전에 영향을 받기도 하며, 환경변화에 민감하게 반응하기도 한다. 또한 광고는 사회의 가치관을 변화시키고 문화에 지대한 영향을 주기도 한다.

이렇듯 광고의 효과는 수많은 요인의 상호작용에 의해 나타나기 때문에 단정적으로 광고의 효과를 말하기에는 어려움이 있다. 따라서 광고에 대한 이론과 실증적 자료를 바탕으로 광고의 효과를 정리하면 다음과 같다.

1) 이론적 측면

- 광고의 효과는 빠른 속도로 전파되며 도달범위가 넓게 나타난다.

  광고는 지역적으로 분산되어 있는 다수의 소비자들에게 빠른 속도로 접근할 수 있다.

- 광고의 효과는 누적적으로 나타난다.

  반복광고를 통해 소비자들의 학습효과를 기대하는 이유가 바로 여기에 있다.

TIP | 소비자학습(consumer learning)

소비자학습은 기업 측으로부터의 판촉노력이나 소비자 자신의 경험(구매나 소비행동)을 바탕으로 생산되고 강화된 지속적인 소비자의 인지적 처리과정을 말한다. 따라서 학습을 통하여 소비자들의 태도가 형성되고 강화되며 변화될 뿐만 아니라 소비자들의 행동을 일으키고 변화시키는 역할을 한다.

- 광고의 효과는 즉시 또는 장기적으로 나타난다.

  장기적으로 나타나는 이유는 광고의 이월효과(carry over effect) 때문이라고 할 수 있다. 특히, 신제품의 경우에는 소비자들이 광고에 노출된 후 곧 바로 제품구매가 일어나지 않으며, 내구재(durable goods)처럼 구매간격이 긴 제품의 경우에는 교체할 때까지 제품을 구매하지 않는 경향이 있다. 그러므로 광고를 비용보다는 일종의 투자로 간주해야 한다. 그러나 실무자들은 장기적인 효과보다는 단기적인 효과를 기대한다.

Rogers(1983)에 의하면, 소비자들이 신제품을 접하였을 때 처음부터 계속적으로 구매를 하는 것이 아니라 신제품을 우선 시험적으로 사용(시용)해 보고 만족스러우면 계속적으로 구매하는 경향이 있다고 하였다. 즉, 신제품을 초기에 구매하는 소비자들은 [그림 1-9]와 같이, 신제품의 수용자 범주(adopter categories)에 따라 매우 소수인 혁신자(전체소비자의 2.5%)이며 다수는 신제품이 출시되고 일정한 시간이 경과한 후에 신제품을 구매한다는 것이다.

그림 1-9 | 신제품의 수용자 범주

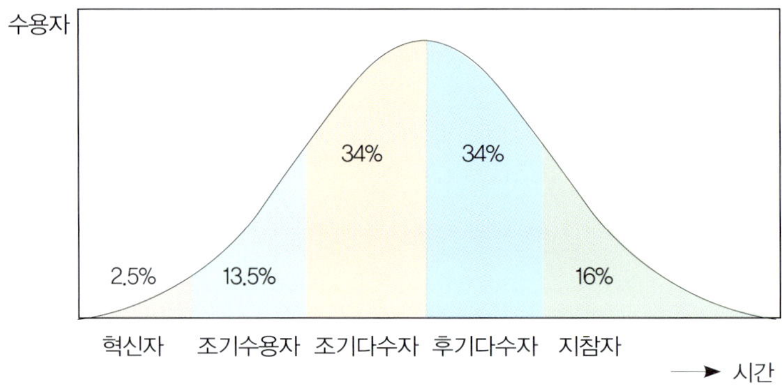

- 광고의 효과는 브랜드에 대한 기억이나 선호도를 변화시킬 수 있다.
- 광고의 효과는 수많은 상호작용에 의해 나타나기 때문에 상황에 따라 다르다.

2) 실증적 측면

미국의 마케팅자료 생산판매회사인 IRI(Information Resource Inc.)의 조사에 의하면, 유선 TV방송에 광고를 한 뒤 판매시점에서 스캐너자료를 수집하여 분석한 결과, 광고수준을 늘려서 집중적으로 TV에 광고했을 때 기존상품의 경우 46%에서, 신상품의 경우 58%에서 통계적으로 유의하게 판매를 증가시킨 것으로 났으며,

광고를 중단한 이후에도 약 2년간에 걸쳐 판매가 계속 증가한 것으로 나타났다. 따라서 이러한 결과는 광고의 효과가 직접적으로 나타났을 뿐만 아니라 장기간에 걸쳐 나타났음을 보여주고 있다.

6. 광고의 기능

광고는 마케팅 목표를 달성하기 위한 하나의 수단으로서 매우 중요한 기능을 한다. 그러나 오늘날 경쟁이 심화되고 많은 광고가 동시다발적으로 전달됨에 따라 단순히 그 제품의 특징이나 장점만을 알려서는 효과가 반감되게 되었다. 따라서 광고는 제품의 독특성과 차별성을 알리고 소비자들을 설득해야 하며 그러한 설득을 통하여 제품(브랜드)에 대한 긍정적인 태도형성과 태도변화를 일으켜야 한다.

제품의 차별성을 알리기 위한 광고

오전 6시 배송 서비스를 알리는 차별화 광고

1) 광고의 기본적 기능과 파생적 기능

광고는 기본적으로 상품이나 아이디어 및 서비스에 관한 정보를 전달하고 설득하며 강화시킨다고 할 수 있다. 즉, 광고는 기본적으로 정보전달과 설득 및 강화 기능을 수행한다. 또한 광고는 기본적 기능을 수행하는 가운데 일어나는 여러 가지

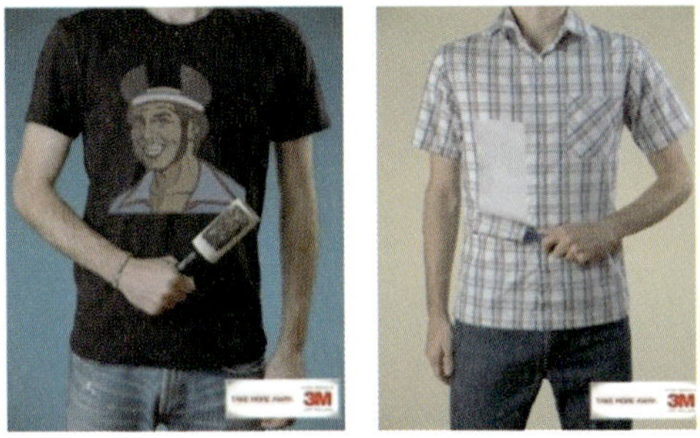

강력한 접착력을 보여주는 상품 이미지 광고

오스카 상을 수상한 나탈리 포트만을 모델로 하여 고급 브랜드 이미지를 심어주기 위한 광고

파생적 기능도 수행한다.

광고의 기본적 기능에 기초하여 광고의 파생적 기능을 경제적 측면, 마케팅 측면, 사회적 측면, 문화적 측면에서 살펴보면 보면 다음과 같다.

(1) 경제적 측면에서 광고의 기능

- 광고는 대량소비에 따른 대량생산체제를 불러와 규모의 경제를 이루어 상품의 단가를 낮추어 준다.

- 광고는 가격이 아닌 다른 특징을 이용해 상품(브랜드)의 이미지를 향상시켜 고가의 상품이나 서비스에 대한 구매력을 높이기도 한다.

- 광고는 시장에서 완전경쟁을 유도할 뿐만 아니라 소비자들이 구매의사결정을 내리는데 유용한 정보를 제공해 준다.

- 광고는 신제품의 시장진입을 용이하게 해준다.
  광고를 통해 신제품에 대한 정보를 제공함으로써 가격탄력성을 높여 시장진입의 장벽을 낮출 수 있다. 그러나 광고가 상품을 차별화시킬 경우에는 가격에 대한 민감도를 낮추고 가격탄력성을 낮추어 시장진입의 장벽을 높일 수도 있다.

신제품에 대한 정보(혁신)를 알리기 위한 3M 광고

신제품 출시를 알리기 위한 광고

> **TIP | 가격탄력성**
>
> 가격탄력성(price elasticity)이란 가격변화율(폭)에 대한 수요변화율(폭)의 정도를 의미한다. 예를 들어, 가격변화율보다 수요변화율이 크면 가격탄력성이 크다고 할 수 있으며 가격변화율보다 수요변화율이 작으면 가격탄력성이 작다고 할 수 있다.

(2) 마케팅 측면에서 광고의 기능

- 광고는 소비자를 교육하고 설득한다.

  특히, 소비자가 학습을 필요로 하는 신제품 광고에는 교육적 내용이 많다. 광고는 신제품 출시를 알려주어 브랜드에 대한 선택의 폭을 넓혀줄 뿐만 아니라 반복적인 노출로 상품이나 서비스에 대한 친근감과 신뢰도를 높일 수 있다.

- 광고는 상품(브랜드)의 가치를 증가시킨다.

  상품(브랜드) 이미지 광고의 경우 상징적인 상품가치를 높여 준다. 특히, 저관여 상품은 물론 고관여 상품의 경우에도 경쟁자에 비해 품질이나 성능에서 차이가 거의 없을 경우 상품(브랜드)의 이미지는 의사결정에 중요한 역할을 한다.

신제품 출시에 따른 소비자의 교육기능과 설득기능을 띤 광고

2018 소비자에게 신뢰받는 착한브랜드 대상을 통하여 천연이미지를 강조한 광고

TIP | 상품(브랜드) 이미지의 중요성

음료수의 경우 어떤 사람은 코카콜라를, 또 다른 사람은 펩시콜라나 칠성사이다를 마신다. 왜 그럴까? 그 사람들이 세 가지를 골고루 다 마셔보고 비교해 보았을까? 아마도 그렇지만은 않을 것이다. 이 세 브랜드의 이미지들이 각각 기호가 다른 사람들의 마음을 움직인 것이다. 결국 그들은 콜라나 사이다가 아니라 콜라나 사이다의 이미지를 마신 것이다. 따라서 콜라나 사이다의 제조업자가 팔아야 하는 것은 바로 콜라나 사이다가 아니라 콜라나 사이다의 이미지이다.

- 광고는 지역적으로 분산되어 있는 다수의 소비자들에게 빠른 속도로 접근가능하며 동일한 메시지를 여러 차례 반복할 수 있다.
  이 외에도 기업의 규모, 인기, 성공에 관한 긍정적인 메시지를 전달할 수 있다.

- 광고는 인터넷을 통할 경우 구매시장의 공간기능(유통기능)도 갖는다.
  인터넷 시대의 광고는 단순히 촉진기능을 넘어 유통기능까지도 포함한다고 할 수 있다.

- 광고는 중간상에 대한 생산자의 힘을 강화시킬 수 있다.
  광고는 생산자가 소비자에게 직접적으로 의사를 전달할 수 있는 수단이 될 수 있다.

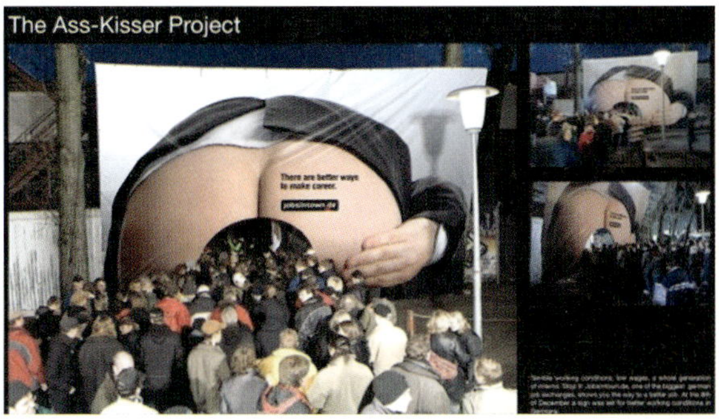

오락적 기능을 띤 독일의 취업박람회 광고

스타벅스(STAR BUCKS)는 커피만 파는 장소가 아니라 커피를 마시면서 즐겁고 친밀한 분위기를 느낄 수 있도록 로맨스를 맛보게 하는 등의 새로운 커피문화를 창출하여 '스타벅스 경험'을 이끌었다.

- 광고는 판로확보 및 판매원 활동에 도움을 준다.
  광고는 제품에 대한 사전정보를 제공해 주기 때문에 판매원의 활동을 판매촉진 측면에서 보강해 준다.

- 광고는 상품 및 브랜드의 인지도, 신념, 선호도, 애호도, 태도, 감정, 구매의도를 증가시킨다.

(3) 사회적 측면에서 광고의 기능

- 광고는 언론기관을 유지시키는 중요한 수단이다.
  TV, 신문, 라디오, 잡지 등의 언론기관이 유지 · 발전하기 위해서는 수입원이 있어야 한다. 이 들의 주된 수입원은 광고비에 의존할 수밖에 없다.

- 광고는 오락적 기능도 수행한다.
  광고의 주된 기능은 정보전달과 설득 및 강화에 있지만 때로는 광고에 대한 주목을 끌기 위해 새로운 기법을 적용하여 보는 이로 하여금 즐겁고 재미있게 만드는 경우도 있다.

- 광고는 유행과 문화를 창조하여 생활에 활기와 윤택함을 가져다준다.

터키의 관광을 상품화한 광고

평창 동계올림픽 유치를 축하하는 대한항공의 광고

문화를 상품화한 한국관광공사 광고

그러나 과다한 정보노출로 혼란스러움을 가중시키거나 일부 광고주가 대중매체를 좌우할 수도 있다.

(4) 문화적 측면에서 광고의 기능

- 광고는 지속적 · 반복적인 노출로 소비자들의 습관과 행동을 변화시켜 문화적 변화에 영향을 주기도 한다.

- 광고는 문화를 상품화시키는 수단이 될 수 있다.
  문화를 상품화하는 대표적인 것으로는 관광을 들 수 있다.

- 광고는 제품의 비주얼, 인쇄물, 음성 및 색상을 예술적으로 이용하여 극적으로 표현할 수 있다.

- 광고는 예술의 중요한 부문이다(advertising is art).
  광고는 시대에 따라 사회의 한 단면을 반영하는 역사기록물에 해당한다.

2) 광고의 순기능과 역기능

(1) 광고의 순기능(긍정적 견해)

- 광고는 수요를 창출하고 대량생산을 촉진하여 생활수준을 향상시켜 줄 뿐만 아니라 제품선택의 폭을 넓혀 소비자들의 욕구충족에 기여한다.

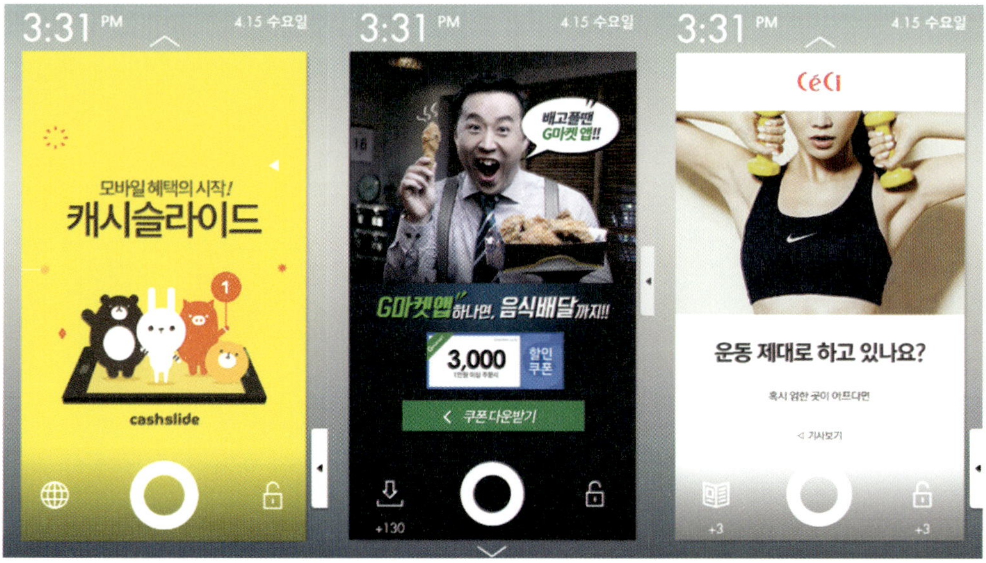

스마트폰 사용자가 잠금화면을 풀 때마다 광고를 보고 해제하면 일정 금액을 적립해 주는 광고

젊은 세대의 상위욕구를 불러일으키기 위한 스포츠카 광고

- 광고는 더 많은 수요를 유도함으로써 규모의 경제를 통해 생산단가를 낮추어 줌으로 가격경쟁에 의한 가격하락효과를 가져올 수 있다.

- 광고는 제품의 효용을 증가시켜 주고 중간상 역할을 대행하여 유통비용을 절감시켜 주며 소비자들의 욕구에 맞는 신제품을 개발하도록 촉진한다.

- 광고는 소비자들에게 유용한 정보를 제공해 주기 때문에 상품이나 서비스에 대한 선택과 의사결정에 도움을 주고 기업에게는 품질향상을 자극한다. 즉, 광고가 있기 때문에 소비자들은 일일이 제품에 관한 정보를 알아보기 위해 직접 돌아다닐 필요가 없으며 의사결정에 필요한 다양한 정보를 손쉽게 얻을 수 있다.

- 광고는 언론기능을 활성화시키는 데 기여한다.
  언론이 진정 자유로우려면 튼튼한 재정 즉, 광고수입이 필요하다.

- 광고는 소비자들의 상위욕구 충족에 기여한다.
  인간은 생리적 욕구, 안전에 대한 욕구 등의 하위욕구가 충족되면 당연히 상위욕구를 추구한다. 따라서 광고는 상품의 이미지나 상징성을 더욱 풍부하게 해주고 소비자의 기대감을 조성하므로 상위욕구를 불러일으켜 이를 충족시켜 주는 역할을 한다. 욕구계층(hierarchy of needs)에 대한 대표적인 견해로는 Maslow의 욕구계층을 들 수 있다(Griffin, 2006; Moriarty et. al., 2009).

TIP | Maslow의 욕구계층 [그림 1–10 참조]

이론적 가정

i) 인간의 욕구는 가장 낮은 계층의 욕구로부터 가장 높은 계층의 욕구에 이르는 계층을 형성하고 있다.

ii) 인간의 욕구는 결핍되었을 때 일어나며 욕구가 충족되면 그 욕구는 더 이상 동기를 유발하지 못 한다(deficit principle).

iii) 하위욕구가 충족되면 보다 상위욕구로 발전한다(progress principle).

그러나 이러한 가정은 사람에 따라 다르며 상대적이라고 할 수 있다. 따라서 이 이론은 많은 문제점을 가지고 있기는 하지만 인간의 기본적인 욕구를 파악하는 데 상당한 기여를 하였다고 볼 수 있다.

그림 1-10 | Maslow의 욕구계층

(2) 광고의 역기능(부정적 견해)

- 광고는 인간을 무의식적으로 쇠뇌 시켜 행동을 유발하는 측면이 있다. 특히, 어린이나 노약자들의 경우 광고의 역기능이 나타날 수 있다. 그러나 정상적인 성인의 경우에는 확실한 증거가 없다.

- 광고는 제품(브랜드)의 차별화를 통해 제품(브랜드)에 대한 선호도를 높여 가격에 대한 민감성을 둔화시키고 시장에서 진입장벽을 높여 독점력을 높이는 측면이 있다.

태국의 한 화장품 회사는 "하얗게 되는 만큼 이기는 겁니다."라며 화이트닝 알약에 대한 광고를 펼쳤다. 피부가 하얗게 될 수 있다는 제품의 장점을 강조하려는 의도였으나 검은 피부의 사람들은 패자이고 하얀 피부의 사람들이 승자라는 식의 인종차별적 메시지를 담고 있어 많은 사람들로부터 비난을 받았다.

출시초기에 제품의 차별화를 통해 가격에 대한 민감성을 둔화시킨 삼성 스마트폰 광고

고품격에 의한 고가격 전략으로 소비자들의 가격에 대한 저항을 완화시키는 경우가 이에 해당된다고 할 수 있다.

- 광고는 과소비를 조장하는 측면이 있다.

필요한 것의 소비는 광고의 유무에 관계없이 일어나지만 필요 없는 것의 소비는 설득을 필요로 한다. 광고는 거짓된 필요를 창조해서 과소비를 부추긴다. 따라서 광고는 소비자들의 욕구를 억제가 아닌 충족의 방향으로 촉진하여 과 소비를 조장하는 측면이 있다.

- 광고는 과다한 정보노출로 거리의 경관을 해치거나 소비자의 잠재적 욕망을 끌어내어 과소비를 조장하기도 하고 소비의 획일화 및 기호의 균일화를 가져오기도 한다.

- 광고는 비윤리적 측면이 있으며 광고비를 과다하게 지출하는 경향이 있다. 이에 대하여는 광고관련 제도와 광고규범을 꾸준히 개선해 나갈 필요가 있다.

(3) 광고의 양면성에 관한 정리

- 결국 광고는 사회적으로 필요하기 때문에 인간이 만들어 낸 산물이며 나름대로 그 기능을 계속 수행하고 있는 중요한 사회활동의 하나라고 할 수 있다. 그러나 광고는 그 기능을 수행하는 과정에서 일부 부작용도 있을 수 있다.

- 광고가 때로는 귀찮지만 때로는 재미있고 때로는 소란스럽지만 때로는 유용한 정보를 제공해 주기 때문에 오늘날 현대인이 살아가는 생활의 일부가 되었다. 즉, 광고는 좋든 싫든 현대 자본주의 사회에서 매일 매일 만나는 생활의 일부가 되었다.

- 따라서 이러한 양면성을 가진 광고를 우리는 제도적 개선을 통하여 광고의 낭비와 부정적 측면을 극소화시키고 보다 합리적인 의사결정을 통하여 광고의 효율을 극대화시킬 수 있도록 노력해야 할 것이다.

7. 광고의 종류

광고는 분류기준에 따라 다양하게 분류되고 있다. 장대련 · 한민희(2006)의 분류

기준에 기초하여 구체적으로 광고를 분류해 보면 〈표 1-2〉와 같다.

표 1-2 | 광고의 분류

분류기준	대분류	세부 분류
광고상품	일반상품	상품광고, 서비스광고, 아이디어광고
	조직	기업광고*, 공공단체광고, 비영리단체광고
	개념	공익광고, 의견광고, 사과광고, 정정광고, 공고
	사람	정치인광고, 연예인광고, 구인 · 구직광고, 사람광고*
목표청중	개인소비자	일반소비자상대광고, 전문인상대광고
	단체	산업광고*, 유통경로내광고*, 조합상대광고
사용매체	방송매체	TV광고, 라디오광고, 케이블TV광고, 홈쇼핑광고
	인쇄매체	신문광고, 잡지광고, 전단광고, 포스터광고, 전화번호부광고
	옥내외매체	옥외간판광고, 옥내외상징물(광고탑)광고, 현수막광고
	기타매체	교통광고*, 전화광고, POP광고*, 영화광고*, 인터넷광고, 모바일광고
추구목적	영리	상품광고, 기업광고
	비영리	공익광고, 사람광고, 정보광고
지역범위	국제	다국적광고, 특정국가광고
	국내	전국광고, 지역광고
전달여부	직접전달	직접우편(direct mail; DM)광고, 전단광고
	간접전달	간접광고*
광고주체	생산자	기업광고, 상품광고, 판촉광고
	소매자	세일광고, 행사광고
광고문안	인지적	사실전달형광고, 설득형광고, 비교형광고
	감성적	정, 향수, 깨끗함 등의 감성소구형광고
광고개념 실현방식	소개방식	단순소개형광고, 드라마형광고, 비교형광고
	음악사용	CM음악광고, 주제음악광고, 배경음악광고
	특수기법	만화광고, 특수처리광고
	설득방식	비교광고, 결론유보광고, 양면성광고*, 반복형광고
	모델특성	연예인모델광고, 전문인모델광고, 일반인모델광고
삽입시간	프로그램	일반프로그램광고(프로그램후원광고*, 프로그램참가광고*), 스포츠광고*, 특집광고*
	기타시간	스파트광고*, 자막광고, 시보*

기업이 추구하는 가치를 알리면서 좋은 이미지를 심기 위한 기업이미지 광고

- 기업광고란 소비자에게 기업을 알리고 이미지를 깊게 남기고자 하는 광고를 말한다. 이는 기업이미지 광고로 불리기도 한다.

잃어버린 사람을 찾기 위한 공익성 사람광고

- 사람광고란 대중매체나 전단광고 등을 통하여 주로 잃어버린 사람을 찾을 때 내는 광고를 말한다. 이러한 광고는 공익성이 강하다.

고객이 될 수 있는 기업체에 대한 수평적인 산업광고

- 산업광고란 고객이 될 수 있는 기업체에 대한 수평적인 광고, 즉 기업 대 기업 간의 하청업체에 대한 광고 형태를 말한다. 생산재 제조회사가 그 사용자를 대상으로 주로 업계지를 매체로 삼아 펼치는 광고로서 유통광고가 이에 속한다. 유통광고는 제조회사가 도소매점을 상대로 자사상품의 구매와 판매를 촉구할 목적으로 행하는 광고로 소매점에서 하는 소매광고와는 다르다.

- 유통경로 내 광고란 생산자가 중간상에게 또는 중간상이 생산자나 다른 중간상에게 수행하는 수직적인 광고를 말한다.

- 교통광고는 교통수단에서 이루어지는 모든 광고를 말한다.

버스와 지하철 등 교통수단을 통해 이루어지고 있는 교통광고

구매시점에서 이루어지고 있는 점포 내 POP 광고

기획판매를 위한 POP 광고

• POP(Point of Purchase)광고란 구매시점에서 이루어지는 점포 내 광고를 말한다. 가장 보편적이며 효과적인 점포 내 광고의 형태에는 구매시점에서의 진열을 들 수 있다. 예를 들어, 기획판매를 위한 특별진열, 쇼핑카트에 부착한 광고물, 마네킹, 비디오 패션쇼를 들 수 있다.

• 영화광고란 영화삽입(product placement; PPL) 광고로 불리기도 한다. 이는 실제광고가 아닌 유사광고로서 영화에 브랜드를 끼어 넣은 형태의 광고를 의미

드라마 '태양의 후예'와 '도깨비'에 포함된 서브웨이의 PPL 광고

제품 사용의 부작용을 함께 제시한 담뱃갑의 양면성 광고

한다. 참고로, 드라마 등에 브랜드를 끼어 넣는 형태의 광고도 영화광고와 같이 간접광고로 불리고 있다.

- 또 다른 측면에서의 간접광고는 우편이나 전단광고와 같이 직접 전달되지 않고 대중매체를 통해서 소비자(수용자)에게 간접적으로 전달되는 것을 말한다.
- 양면성 광고란 자사제품의 장점(긍정적인 정보)뿐만 아니라 단점(부정적인 정보)까지도 함께 제시하는 광고형태를 말한다. 즉, 제품이 갖고 있는 기술적 한계를 포함하는 것으로서 제품사용의 부작용이나 사용방법에서의 주의할 점 등을 말한다.
- 프로그램 후원광고란 광고주가 자기부담으로 프로그램을 제작하고 광고를 동반시켜 내보내는 광고를 말한다. 이는 프로그램 협찬광고로 불리기도 한다. 그러나 이 광고는 방송광고의 10% 이하로 판매가 제한될 뿐만 아니라 후원비용도 대단히 높다.
- 프로그램 참가광고란 광고주가 단지 프로그램의 광고시간을 구매하여 내보내는

가상이미지를 활용한 스포츠광고

광고를 말한다. 이 광고는 방송광고의 90% 이상을 차지하며 비용을 감소시키는 측면이 있다.

- 스포츠광고란 스포츠를 중계할 때 내보내는 광고를 말한다.
- 특집광고란 비정규 프로그램인 특집 프로그램을 집행할 때 내보내는 광고를 말한다.
- 스팟(spot)광고란 방송 프로그램과 프로그램사이에 내보내는 광고를 말한다. 이 광고는 지방방송국이 지방 또는 지역적으로 광고를 하고자 하는 광고주에게 주로 판매한다.
- 시보란 방송시간을 알릴 때 내보내는 광고를 말한다.

8. 사용매체에 의한 광고

1) 방송매체

광고산업의 분류를 방송광고, 인쇄광고, 온라인광고, 광고제작, 옥외 등으로 분류하여 보면 방송광고의 매출액이 가장 높고 온라인광고의 매출액이 두 번째로 높다. 방송매체 중에서는 지상파 TV와 케이블 TV(CATV)가 가장 많은 매출액을 차지하고 있고, 라디오가 그 다음이다.

(1) TV와 CATV

모든 광고매체 유형 중 가장 큰 비중을 차지하는 것이 TV이다. 지상파 TV만이 존재했던 과거와는 달리 현재는 케이블 TV(CATV), 위성 TV, IPTV, DMB 등 다양

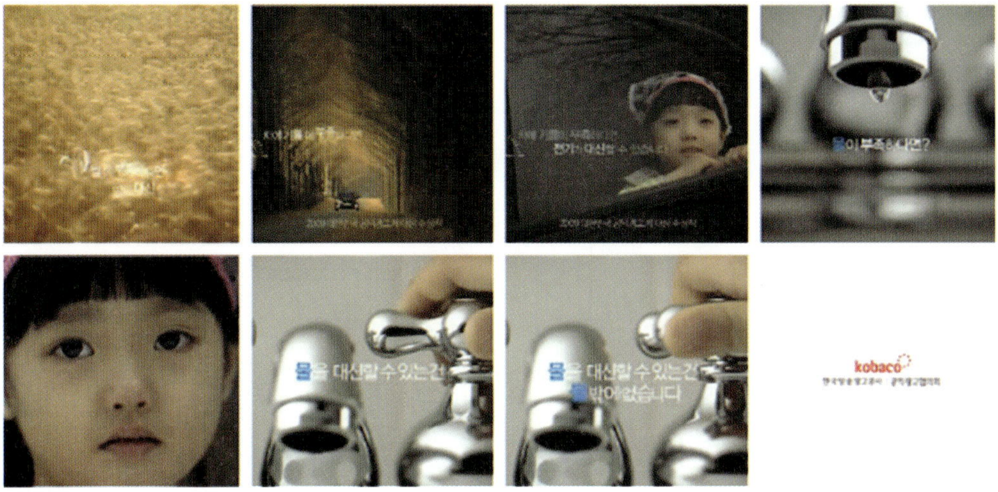

물절약의 중요성을 나타낸 TV 공익광고

한 TV 방송매체가 있다. 지상파 TV라 하면 일반적으로 방송 3사(KBS, MBC, SBS)가 송출하는 방송을 의미하며, CATV는 TV의 방송프로그램을 동축케이블을 사용하여 가정으로 방송신호를 전달하는 TV를 의미한다. 각 지역별로 있는 유선방송이 그 예이다.

다음은 "대신할 수 없는 것"이라는 공익광고이다. 쌀, 화력, 기름 등이 부족하면 대신할 것이 있지만 물을 대신할 수 있는 것은 없다는 메시지로 물 부족 현상에 대한 경각심을 일깨우고 있다. TV광고에서는 상황에 맞는 이미지, 음향, 시각적 문자, 등장인물의 연기 등의 다양한 요소로 표현을 한다.

TV광고의 장점

- 시각과 청각을 다양하게 활용하여 생생하고 현실감 있게 메시지 전달이 가능하다.

TV광고의 단점

- 광고 제작비가 가장 비싸다.
- 목표소비자를 구별하여 접근하기 어렵다.
- 9시 뉴스, 인기 프로그램(드라마, 예능)의 광고비가 비싸다.

라디오 진행프로그램의 예시

(2) 라디오

TV 보급률이 높아지면서 라디오의 청취가 줄어들기 시작했으며 스마트 기기들이 널리 보급되면서 라디오를 듣는 청취자들이 더욱 줄어들었다. 하지만, 전파뿐만 아니라 인터넷을 통한 라디오 방송도 병행하면서 라디오를 청취하는 소비자층을 계속 유지해 나가고 있다.

"대신할 수 없는 것"의 라디오 공익광고를 살펴보자. 앞의 TV광고 사례의 음향과 내레이션 대본은 동일하다. TV광고처럼 이미지를 직접 보여줄 수 없는 단점이 있지만 TV광고를 이미 본 사람이라면 라디오광고를 들으면서 TV광고의 이미지를 떠올리게 된다.

라디오광고의 장점

- 광고 단가가 가장 낮다.
- 광고 제작비가 상대적으로 적게 든다.
- 청취자가 스스로 상상하도록 유도한다.
- 소비자의 사생활의 일부가 될 수 있다.

라디오광고의 단점

- 표현이 소리로만 이루어져 제한적이다.
- 고정적인 청취자 수가 많지 않아 메시지의 도달 범위가 넓지 못하다.
- 다른 일을 하면서 청취하는 경우가 많아 주의를 끌기 어렵다.

쌀이 부족하다면 밀이 대신할 수 있습니다.
화력이 부족하다면 풍력이 대신할 수 있습니다.
차에 기름이 부족하다면 전기가 대신할 수 있습니다.
물이 부족하다면...
물을 대신할 수 있는 건 물 밖에 없습니다.

2) 인쇄매체

인쇄매체는 다른 매체에 비하여 소비자가 적극적으로 주의를 기울이지 않으면 메시지 전달이 어렵다. 인쇄매체에는 신문과 잡지가 대표적인 예이다.

(1) 신문

우리나라에는 조선, 중앙, 동아, 경향, 한국, 세계, 국민, 문화, 한겨레 등의 중앙 일간지가 있고, 그 밖에도 경제, 스포츠 신문들과 영자신문, 각 지방의 신문 등 수많은 종류가 있다. TV의 보급이 일반화되기 전까지는 매체별 광고비 중 가장 많은 부분을 차지하고 있었다.

신문 광고의 장점

- 짧은 시간에 광범위한 도달범위를 얻을 수 있다.
- 신문을 읽는 사람은 능동적으로 주의를 기울이므로 광고가 읽힐 확률이 높다.

신문 광고의 단점

- CPM이 가장 높다.
- 신문은 매일 발행되기 때문에 광고의 수명이 짧다.
- 신문용지의 질 때문에 광고의 품위가 떨어질 수 있다.
- 시각적 효과에만 의존해야 함으로 표현에 한계가 있다

TIP | CPM(Cost Per Mile)

1,000명 또는 1,000가구에 광고메시지를 전달하는데 소요되는 비용
CPM = 광고단가/노출횟수×1,000

(2) 잡지

잡지는 신문보다 일반적으로 타깃이 전문화된 매체로 광고 측면에서 보면 타깃 선별성이 높다. 인터넷이 발달하면서 인쇄매체의 역할이 줄어들고 자연스레 인쇄매체로서 잡지의 위상도 많이 쇠퇴하고 있는 실정이다.

잡지 광고의 장점

- 매체 중에서 독자의 선별성이 높다.
- 잡지광고의 수명은 길다. 한번 읽고 버려지지 않는다.
- 독자는 잡지 기사에 높은 관여도를 보이기 때문에 잡지광고는 높은 관심을 유도할 수 있다.

잡지 광고의 단점

- 매체 중에서 독자의 선별성이 낮다.
- 구독자 수가 다른 매체에 비해 적기 때문에 CPM이 다른 매체에 비하여 높은 경우가 많다.
- 시각적 효과에만 의존해야 함으로 표현에 한계가 있다.

TIP | 타깃선별성

타깃선별성은 메시지를 전달하고자 하는 표적 소비자를 구분해 낼 수 있는 정도를 나타낸다.

잡지는 주 독자층에 따라 남성지, 여성지, 학생지, 스포츠지, 시사지, 취미레저지, 생활정보지, 전문지 등으로 나누어지며, 발행주기에 따라서 주간지, 월간지, 계간지 등으로 나눌 수 있다.

인쇄광고에서는 많은 정보를 제공하기 위해 문자를 나열하기보다는 간결한 메시지와 이와 관련된 톡톡 튀는 아이디어가 돋보이는 이미지 표현이 더욱 효과적이다.

다음의 사례는 전기사용과 자동차 운행을 줄이면 탄소배출량을 줄여 나무를 심는 효과를 볼 수 있다는 메시지와 두루마리 화장지를 끊어서 사용하는 것처럼 물을 아껴 쓰자는 메시지를 전달하고 있다.

인쇄광고 사례

3) 온라인

우리나라는 인터넷이 도입된 1980년대 이후 매우 빠른 속도로 발전해 왔으며, 2015년 기준 인터넷 이용자 수는 41,940,000명이다(국가통계포털 자료). 이는 우리나라의 대부분 사람들이 인터넷을 이용한다고 보아도 무방한 수치이다. 따라서 광고부분에서 인터넷을 활용한 광고는 매우 중요한 역할을 담당하게 되었다.

오레오의 Daily twist

강남스타일 패러디

슈퍼마리오 패러디

배트맨 패러디

모바일광고는 과거에는 DMB나 2G 휴대폰에 한정되어 적용된 광고였으나 인터넷을 기반으로 한 스마트폰이 널리 보급되면서 모바일광고와 인터넷광고의 경계가 무너졌다. 즉, SNS는 이미 우리의 일상생활과 밀접하게 관련되어 있다. 대표적인 SNS로는 카카오톡, 페이스북, 트위터, 인스타그램 등을 예로 들 수 있다. 이러한 매체를 이용하는 광고가 SNS 광고이다. SNS는 사람과 사람들 사이를 연결해 주는 매개체가 되고 이들을 활용한 마케팅을 바이럴 마케팅이라고 한다.

오레오 과자 브랜드는 창립 100주년을 기념하여 페이스북, 트위터, 핀터레스트(pinterest) 등의 SNS를 통하여 "Daily twist"라는 이벤트를 진행했다. 100일간 매일 색다른 컨셉의 쿠키 디자인을 선보이고 100일째 되는 마지막 날에는 소비자의 아이디어를 받아 디자인을 만드는 오프라인 이벤트를 진행하였다.

또한 온라인 광고의 대표적인 예인 인터넷 광고의 특성과 유형은 다음과 같다.

인터넷 광고는 인터넷의 특징이자 장점인 상호작용성, 정보지향성, 시공간 초월, 개인화 등의 성격을 그대로 이어 받고 있다.

인터넷 광고 장점

- 쌍방향 정보교환(상호작용성)
- 무한 정보제공/정보탐색 가능(정보지향성)
- 시간과 공간에 구애를 받지 않음(시공간 초월)
- 개인의 특징에 맞는 광고 가능(개인화)
- 클릭 횟수를 통한 빠른 광고효과 측정

인터넷 광고 단점

- 통일된 표준이 없음
- 인터넷 사용자층의 편중(주로 10대~50대)
- 정보의 과부하로 인한 혼돈
- 개인정보유출 가능성(보안성 취약)

- 배너광고

배너광고는 웹사이트 내의 특정 위치에 사각형의 띠 형태로 제시되는 광고로 이를 클릭하면 해당 광고메시지로 연결되는 형태이다.

- 삽입형 광고

삽입형 광고는 웹페이지가 바뀌는 동안 광고를 보여주는 형태로 소비자의 주목을 끌 수 있다는 장점이 있으나 이로 인해 인터넷이 느리다고 생각할 수 있다는 단점이 있다.

- 팝업광고

팝업(pop-up)광고는 웹페이지가 열릴 때 새 창으로 나타나는 광고이다. 웹페이지 방문 시 자동으로 보여지는 장점이 있으나 지나친 팝업광고는 자칫 소비자에게 귀찮고 불편한 이미지를 형성할 수 있다.

- 스폰서십 광고

스폰서십 광고는 스포츠 경기에서 자주 볼 수 있다. 월드컵이나 올림픽 같은 경우 공식후원사로 활동하는 기업들이 스폰서이다. 인터넷 광고에서의 스폰서십 광고는 특정 사이트에 대해 스폰서를 제공하는 형태이다. 스폰서십 광고는 배너, 삽입형, 팝업 등의 형태로 다양하게 나타난다.

- 키워드광고

키워드광고는 포털사이트 검색 창에 검색어를 입력하면 검색결과에 관련업체의 광고가 나타나도록 하는 광고이다.

- 텍스트광고

텍스트광고는 배너 광고와 같이 텍스트를 클릭하면 해당 광고 페이지로 연결되는 형태의 광고이다.

- 이메일광고

이메일광고는 고객의 이메일 계정을 통해 광고 메시지를 전달하는 형태이다.

인터넷광고의 사례

이메일광고는 개인의 특성에 맞는 맞춤형 1:1 광고를 실행할 수 있어 핵심적인 타깃 집단에 대한 마케팅이 가능하다. 그러나 현재는 수많은 이메일광고로 인해 고객들이 내용을 읽어보지 않고 지워버리는 경우가 많아 자사의 이메일광고를 열어보게 만드는 것이 중요한 과제가 되었다.

4) 옥외광고

지금까지 살펴본, TV, 라디오, 신문, 인터넷 등을 통한 광고 외에도 우리가 집밖을 나가면 접하게 되는 수많은 광고들이 있다. 상가의 간판이나 빌딩에 부착된 대형 포스터, 지하철과 지하철역 내부에 부착된 광고들, 이들이 모두 옥외광고이다.

옥외광고의 장점

- 고정된 위치에 설치되어 24시간 내내 지속적이고 반복적인 노출이 가능하다.
- 한번 설치된 옥외 광고는 장기간 유지되기 때문에 노출 비용이 상대적으로 낮다.

옥외광고의 단점

- 설치된 일부 지역에 광고의 영향이 한정되어 있다.
- 시각적 효과만을 이용하기 때문에 표현에 한계가 있다.
- 초기 설치비용이 많이 든다.

그림 1-11 | 옥외광고물 허가 · 설치 과정

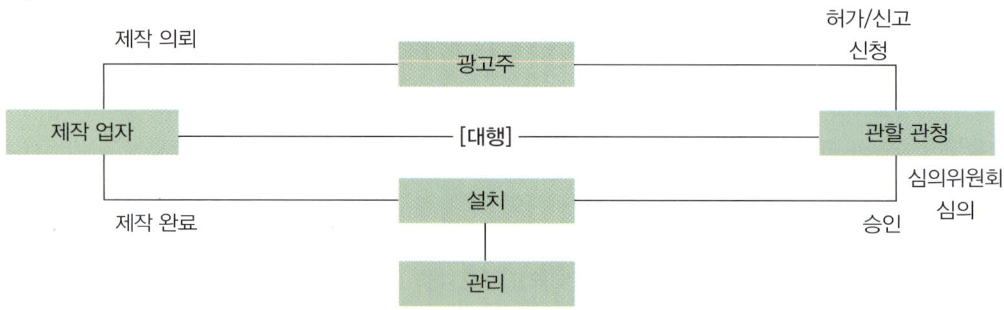

Summary 요약

- 광고와 마케팅은 전혀 다른 학문이 아니라 광고와 마케팅은 불가분의 관계에 놓여 있다. 광고는 마케팅 목적을 달성하기 위한 수단 중에서도 가장 큰 비중을 차지하고 있다. 즉, 광고는 마케팅을 실현하기 위한 중요한 수단이라고 할 수 있다.

- 광고는 광고주, 고객, 광고대행사, 광고매체사 등의 여러 당사자가 참여하여 복잡한 교환과정 끝에 최종적으로 고객에게 광고와 필요한 정보를 제공하고 이들에게서 상품구매라는 보상을 받게 되는 복합 순환적 교환과정을 필요로 하는 마케팅 활동의 하나라고 할 수 있다.

- 마케팅믹스는 마케팅 학문의 근간을 이루는 핵심요소로써 제품, 가격, 유통, 촉진으로 구성되어 있다. 촉진믹스는 촉진의 근간을 이루고 있는 핵심요소로써 광고, 인적 판매, 홍보 및 공중관계, 판매촉진으로 구성되어 있다.

- 광고는 이름을 밝힌 광고주에 의해 아이디어나 상품 및 서비스에 대한 유료형태의 비인적 제시 및 촉진활동이다(AMA, 1963). 광고는 이름을 밝힌 광고주와 구매자를 연결시키고 상품이나 서비스, 아이디어에 관한 정보를 제공하기 위해 대중매체와 상호작용 매체를 사용하여 대중에게 다가가는 유료형태의 설득 커뮤니케이션이다(Moriarty et. al., 2009).

- 광고가 갖추어야 할 조건으로는 광고주가 명시되어야 한다. 유료형태이어야 한다. 아이디어나 상품 및 서비스를 대상으로 하여야 한다. 비인적 매체를 통한 제시이어야 한다. 정보를 제공하고 설득, 강화, 촉진, 판매를 위한 것이어야 한다.

- 광고의 개념은 촉진믹스의 인적 판매, 홍보 및 공중관계, 판매촉진과는 확연히 다르다. 즉, 인간매체에 의한 촉진은 인적 판매에, 유료가 아닌 경우는 홍보에, 전통적인 대중매체에 의하지 않는 촉진활동은 판매촉진에 해당된다고 볼 수 있다.

- 광고를 구성하는 주요 요소에는 광고전략, 크리에이티브 아이디어, 크리에이티브 실행, 매체계획을 들 수 있다. 따라서 이러한 요소는 광고효과를 분석할 때 사용될 수 있는 기본적인 개념이기 때문에 유기적으로 연결되고 결합되어야 시너지효과를 기대할 수 있다.

- 홍보란 특정제품이나 서비스 및 기업체에 관한 정보를 대량매체에 의하여 요금을 지불하지 않고 뉴스나 논설형태로 다루어지는 활동을 말한다. 공중관계는 기업과 사회 간에 원만한 관계를 정립하기 위하여 기업이 행하는 여러 가지 활동을 말한다. 선전은 사전에 결정된 목적에 따라 신념이나 행동에 영향을 미치도록 신중하게 계획된 의견의 표현 또는 어떤 사상이나 주장을 전달하고자 하는 커뮤니케이션의 활동이라고 할 수 있다.

- 우리가 눈으로 보거나 귀로 듣는 광고는 광고의 과정을 통해 일어난다. 따라서 합 마케팅적 광고가 되기 위해서는 바로 이러한 광고의 과정이 체계적으로 수행될 때 달성될 수 있다.

- 광고의 목표는 궁극적으로 마케팅 목적(목표)을 실현할 수 있도록 설정되어야 한다. 따라서 오늘날 광고는 마케팅 전략에 근거한 일관성 있는 광고, 즉 합 마케팅적 광고가 수행되어야 한다.

- 광고의 구체적인 목표는 첫째, 상품과 브랜드의 개성을 포지셔닝시키는 데 있다. 둘째, 기업 애호도 및 브랜드 애호도를 증가시키는 데 있다. 셋째, 기업의 위상과 브랜드의 가치를 향상시켜 이익을 추구하는 데 있다.

- 광고의 효과는 빠른 속도로 전파되며 도달범위가 넓게 나타난다. 누적적으로 나타난다. 즉시 또는 장기적으로 나타난다. 브랜드에 대한 기억이나 선호도를 변화시킬 수 있다. 수많은 상호작용에 의해 나타나기 때문에 상황에 따라 다르다.

- 광고는 기본적으로 상품이나 아이디어 및 서비스에 관한 정보를 전달하고, 설득하며, 강화시킨다고 할 수 있다. 즉, 광고는 기본적으로 정보전달과 설득 및 강화 기능을 수행한다.

- 이러한 광고는 기본적 기능을 수행하는 가운데 일어나는 여러 가지 즉, 경제적 측면, 마케팅 측면, 사회적 측면, 문화적 측면에서 파생적 기능도 수행한다. 또한 광고의 순기능(긍정적 견해)과 광고의 역기능(부정적 견해)도 있다.

- 광고의 종류에서 기업광고란 소비자에게 기업을 알리고 이미지를 깊게 남기고자 하는 광고를 말한다. 이는 기업이미지 광고로 불리기도 한다. 사람광고란 대중매체나 전단광고 등을 통하여 주로 잃어버린 사람을 찾을 때 내는 광고를 말한다. 이러한 광고는 공익성이 강하다.

- 산업광고란 고객이 될 수 있는 기업체에 대한 수평적인 광고 즉, 기업 대 기업 간의 하청업체에 대한 광고형태를 말한다. 유통경로 내 광고란 생산자가 중간상에게 또는 중간상이 생산자나 다른 중간상에게 수행하는 수직적인 광고를 말한다. 교통광고는 교통수단에서 이루어지는 모든 광고를 말한다.

- POP 광고란 구매시점에서 이루어지는 점포 내 광고를 말한다. 영화광고란 영화에 브랜드를 끼어 넣은 형태의 광고를 말하며, 이는 영화삽입(PPL) 광고로 불리기도 한다. 또한 드라마 등에 브랜드를 끼어 넣는 형태의 광고도 영화광고와 같이 간접광고로 불리어지고 있다.

- 간접광고란 우편이나 전단광고와 같이 직접 전달되지 않고 대중매체를 통해서 소비자에게 간접적으로 전달되는 것을 말한다. 양면성 광고란 자사제품의 장점(긍정적인 정보)뿐만 아니라 단점(부정적인 정보)까지도 함께 제시하는 광고형태를 말한다.

- 프로그램 후원광고란 광고주가 자기부담으로 프로그램을 제작하고 광고를 동반시켜 내보내는 광고를 말한다. 프로그램 참가광고란 광고주가 단지 프로그램의 광고시간을 구매하여 내보내는 광고를 말한다.

- 스포츠광고란 스포츠를 중계할 때 내보내는 광고를 말한다. 특집광고란 비정규 프로그램인 특집 프로그램을 집행할 때 내보내는 광고를 말한다. 스팟(spot)광고란 방송 프로그램과 프로그램 사이에 내보내는 광고를 말한다. 시보란 방송시간을 알릴 때 내보내는 광고를 말한다.

- 방송매체광고란 지상파 TV와 케이블 TV(CATV)와 라디오를 들 수 있으며, 인쇄매체는 다른 매체에 비하여 소비자가 적극적으로 주의를 기울이지 않으면 메시지 전달이 어렵다. 인쇄매체에는 신문과 잡지가 대표적인 예이다.

- 온라인광고란 인터넷광고와 모바일광고를 들 수 있으며, 인터넷광고는 인터넷의 특징이자 장점인 상호작용성, 정보지향성, 시공간 초월, 개인화 등의 성격을 그대로 이어받고 있다.

- 옥외광고는 TV, 라디오, 신문, 인터넷 등을 통한 광고 이외에 상가의 간판이나 빌딩에 부착된 대형 포스터, 지하철과 지하철역 내부에 부착된 광고들, 이들이 모두 옥외광고이다.

Test
기출문제

01 (　　)(은)는 마케팅의 목적을 달성하기 위한 수단 중에서도 가장 큰 비중을 차지하고 있는 요소라고 해도 과언이 아니다. 즉, (　　)(은)는 마케팅을 실현하기 위한 하나의 중요한 수단이라고 할 수 있다. (　　)의 주된 목적은 기본적으로 정보제공과 설득과정을 통한 교환활동이라고 할 수 있다.
빈칸 (　　)에 공통으로 들어갈 알맞은 답을 한글 2자 이내로 쓰시오.

02 광고는 현실적으로 많은 당사자들이 단 한 번의 교환과정에 참여하여 서로 간의 욕구를 충족시키고자 하는 복합 순환적 교환과정이라고 할 수 있다(Bagozzi, 1975). O X

03 광고의 복합 순환적 교환과정에서 설명이 바르게 표현된 것은?
① 광고주는 광고대행사로부터 광고대행 수수료를 받는다.
② 광고대행사는 광고매체사에게 광고물을 주고 그 대가로 매체요금을 받는다.
③ 광고매체사는 광고주에게 광고물을 주고 그 대가로 매체요금을 받는다.
④ 광고주는 고객에게 상품을 제공하고 그 대가로 상품 값을 받는다.
⑤ 광고매체사는 고객으로부터 광고물과 광고정보를 받는다.

04 광고의 복합 순환적 교환과정에서 설명이 바르지 못한 것은?
① 광고주는 광고대행사에게 광고대행 수수료를 준다.
② 광고대행사는 광고매체사에게 매체요금을 준다.
③ 광고매체사는 고객에게 광고물과 광고정보를 제공한다.
④ 광고주는 고객에게 상품을 제공하고 그 대가로 상품 값을 받는다.
⑤ 광고대행사는 광고매체사에게 광고물을 주고 그 대가로 매체요금을 받는다.

05 마케팅 믹스는 마케팅 학문의 근간을 이루는 핵심요소로써 제품, (a), 유통, 촉진으로 구성되어 있으며, 촉진믹스는 촉진의 근간을 이루고 있는 핵심요소로써 광고, 인적판매, 홍보 및 공중관계, (b)(으)로 구성되어 있다.
빈칸 (b)에 들어갈 알맞은 답을 한글 4자 이내로 쓰시오.

06 promotion mix는 advertising, sales promotion, publicity & public relations, personal selling의 요소로 구성되어 있다. O X

07 promotion mix는 advertising, personal selling, publicity & public relations, sales people의 요소로 구성되어 있다. OX

08 promotion mix는 publicity & public relations, personal selling, sales promotion, (　　)(으)로 구성되어 있다.
빈칸에 알맞은 답을 영어 소문자로 쓰시오.

09 마케팅 믹스의 구성요소인 promotion mix는 personal selling, sales promotion, (　　) & public relations, advertising으로 구성되어 있다.
빈칸에 알맞은 답을 영어 소문자로 쓰시오.

10 1963년 AMA에 의하면, 광고란 명시된 광고주에 의해 아이디어, 상품, 서비스에 대한 유료형태의 인적 제시 및 촉진활동이라고 할 수 있다. OX

11 마케팅 관점에서 볼 때, 광고에 대한 정의는 promotion mix의 요소들과 구별하는데 중점을 두고 있다. 즉, 인간매체에 의한 촉진은 (a), 유료가 아닌 경우는 (b), 전통적인 대중매체에 의하지 않는 모든 촉진활동은 (c)(으)로 분류하여 광고를 다른 촉진활동과 구별하는 데 중점을 두고 있다.
빈칸 (a)에 들어갈 알맞은 답을 한글 4자 이내로 쓰시오.

12 마케팅 관점에서 볼 때, 광고에 대한 정의는 promotion mix의 요소들과 구별하는데 중점을 두고 있다. 즉, 인간매체에 의한 촉진은 (a), 유료가 아닌 경우는 (b), 전통적인 대중매체에 의하지 않는 모든 촉진활동은 (c)(으)로 분류하여 광고를 다른 촉진활동과 구별하는데 중점을 두고 있다.
빈칸 (c)에 들어갈 알맞은 답을 한글 4자 이내로 쓰시오.

13 마케팅 관점에서 볼 때, 광고에 대한 정의는 promotion mix의 요소들과 구별하는데 중점을 두고 있다. 즉, 인간매체에 의한 촉진은 (a), 유료가 아닌 경우는 (b), 전통적인 대중매체에 의하지 않는 모든 촉진활동은 (c)(으)로 분류하여 광고를 다른 촉진활동과 구별하는데 중점을 두고 있다.
빈칸 (b)에 들어갈 알맞은 답을 한글 2자 이내로 쓰시오.

14 마케팅 관점에서 광고에 대한 정의는 promotion mix의 요소들과 구별하는데 중점을 두고 있다. 즉, 인간매체에 의한 촉진은 인적판매로, 유료가 아닌 경우는 홍보로, 전통적인 대중매체에 의하지 않는 모든 촉진활동은 판매촉진으로 분류하여 광고를 다른 촉진활동과 구별하는 데 중점을 두고 있다. O|X

15 마케팅 관점에서 광고에 대한 정의는 광고활동보다는 광고물에 치중함으로써 광고의 정보제공과 설득기능을 등한시하고 있고, 유료형태란 말은 실제광고에서는 너무 제한적이며, 광고범위를 비상업적인 기능에만 제한하고 있다는 비판을 받을 수 있다. O|X

16 광고에 대한 개념은 역사적이고 형식적인 것이므로 시대에 따라 다르게 표현되고 있다. 따라서 오늘날 광고는 커뮤니케이션 이론의 발달과 마케팅 적용범위의 확대에 따라 상업광고에만 국한하지 않고 비 상업광고도 포함시키는 방향으로 확대되고 있다. O|X

17 광고를 구성하는 주요 요소와 거리가 가장 먼 것은?

① 광고전략(advertising strategy)

② 크리에이티브 아이디어(creative idea)

③ STP 전략(STP strategy)

④ 크리에이티브 실행(creative execution)

⑤ 매체계획(media planning)

18 홍보와 광고가 같은 점은 비인적이고 대량매체에 의해 노출되며 설득적으로 사용된다는 점을 들 수 있다. 그러나 광고와 다른 점은 무료형태이고 광고주를 명시하지 않으며 객관적인 정보를 제공하는 광고와는 달리 뉴스의 형태로 주관적인 정보를 제공하기 때문에 신뢰성이 높다고 할 수 있다. 하지만 편집기관이 기업이 아니라 보도기관이기 때문에 통제하는 데 어려움이 있다. O|X

19 홍보(publicity)는 광고와 달리 무료형태이고, 광고주를 명시하지 않으며, 주관적인 정보를 제공할 뿐만 아니라 편집기관이 보도기관이기 때문에 통제하는 데 어려움이 있다. O|X

20 홍보는 광고와는 달리 뉴스형태로 주관적인 정보를 제공하기 때문에 신뢰성이 낮은 반면 편집기관이 보도기관이기 때문에 쉽게 통제할 수 있다. O|X

21 공중관계(Public Relations: PR)는 기업과 사회 간에 원만한 관계를 정립하기 위하여 기업이 행하는 여러 가지 촉진활동을 말한다. PR활동 중 가장 전형적인 것으로는 홍보를 들 수 있다. 그러나 PR의 효과는 장기적이고도 간접적으로 나타나기 때문에 계속적인 노력이 필요하다. 기업에 대한 좋은 이미지는 그 기업이 만드는 제품에까지 연장되기 때문이다. O|X

22 선전(propaganda)이란 사전에 결정된 목적에 따라 의견이나 행동에 영향을 미치도록 개인이나 집단에 의하여 신중하게 설계된 의견의 표현 또는 어떤 사상이나 주장을 전달하고자 하는 커뮤니케이션이라고 할 수 있다. 그러나 넓은 의미에서 선전은 광고와 거의 동일한 의미로 사용되고 있다. 하지만 두 차례의 세계대전으로 인해 선전은 부정적인 의미로 인식되고 있다. 즉, 광고와는 달리 선전은 파괴적인 활동으로, 은폐나 숨겨진 목적으로, 대중의 정서 · 공포 · 편견 · 적의를 환기시키기 위한 목적으로 인식되고 있다. O|X

23 광고는 마케팅 전략에 근거한 일관성 있는 광고, 즉 합마케팅적 광고가 수행될 때 비로소 광고의 목표를 극대화시킬 수 있다. 따라서 합마케팅적 광고는 오늘날 유행처럼 번지고 있는 IMC, 즉 통합마케팅 커뮤니케이션과 일맥상통한다고 할 수 있다. O|X

24 광고의 목표와 거리가 가장 먼 것은?

① 상표의 개성(brand identity)을 포지셔닝시키는 데 있다.
② 기업의 애호도(corporate loyalty)를 증가시키는 데 있다.
③ 상표의 애호도(brand loyalty)를 증가시키는 데 있다.
④ 상표의 다양성(brand diversity)을 증가시키는 데 있다.
⑤ 기업의 위상(corporate position)을 향상시켜 장기적으로 이익을 추구하는 데 있다.

25 광고의 효과와 거리가 가장 먼 것은?
① 광고의 효과는 누적적으로 나타난다.
② 광고의 효과는 장기적으로 나타난다.
③ 광고의 효과는 판매액 대비 광고비 비율이 낮을수록 시장점유율이 높게 나타난다.
④ 광고의 효과는 상표에 대한 기억이나 선호도를 변화시킬 수 있다.
⑤ 광고의 효과는 수많은 상호작용에 의해 나타나기 때문에 상황에 따라 다르다.

26 광고의 효과는 장기적으로 나타나기 때문에 비용보다는 투자로 간주해야 한다. O X

27 마케팅 측면에서 광고의 기능과 거리가 가장 먼 것은?
① 언론기관을 유지시키는 중요한 수단이다.
② 신제품 광고의 경우 소비자를 교육하는 기능이 강하다.
③ 상품 이미지 광고의 경우 상징적인 상품가치를 높여 준다.
④ 인터넷을 통할 경우 구매시장의 공간기능(유통기능)도 갖는다.
⑤ 중간상에 대한 생산자의 힘을 강화시킬 수 있다.

28 광고를 통해 신제품에 대한 정보가 알려지면 시장진입의 장벽을 낮출 수 있으므로 신제품의 경우 시장에 진입하기가 쉽다. O X

29 광고는 경제성이 높은 사회적 필수재에는 자원분배를 더욱 어렵게 만드는 측면이 있으며, 기업으로 하여금 수익성이 높은 사업부문에 자원을 보다 집중시키는 측면이 있다. O X

30 광고는 경제성이 낮은 사회적 필수재에 자원분배를 강화시킨다. O X

31 광고의 기능에서 정보경제 학자들의 견해에 따르면 광고는 정보를 제공하기 때문에 가격 탄력성을 높이고 진입장벽을 낮추어 경쟁을 촉진하는 기능을 하며, 산업조직 학자들의 견해에 따르면 광고는 상품을 차별화시킴으로써 가격 탄력성을 낮추고 진입장벽을 낮추어 기업의 독점력을 높인다는 이론이 지배적이다. O X

32 광고는 상품을 차별화시킴으로써 가격탄력성과 진입장벽을 높여 기업의 독점력을 높이는 측면이 있다. O X

33 광고는 상품의 이미지나 상징성을 더욱 풍부하게 해주고 소비자들의 기대감을 조성하므로 상위욕구를 충족시키는데 도움을 준다고 할 수 있다. O X

34 광고의 역기능과 거리가 가장 먼 것은?
① 모든 인간을 무의식적으로 쇠뇌 시켜 행동을 유발한다.
② 소비자의 욕구를 억제가 아닌 충족의 방향으로 촉진함으로써 소비를 조장하는 측면이 있다.
③ 비윤리적 측면이 있다.
④ 광고비를 과다하게 지출하는 경향이 있다.
⑤ 거짓된 필요를 창조해서 소비를 부추기는 경향이 있다.

35 광고는 소비자들의 욕구를 억제가 아닌 충족의 방향으로 촉진하여 소비를 조장하는 측면도 있다. O X

36 광고의 역기능 관점에서 볼 때 광고는 모든 사람을 무의식적으로 세뇌시켜 행동을 유발한다고 할 수 있다. O X

37 광고의 중립적인 설득수단이란 다양한 당사자가 서로 자유롭게 의사를 전달하고 설득하려는 이상 광고는 궁극적으로 중립적인 수단이라고 할 수 있다. 예를 들어, 승용차를 파는 기업은 '음주 후에는 절대로 운전하지 말라'고 설득하는 반면, 술을 파는 회사는 '운전할 때는 절대로 술을 마시지 말라'고 설득한다. 이 경우 각 기업의 설득내용이 비록 편향된 것일지라도 여러 기업의 설득내용을 종합해서 판단해 보면 결국 광고의 내용은 중립적이라고 할 수 있다. O X

38 산업광고란 고객이 될 수 있는 기업체에 대하여 행하는 수평적인 광고를 말하며, 유통경로 내 광고란 생산자가 중간상에게 또는 중간상이 생산자나 다른 중간상에게 수행하는 수직적인 광고를 말한다. O X

39 산업광고란 고객이 될 수 있는 기업체에 대하여 행하는 수직적인 광고를 말하며, 유통경로 내 광고란 생산자가 중간상에게 또는 중간상이 생산자나 다른 중간상에게 행하는 수평적인 광고를 말한다. O|X

40 프로그램 참가광고는 방송광고의 90% 이상을 차지하기 때문에 비용이 높은 반면 프로그램 후원광고는 방송광고의 10% 이하로 판매되기 때문에 비용을 감소시키는 측면이 있다. O|X

41 스팟(spot) 광고란 방송 프로그램과 프로그램 사이에 내보내는 광고를 말한다. 이 광고는 지방 방송국이 지방 또는 지역적으로 광고를 하고자 하는 광고매체사에게 주로 판매한다. O|X

[정답]

01 광고	**02** ×	**03** ④	**04** ⑤	**05** 판매촉진	**06** ○	**07** ×	**08** advertising
09 publicity	**10** ×	**11** 인적판매	**12** 판매촉진	**13** 홍보	**14** ○	**15** ×	**16** ○
17 ③	**18** ×	**19** ×	**20** ×	**21** ○	**22** ○	**23** ○	**24** ④
25 ③	**26** ○	**27** ①	**28** ○	**29** ×	**30** ×	**31** ×	**32** ×
33 ○	**34** ①	**35** ○	**36** ×	**37** ×	**38** ○	**39** ×	
40 ×	**41** ×						

광고 불변의 법칙

성 공 한　광 고 는　반 복 하 라 !

여러분이 만든 광고가 다행히 성공했다면 효력이 떨어질 때까지 그 광고를 계속 반복하라.
성공한 광고임에도 불구하고 그 효력이 다하기 전에 폐기되어서는 안 된다.
리서치결과를 보면 한 광고가 같은 잡지에 여러 번 실린다고 해서 열독률이 떨어지는 것은 아니다.
적어도 네 번은 반복해야 일정수준의 열독률을 유지할 수 있다.
여러분은 가만히 서 있는 군인들에게 광고하는 것이 아니다.
계속해서 움직이는 대상을 상대로 광고를 하고 있는 것이다.

CHAPTER 02

광고의 역사와 현황

Understanding of Advertising

광고에 대한 역사를 세계사적으로 고대광고, 중세광고, 근세 이후의 광고로 분류하여 살펴보고, 우리나라의 광고역사를 살펴본다. 다음으로 우리나라 총광고비 현황, 주요 국가별 광고비 현황, 우리나라 및 주요 국가의 매체별 광고비 현황을 비교 · 검토한 후, 우리나라 광고업의 분류, 광고 산업의 가치사슬, 광고대행사 현황과 광고시장의 현황에 대해 알아본다.

Advertising & Copy

손가락뼈를 있는 그대로 보여줘 독자들의 시선을 끈
태국의 칼슘 약 광고.
한마디의 설명도 없이 일러스트와 제품의 레이블만으로 메시지전달을
끌어냈다.

CHAPTER

02

광고의 역사와 현황

1. 광고의 역사

세계사적으로 볼 때, 광고에 대한 용어는 1655년경에 처음 등장한 것으로 볼 수 있다(Moriarty et. al., 2009). 따라서 광고는 유료매체인 신문이나 잡지가 출현한 17세기부터 시작되었다고 할 수 있다. 그러나 넓은 의미에서의 광고는 고대에도 있었다. 고대에서부터 현대까지 광고에 대한 발달과정을 요약해 보면 다음과 같다.

1) 고대의 광고

순수하게 광고라고는 할 수 없지만 세계 최초의 광고형태로는 B. C. 4000년경 앗시리아의 왕이 사용한 그림으로서 왕이 적을 격파하는 전황을 표시한 전쟁광경을 들 수 있다.

그러나 오늘날 남아 있는 세계최초의 문서광고라고 할 수 있는 것은 〈표 2-1〉에서 보는 바와 같이, B. C. 1000년경 고대 이집트의 수도 테베(Thebes)에 뿌려진 사람 찾는 전단광고를 들 수 있다. 이것은 갈대와 섬유로 만든 B5 크기의 엷은 파피루스(papyrus) 한 장에 쓰인 것으로 현재 대영박물관에 보관되어 있다.

표 2-1 | 세계최초의 전단광고 내용

셈이라고 하는 노비는 테베의 선량한 시민으로 선량한 주인 직물사 하푸로부터 도망쳤는데 데려와 주시기를 바라고 있습니다. 셈은 힛타이트 인으로 5피트 2인치(약 157.5cm)이며 붉은 얼굴로 갈색의 눈을 갖고 있습니다. 셈의 거처를 알려 주시면 금화 반쪽, 직물사 하푸의 가게에 데려다 주시면 금화 1매를 드리겠습니다.

희망하시는 대로 최량의 의료를 짜는 직물사 하푸

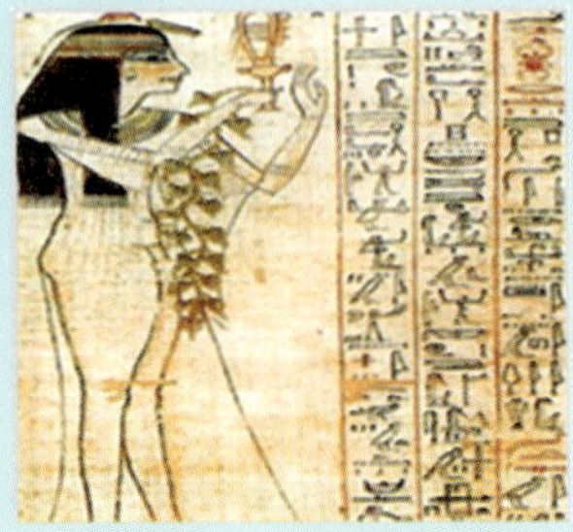

고대 이집트의 파피루스 광고

기원전 500년경 페르시아 제국의 베히스툰 비문
(공중 관계적 성격을 띤 광고형태)

기원전 440~460년경 화가 메디아스가 그리스 전설을 표현한 작품광고

나일강 하구의 로제타에서 발견된 고대 이집트의 로제타 석(Rosseta Stone)

또한 B. C. 136년경 고대 광고로는 고대 이집트의 로제타 석(Rosseta Stone)을 들 수 있다. 이 비석은 1799년 8월 나폴레옹이 이집트 원정시 나일강 하구의 로제타에서 발견한 현무암 명판으로 프톨레미(Ptolemy) 왕이 승려에 대해 면세정책을 폈기 때문에 승려가 이를 칭송하여 나라 안 이곳 저곳에 세운 것으로 현재 대영박물관에 보관되어 있다.

이 비문에는 "태양의 아들, 달의 아버지, 인간의 수호신 프톨레미…" 등의 내용으로 쓰여져 있으며 비문을 읽는 사람들에게 확신시키는 것을 목적으로 하였다. 이것은 오늘날 공공의 이익과 관련된 공중 관계

고대 로마의 시가지 폼페이에서 발굴된 고대의 간판광고

고대 로마의 시가지 폼페이의 흰 벽에 그려진 검투사대회 간판광고

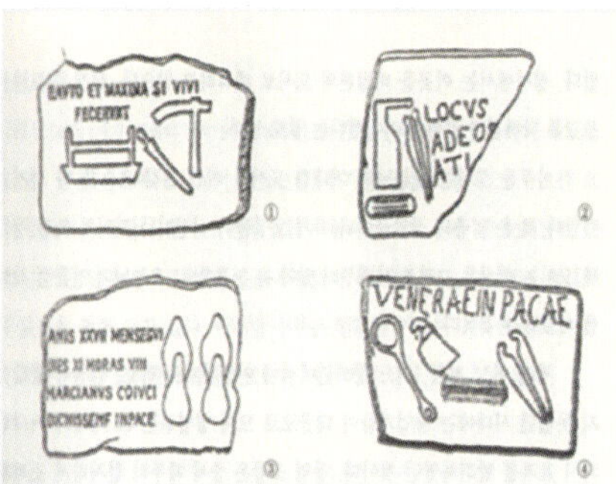

로마의 지하묘지 카타콤에서 발굴된 묘석(목수, 직물업자, 제화공, 양복장이를 그림으로 표현한 간판광고로 추측됨)

고대 로마시대의 기호화된 간판(B. C. 79년경 화산폭발로 매몰되었던 술집 간판광고)

적 성격을 띤 광고로 볼 수 있다.

고대 그리스와 로마에서도 상인들은 가게의 입구에 간판을 걸어 시민들에게 정보를 제공하였으며 로마인들은 벽을 희게 하고 거기에 세대주의 판매상품을 그림으로 그렸다. 고대 로마의 시가지 폼페이에서 발굴된 유적(베스비오스 화산폭발에 의한 유적)을 보면, 그림으로 상점을 표시한 간판, 그림으로 표시된 극장공연, 검투사대회 광고, 임대주택 광고 등이 있었음을 알 수 있다. 그러나 로마제국의 멸망과 함께 암흑시대(dark age)의 도래로 서방문명에서 광고의 중요성이 일시적으로 쇠퇴하였다.

2) 중세의 광고

고대 로마제국의 멸망과 함께 약 1000년간 암흑시대(dark age)의 도래로 인하여 중세에서는 광고가 발달하지 못하였다. 이 시기에는 광고에 필요한 상업 활동과 문자의 해석능력이 정체되었으며 도적이 심하여 상인들은 상품의 도난을 우려한 나머지 사람들에게 알리는 것을 주저하였다. 그러나 안전하다고 생각될 때에는 소리치는 사람(criers)이나 간판을 사용하여 광고를 하였다.

세계 최초의 출판사 로고 '2개의 방패'와 베네치아의 출판업자 알도스 마누티우스가 고안한 로고광고

중세 상점에서 팔려는 물건을 표현한 간판광고

열쇠모양과 여관에서 많이 사용된 천사표시 간판광고

3) 근세 이후의 광고

광고의 발달에서 가장 중요한 사건의 하나는 활자의 발명이라고 할 수 있다. 독일의 Gutenberg는 1438년에 이동식 활자를 발명하였으며 1450년대에 인쇄술을 발명하였다. 그러나 세계 최초의 이동식 활자는 독일의 Gutenberg가 발명한 것보다 400년 전에 중국과 한국에서 발명된 것으로 추정된다. 여하튼 이동식 활자의 발명은 인쇄물의 대량생산을 가능하게 하였다.

이러한 방법을 사용한 세계 최초의 인쇄광고로는 1473년 영국의 인쇄업자 William Caxton이 만든 교회규칙에 관한 광고지(hand bill)를 들 수 있다. 또한 세

01 15세기경 목제 인쇄기
02 구텐베르크가 처음으로 활자를 사용하여 인쇄한 「42행 성서」의 한 페이지
03 영국에서 최초로 출판된 책인 윌리엄 캑스턴의 「솔즈베리의 파이」 전단광고
04 1481년 독일에서 만든 위조금화를 경고한 전단광고
05 1491년에 만들어진 「기사와 결혼한 인어 아가씨 이야기」라는 책에서의 광고
06 광고 삽화가 들어가 있는 최초의 신문광고
07 영국 한 회사의 약 광고('사람은 한 번 복용, 말은 두 번 복용')

01

02

03
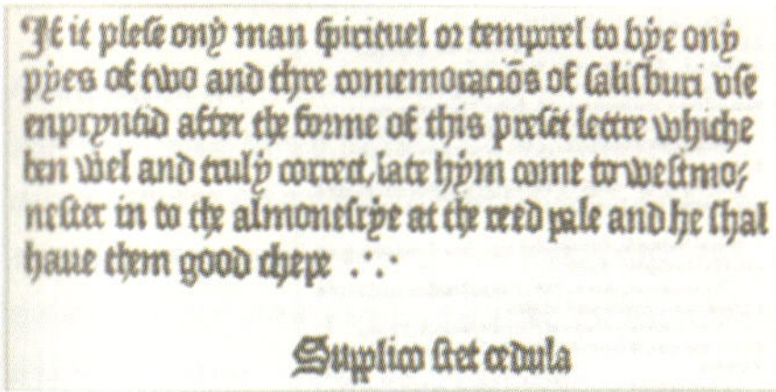

If it plese ony man spirituel or temporel to bye ony pyes of two and thre comemoracios of salisburi vse enpryntid after the forme of this preset lettre whiche ben wel and truly correct, late hym come to westmo/nester in to the almonesrye at the reed pale and he shal haue them good chepe .:.

Supplico stet cedula

04

05

06
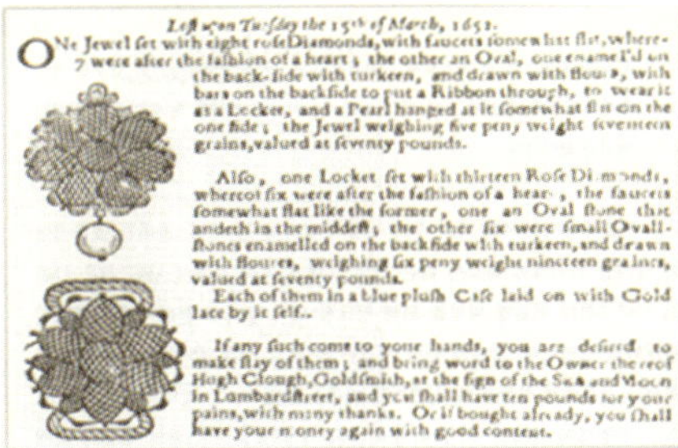

Lost upon Tuesday the 15th of March, 1652.

ONe Jewel set with eight rose Diamonds, with faucets somewhat flat, where 7 were after the fashion of a heart; the other an Oval, one enamel'd on the back-side with turkeen, and drawn with flowers, with bars on the backside to put a Ribbon through, to wear it as a Locket, and a Pearl hanged at it somewhat flat on the one side; the Jewel weighing five peny weight seventeen grains, valued at seventy pounds.

Also, one Locket set with thirteen Rose Diamonds, whereof six were after the fashion of a heart, the faucets somewhat flat like the former, one an Oval stone that standeth in the middest; the other six were small Oval-stones enamelled on the backside with turkeen, and drawn with flowers, weighing six peny weight nineteen grains, valued at seventy pounds.

Each of them in a blue plush Case laid on with Gold lace by it self.

If any such come to your hands, you are desired to make stay of them; and bring word to the Owner thereof Hugh Clough, Goldsmith, at the sign of the Sun and Moon in Lombardstreet, and you shall have ten pounds for your pains, with many thanks. Or if bought already, you shall have your money again with good content.

07

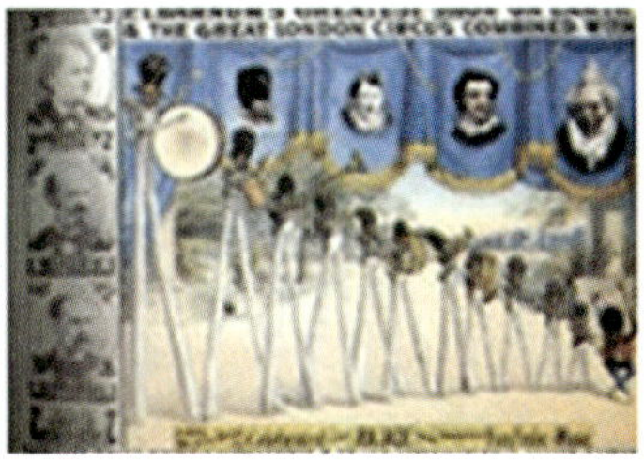
1835년 미국 최초의 빌보드 게시용 옥외포스터 광고

1850년 기차에 처음으로 게시된 교통광고

1890년대 자연을 모방하여 사실주의를 기반으로 만들어진 코카콜라 광고

1897년 알폰소 무하의 몬테카를로 석판화(모나코 해변 휴양도시 몬테카를로로 봄 여행을 떠나라고 유혹하는 프랑스 철도회사의 포스터 광고)

1920년대 비누광고

1926년 샴푸광고

1949년 보잉사 광고

계 최초의 신문광고로는 1525년 독일의 뉴스 팸플릿에 나타난 것으로 신비한 약품을 격찬한 것을 들 수 있다.

이러한 인쇄광고는 18세기에 이르러 산업혁명과 함께 일반적으로 사용되기 시작하였다. 이후 1880년대 말 사진의 발명은 광고의 발전을 강화시켰으며 라디오와 TV의 출현으로 광고는 획기적으로 발전하였다. 1890년대에 이르러 처음 '광고'라는 언어를 사용하였는데 활자를 빼면 기존의 미술과 별반 다를 것이 없어 보인다.

4) 우리나라의 광고

우리나라에서 기록상으로 처음 등장한 광고행위는 고려시대 및 근대 조선시대에 상점들이 가게 이름을 적은 간판을 상점 앞에 걸어 놓은 것을 들 수 있다. 그러나 방을 통한 정보의 전달이나 소리치는 사람들에 의한 광고행위는 간판을 내걸기 이전부터 있었을 것으로 추측할 수 있다.

우리나라의 최초 신문광고로는 1886년 2월 22일 국한문 혼용지인 한성주보 제4호에 게재된 '덕상세창양행고백'으로 시작된 광고를 들 수 있다. 광고내용으로는 세창양행(독일인 경영)이 사려는 물품으로 호랑이 가죽, 수달피, 검은 단비, 흰 담비, 소 말 돼지의 갈기털과 꼬리 뿔 발톱, 조개와 소라, 담배종이, 오배자, 옛날동전 등이었으며, 팔려는 물품으로는 자명종, 호박, 유리, 서양등, 서양단추, 서양직물, 의복염료 등에 관한 것이었다.

그러나 신문광고가 본격적으로 정착된 것은 1896년 독립신문이 창간되면서 부터라고 할 수 있다. 또한 국내 최초의 TV 광고는 1956년에 TV 방송국의 개국과 함께 방영되었고(미국은 1948년에 시작), 1959년에는 라디오 광고가 처음으로 시작되었으며(미국은 1922년에 시작), 1960년에는 첫 광고 전문지인 「새광고」가 창간되었다. 이후 1970년 조선일보에 처음으로 칼라광고가 게재되었으며 1981년에 시작된 칼라 TV 방송은 우리나라 광고산업이 급성장하게 된 출발점이 되었다.

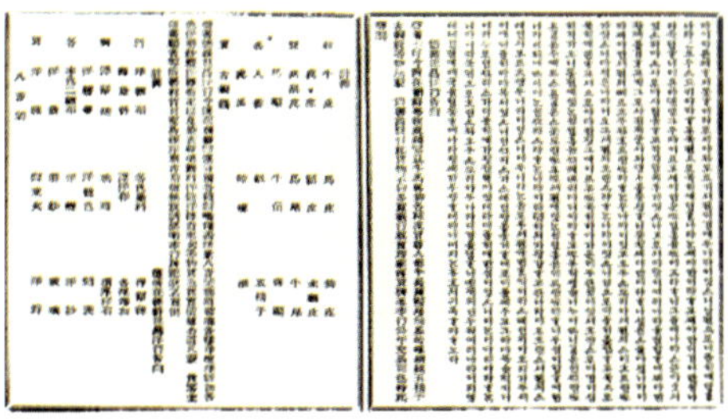
1886년 2월 22일, 한성주보 제4호에 게재된 세창양행 광고

1896년 독립신문 창간호에 게재된 광고

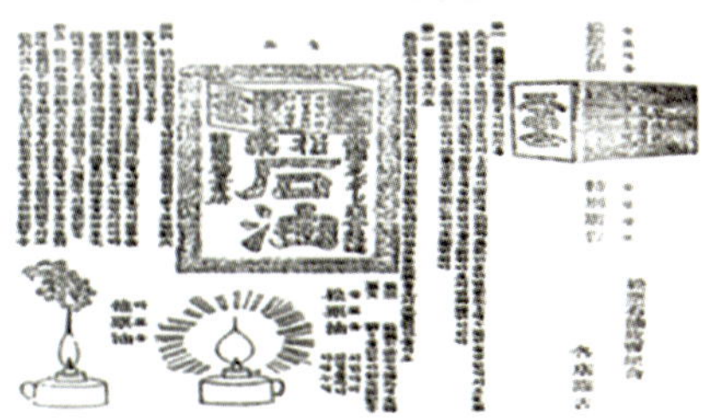
1903년 황성신문에 게재된 솔표석유 광고

1920년 개신교의 약 광고

1920년 처음으로 사진을 이용한 광고('태양됴경환')

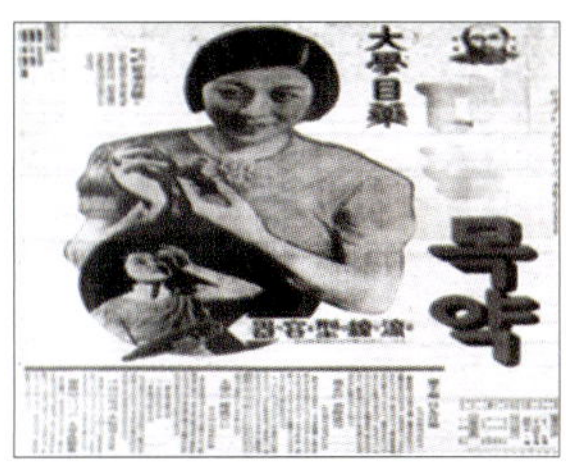

937년 12월 14일, 동아일보에 실린 목약(안약) 광고

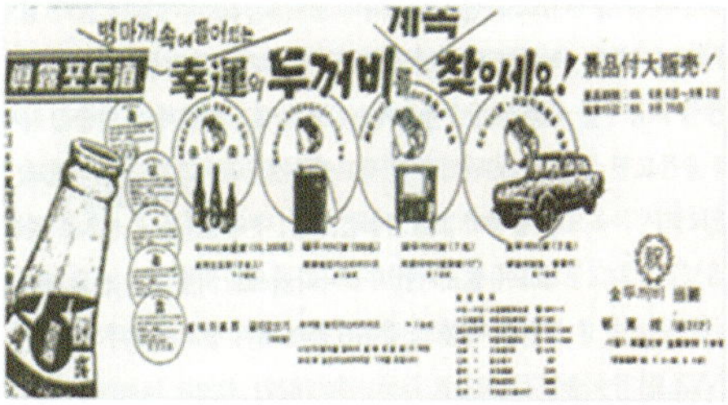

1955년 진로소주 광고

1960년대의 원기소 광고

1963년 우리나라 최초의 라면 광고

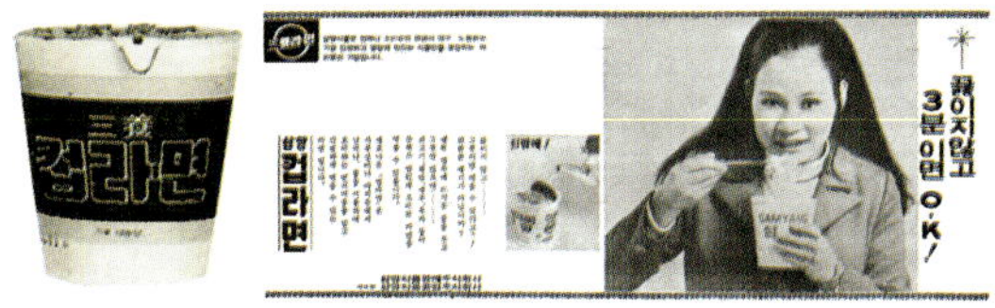

1973년 우리나라 최초의 컵라면 광고

2. 광고비 현황

1) 우리나라 총 광고비 현황

자본주의 꽃은 광고라는 말도 있다. 그 만큼 자본주의에서는 광고가 중요한 비중을 차지한다고 할 수 있다. 그러나 그 나라의 성장과 발전속도에 따라 광고의 비중이 달라지므로 우리나라에서도 광고산업이 지속적으로 성장할 것인지는 향후 경제성장에 달려있다고 할 수 있다.

우리나라 총 광고비는 〈표 2-2〉에서 보듯이, 1980년을 기준으로 하여 1985년에는 7,393억 원으로 168.6%의 성장을 보였으며, 1990년에는 2조 1억 원으로 170.5%의 성장을 보였다. 이후 규모는 계속 커져서 2000년에는 무려 5조 8,534억 원의 규모로 성장하였다. 이후 2007년 7조 9,896억 원의 시장으로 커졌으며, 2008년 금융 위기를 맞으면서 7조 7,971억 원으로 -2.4%의 성장을 보이다가 다시 2012년 이후 10조 6,893억 원으로 10조 원을 넘어서면서 11.8%의 성장률을 나타낸다. 2016년에는 총 광고비가 11조 5,905억 원으로 성장하고 있음을 나타내고 있다.

표 2-2 | 우리나라 총 광고비 현황(1980~2016)

연도	총 광고비 (억 원)	성장률(%)	GDP 대비 총 광고비 점유율	
			GDP(억 원)	점유율(%)
1980	2,752	–	387,749	0.71
1985	7,393	168.6	856,991	0.86
1990	20,001	170.5	1,913,828	1.05
1995	49,512	147.5	4,096,536	1.21
2000	58,534	18.2	6,032,360	0.97
2001	57,138	−2.4	6,514,153	0.88
2002	68,442	19.8	7,205,390	0.95
2003	68,023	−0.6	7,671,137	0.89
2004	66,646	−2.0	8,268,927	0.81
2005	70,538	5.8	8,652,409	0.82
2006	76,339	8.2	9,087,438	0.84
2007	79,896	4.7	9,750,130	0.82
2008	77,970	−2.4	10,264,518	0.76
2009	73,831	−5.3	10,630,591	0.69
2010	86,207	16.8	11,732,749	0.73
2011	95,606	10.9	13,326,810	0.72
2012	106,893	11.8	13,774,567	0.78
2013	110,029	2.9	14,294,454	0.77
2014	107,247	−2.5	14,860,793	0.72
2015	111,525	4.0	15,641,239	0.71
2016	115,905	3.9	16,374,208	0.71

출처: 제일기획 마케팅연구소(1999~2016). 광고연감.

2) 10대 국가의 총 광고비 현황

(1) 10대 광고비 보유국 현황(2003~2004)

〈표 2-3〉에서 제시한 10대 국가의 총 광고비는 TV, 라디오, 신문, 잡지, 극장, 옥외광고의 6대 매체에 의해 추정하였다. 2004년 기준 세계의 총 광고비 363,390백만 달러(약 400조 원) 중 10대 국가가 285,303백만 달러(약 314조 원, 78.6%)를 차지하고 있으며 그중 미국이 161,487백만 달러(약 178조 원, 44.4%)로 최대 광고비를 기록하였다.

표 2-3 | **10대 광고비 보유국(2003~2004)**

(단위: 백만 달러, %)

국 가	광 고 비		2004년 점유율	전년대비
	2003년(순위)	2004년(순위)		
미 국	152,282(1)	161,487(1)	44.4	6.0
일 본	36,222(2)	38,019(2)	10.5	4.9
영 국	17,043(4)	18,400(3)	5.1	7.9
독 일	18,036(3)	18,309(4)	5.0	1.5
프랑스	10,769(5)	11,149(5)	3.1	3.5
이태리	8,831(6)	9,454(6)	2.6	7.0
중 국	7,658(7)	9,036(7)	2.5	18.0
스페인	6,278(8)	6,653(8)	1.8	6.0
한 국	6,785(9)	6,425(9)	1.8	5.5
캐나다	6,101(10)	6,381(10)	1.8	5.7
10개국 합계	270,005	285,303	78.6	5.7
세계 광고비	339,878	363,390	100.0	6.9

출처: 제일기획 마케팅연구소(2005). 광고연감.

(2) 10대 광고비 보유국 현황(2009~2010)

〈표 2-4〉에서 제시한 10대 국가의 총 광고비는 TV, 라디오, 신문, 잡지, 극장, 옥외, 인터넷광고의 7대 매체에 의해 추정하였다. 2010년 기준 세계의 총 광고비 482,090백만 달러(약 530조 원) 중 10대 국가가 319,396백만 달러(약 351조 원, 66.1%)를 차지하고 있으며 그중 미국이 148,705백만 달러(약 164조 원, 30.8%)로 최대 광고비를 기록하였다.

표 2-4 | 10대 광고비 보유국(2009~2010)

(단위: 백만 달러, %)

국 가	광 고 비		2010년 점유율
	2009년(순위)	2010년(순위)	
미 국	148,315(1)	148,705(1)	30.8
일 본	42,162(2)	42,621(2)	8.8
독 일	24,852(3)	25,292(3)	5.2
중 국	20,291(4)	24,159(4)	5.0
영 국	19,795(5)	19,961(5)	4.1
브라질	11,911(8)	14,243(6)	3.0
프랑스	13,533(7)	13,999(7)	2.9
이탈리아	10,935(9)	10,941(8)	2.3
호 주	9,637(10)	10,328(9)	2.1
캐나다	13,800(6)	9,148(10)	1.9
10개국 합계	315,231	319,396	66.1
세계 광고비	437,555	482,090	100

출처: ZenithOptimedia(2010). Advertising Expenditure Forecast 2010; 삼정KPMG(2010). 해외 콘텐츠 시장조사. pp. 69–138.

(3) 10대 광고비 보유국 현황(2015~2016)

〈표 2-5〉에서 제시한 2016년의 10대 국가의 총 광고비는 TV, 라디오, 신문, 잡지, 극장, 옥외, 인터넷광고의 7대 매체에 의해 추정하였다. 2016년 기준 세계의 총 광고비 589,428백만 달러(약 665조 원) 중 10대 국가가 409,951백만 달러(약

462조 원, 69.6%)를 차지하고 있으며 그중 미국이 190,778백만 달러(약 215조 원, 32.4%)로 여전히 최대 광고비 보유국임을 나타내었다.

표 2-5 | 10대 광고비 보유국(2015~2016)

(단위: 백만 달러, %)

국가	광고비		2016년 점유율
	2015년(순위)	2016(순위)	
미국	182,615(1)	190,778	32.4
중국	74,406(2)	74,961	12.7
일본	41,805(3)	41,924	7.1
영국	26,020(4)	24,181	4.1
독일	25,719(5)	21,994	3.7
브라질	14,364(6)	13,047	2.2
프랑스	13,349(7)	11,381	1.9
오스트레일리아	11,855(9)	11,350	1.9
한국	12,208(8)	11,271	1.9
캐나다	10,172(10)	9,064	1.5
10개국 합계	412,513	409,951	69.6
세계 광고비	516,393	589,428	

출처: ZenithOptimedia(2017). Advertising Expenditure Forecasts.

3) 우리나라 및 미국의 매체별 광고비 현황

(1) 우리나라 매체별 광고비 현황(2000~2004)

우리나라 매체별 광고비는 〈표 2-6〉에서 보듯이, 2004년을 기준으로 하여 4대 매체 광고비가 46,695억 원으로 전체 광고비 중 70.1%를 차지하고 있으며 옥외, 판매촉진(sales promotion: SP), 기타 매체 광고비가 9,238억 원(13.9%), 뉴미디어 매체 광고비가 7,957억 원(11.9%), 4대 매체 광고제작비가 2,758억 원(4.1%)을 차지하고 있다.

광고매체 중에서는 2004년을 기준으로 하여 TV광고가 22,350억 원(33.5%)으로 가장 큰 비중을 차지하고 있는 반면 라디오광고, 신문광고, 잡지광고는 감소추세를 보이고 있다. 그러나 옥외광고, SP, 기타광고는 뉴미디어 광고와 함께 증가추세를 보이고 있다. 특히 2004년에는 스카이라이프라는 위성방송이 등장하여 새로운 미디어 광고에 합류하였다.

표 2-6 | 우리나라 매체별 광고비 현황(2000~2004)

(단위: 억 원, %)

구분		2000년		2001년		2002년		2003년		2004년	
		광고비	비율	광고비	비율	광고비	비율	광고비	비율	광고비	비율
4대매체	TV	20,687	35.3	19,537	36.1	24,394	37.7	23,671	34.8	22,350	33.5
	라디오	2,504	4.3	2,372	4.4	2,780	4.3	2,751	4.0	2,653	4.0
	신문	21,214	36.2	17,500	32.3	20,200	31.2	18,900	27.8	17,436	26.2
	잡지	1,634	2.8	1,563	2.9	1,807	2.8	5,006	7.4	4,256	6.4
	계	46,039	78.7	40,972	75.7	49,181	75.9	50,328	74.0	46,695	70.1
4대 매체 광고제작비		2,173	3.7	2,437	4.5	2,688	4.1	2,756	4.1	2,758	4.1
옥외, SP, 기타		7,227	12.3	7,755	14.3	8,720	13.5	9,264	13.6	9,238	13.9
뉴미디어	케이블 TV	1,736	3.0	1,652	3.1	2,345	3.6	2,975	4.4	3,999	6.0
	온라인	1,360	2.3	1,281	2.4	1,850	2.9	2,700	4.0	3,927	5.9
	스카이라이프	–	–	–	–	–	–	–	–	31	0.0
	계	3,096	5.3	2,933	5.4	4,195	6.5	5,675	8.3	7,957	11.9
총계		58,534	100	54,096	100	64,784	100	68,023	100	66,647	100

출처: 제일기획 마케팅연구소(2001~2005). 광고연감.

(2) 우리나라 매체별 광고비 현황(2007~2010)

우리나라 매체별 광고비는 〈표 2-7〉과 같이, 2010년을 기준으로 하여 4대 매체 광고비가 4조 3,199억 원으로 전체 광고비 중 51.1%를 차지하고 있으며 옥외광고비가 7,494억 원(8.9%), 뉴미디어 매체 광고비가 2조 5,748억 원(30.5%), 4대 매체 광고제작비가 8,061억 원(9.5%)을 차지하고 있다.

광고매체 중에서는 2010년을 기준으로 하여 TV광고가 1조 9,307억 원(22.8%)으로 가장 큰 비중을 차지하고 있는 반면 라디오, 신문, 잡지광고는 성장세가 둔화되고 있는 것으로 나타나고 있다.

표 2-7 | **우리나라 매체별 광고비 현황(2007~2010)**

(단위: 억 원, %)

구분		2007년		2008년		2009년		2010년	
		광고비	비율	광고비	비율	광고비	비율	광고비	비율
4대매체	TV	21,076	26.4	18,997	24.4	16,709	23	19,307	22.8
	라디오	2,807	3.5	2,769	3.6	2,231	3.1	2,565	3.0
	신문	17,801	22.2	16,581	21.3	15,007	20.7	16,438	19.4
	잡지	4,841	6.1	4,804	6.2	4,388	6	4,889	5.8
	계	46,525	58.2	43,151	55.4	38,335	52.8	43,199	51.1
4대매체 광고제작, 기타		7,873	9.9	7,663	9.8	7,368	10.2	8,061	9.5
옥외광고		6,793	8.5	6,395	8.2	6,248	8.6	7,494	8.9
뉴미디어	CATV	8,297	10.3	8,600	11	7,794	10.7	9,649	11.4
	온라인	10,200	12.8	11,900	15.3	12,430	17.1	15,470	18.3
	위성방송	120	0.2	95	0.1	95	0.1	153	0.2
	IPTV	–	–	53	0.1	114	0.2	205	0.2
	DMB	88	0.1	114	0.1	176	0.2	271	0.3
	계	18,705	23.4	20,762	26.6	20,609	28.4	25,748	30.5
총계		79,896	100	77,971	100	72,560	100	84,502	100

출처: 제일기획 마케팅연구소(2008~2011). 광고연감.

(3) 우리나라 매체별 광고비 현황(2012~2016)

2016년도 우리나라 매체별 광고비는 〈표 2-8〉과 같이 4대 매체 광고비가 4조 3,652억 원으로 전체 광고비 중 37.7%를 차지하고 있어, 2012년도 4조 7,914억 원(44.8%)에 비해 현격하게 감소하였음을 알 수 있으며, 옥외 광고비는 8,446억 원(7.3%)로 나타났다. 뉴미디어 매체 광고비는 5조 7,868억 원(49.9%)로 2012년도 4조 1,331억 원(38.7%)에 비해서 현저히 증가하고 있음을 나타내고 있다.

광고매체 중에서는 2016년을 기준으로 하여 TV광고가 2조 242억 원(17.58%)으로 가장 큰 비중을 차지하고 있으나 그 비중도 점차 감소하는 것으로 나타났으며, 라디오, 신문, 잡지광고 또한 비중이 점차 감소하는 것으로 나타나고 있다. 반면에 케이블 PP(program provider)의 경우 2016년을 기준으로 1조 9,269억 원(16.6%)으로 TV광고에 육박하고 있으며, 인터넷광고는 2조 3,765억 원(20.5%)로 TV광고

표 2-8 | 우리나라 매체별 광고비 현황(2012~2016)

(단위: 억 원, %)

구분		2012년		2013년		2014년		2015년		2016년	
		광고비	비율	광고비	비율	광고비	비율	광고비	비율	광고비	비율
4대매체	TV	22,304	20.9	21,599	19.6	19,647	18.3	19,993	17.9	20,242	17.5
	라디오	2,904	2.7	2,825	2.6	2,541	2.4	2,703	2.4	2,646	2.3
	신문	17,178	16.1	16,235	14.8	15,612	14.6	15,367	13.8	16,084	13.9
	잡지	5,528	5.2	5,321	4.8	4,905	4.6	4,734	4.2	4,680	4.0
	계	47,914	44.8	45,980	41.8	42,705	39.8	42,797	38.4	43,652	37.7
광고제작, 기타		9,676	9.1	9,826	8.9	5,791	5.4	5,913	5.3	5,939	5.1
옥외광고		7,972	7.5	8,850	8.0	8,578	8.0	8,328	7.5	8,446	7.3
뉴미디어	지상파 DMB	173	0.2	129	0.1	115	0.1	117	0.1	112	0.1
	케이블 PP	15,078	14.1	15,660	14.2	17,432	16.3	19,166	17.2	19,269	16.6
	케이블 SO	1,081	1.0	1,087	1.0	1,275	1.2	1,366	1.2	1,364	1.2
	위성방송	145	0.1	174	0.2	212	0.2	230	0.2	240	0.2
	IPTV	237	0.2	381	0.3	630	0.6	730	0.7	818	0.7
	인터넷광고	22,388	20.9	22,992	20.9	21,410	20.0	22,134	19.8	23,765	20.5
	모바일광고	2,229	2.1	4,950	4.5	9,099	8.5	10,744	9.6	12,300	10.6
	계	41,331	38.7	45,373	41.2	50,173	46.8	54,487	48.9	57,868	49.9
총계		106,893	100.0	110,029	100.0	107,247	100.0	111,525	100.0	115,905	100.0

* PP(program provider): 하루 방송을 채우는 프로그램을 만들어 종합유선방송이나 위성방송에 보내는 업체를 말한다. 국내 케이블TV에서는 JTBC, TV조선, MBN 등이 해당한다.

** SO(system operator): 여러 PP들로부터 프로그램을 받아 이를 취합한 뒤 각 가정에 보내는 사업체로 티브로드, CJ헬로, TCN대구방송 등이 해당한다.

*** 인터넷 프로토콜 텔레비전(Internet Protocol Television)은 광대역 연결 상에서 인터넷 프로토콜을 사용하여 소비자에게 디지털 텔레비전 서비스를 제공하는 시스템을 말한다.

출처: 제일기획 마케팅연구소(2012~2016). 광고연감.

를 넘어서고 있다. 또한 모바일 광고의 경우 2012년 2,229억 원(2.1%)에 불과하였으나 2016년에는 1조 2,300억 원(10.6%)으로 급격한 성장을 보이고 있다.

(4) 미국의 매체별 광고비 현황(2000~2004)

미국의 매체별 광고비는 〈표 2-9〉에서 보듯이, 2004년을 기준으로 하여 4대 매체 광고비가 1,248억 달러(약 137조 원)로 전체 광고비 중 47.3%를 차지하고 있으며 기타매체 광고비가 1,388억 달러(약 153조 원)로 52.7%를 차지하고 있다.

광고매체 중에서는 2004년을 기준으로 하여 직접우편(direct mail; DM) 광고가 522억 달러(약 57조 원, 19.8%)로 비중이 가장 크며 다음으로는 신문광고가 470억 달러(약 52조 원, 17.8%), TV광고가 460억 달러(약 51조 원, 17.5%) 순으로 나타났다.

표 2-9 | 미국의 매체별 광고비 현황(2000~2004)

(단위: 십억 달러, %)

구분		2000년		2001년		2002년		2003년		2004년	
		광고비	비율	광고비	비율	광고비	구율	광고비	비율	광고비	비율
4대매체	TV	44.8	18.4	38.9	16.8	41.8	17.6	43.2	17.3	46.0	17.5
	라디오	19.3	7.9	17.9	7.7	18.9	8.0	19.5	7.8	19.7	7.5
	신문	49.0	20.1	44.3	19.1	44.5	18.7	45.5	18.3	47.0	17.8
	잡지	12.4	5.1	11.1	4.8	11.0	4.6	11.8	4.7	12.1	4.6
	계	125.5	51.5	112.2	48.5	116.2	48.9	120.0	48.1	124.8	47.3
기타매체	DM	44.6	18.3	44.7	19.3	45.9	19.3	49.1	19.7	52.2	19.8
	전화번호부	13.2	5.4	13.6	5.9	13.7	5.8	13.9	5.6	14.0	5.3
	Cable TV	14.4	5.9	15.5	6.7	11.9	5.0	14.1	5.7	15.6	5.9
	인터넷	4.3	1.8	5.8	2.5	5.5	2.3	5.6	2.2	7.1	2.7
	기타	41.6	17.1	39.6	17.1	44.3	18.7	46.5	18.7	49.9	18.9
	계	118.1	48.5	119.2	51.5	121.3	51.1	129.2	51.9	138.8	52.7
총계		243.6	100	231.4	100	237.5	100	249.2	100	263.6	100

출처: 제일기획 마케팅연구소(2001~2005). 광고연감.

(5) 미국의 매체별 광고비 현황(2006~2010)

미국의 매체별 광고비는 〈표 2-10〉에서 보듯이, 2010년을 기준으로 하여, 4대매체 광고비가 836억 달러(약 88조 원)로 전체 광고비의 36.0%를 차지하고 있으며, 기타매체 광고가 1,485억 달러(약 156조 원)로 64.0%를 차지하고 있다.

광고매체 중에서는 2010년을 기준으로 하여, DM광고가 523억 달러(약 55조 원, 22.5%)로 비중이 가장 크고, 다음으로는 TV가 352억 달러(약 37조 원, 15.2%), 인터넷광고가 253십억 달러(약 27조 원, 10.9%), 신문광고가 234억 달러(약 25조 원, 10.1%) 순으로 나타났다.

표 2-10 | 미국의 매체별 광고비 현황(2006~2010)

(단위: 십억 달러, %)

구분		2006년		2007년		2008년		2009년		2010년	
		광고비	비율	광고비	비율	광고비	비율	광고비	비율	광고비	비율
4대매체	TV	46.6	16.5	44.5	15.7	43.7	16.6	37.1	15.6	35.2	15.2
	신문	46.6	16.5	42.2	14.9	34.7	13.2	26.8	11.3	23.4	10.1
	잡지	13.1	4.6	13.7	4.8	12.7	4.8	10.2	4.3	9.1	3.9
	라디오	21.1	7.5	21.3	7.5	19.5	7.4	16.4	6.9	15.9	6.9
	계	127.4	45.2	121.7	42.9	110.6	41.9	90.5	38.0	83.6	36.0
기타매체	DM	58.6	20.8	58.6	20.6	54.1	20.5	52.3	22.0	52.3	22.5
	전화번호부	16.2	5.7	16.4	5.8	15.0	5.7	13.0	5.5	11.9	5.1
	Cable TV	25.0	8.9	26.3	9.3	24.9	9.4	25.4	10.7	27.0	11.6
	인터넷	16.5	5.9	21.2	7.5	23.4	8.9	25.0	10.5	25.3	10.9
	기타	38.3	13.6	39.8	14.0	35.7	13.5	32.0	13.4	32.0	13.8
	계	154.6	54.8	162.3	57.1	153.1	58.1	147.7	62.0	148.5	64.0
총계		282.0	100	284.0	100	263.7	100	238.2	100	232.1	100

*기타매체에는 옥외, 비디오게임, 모바일, 영화관, 위성라디오만 포함하였음.

출처: E-marketer(미국 온라인 광고신문).

(6) 미국의 매체별 광고비 현황(2012~2016)

2016년 기준 미국의 매체별 광고비는 〈표 2-11〉에서 보듯이, 4대 매체 광고비가 1,206억 달러(약 136조 원)로 전체 광고비의 63.2%를 차지하고 있으며, 기타매체 광고가 702억 달러(약 79조 원)로 36.8%를 차지하고 있다. 단, 〈표 2-11〉의 기타 매체에는 기존의 DM과 전화번호부 및 Cable TV가 조사대상에서 제외되어 〈표 2-10〉와는 다소 차이가 있다.

〈표 2-11〉에서 보는 바와 같이 TV의 경우 2012년 625억 달러(약 70조 원)로 35.7%를 차지하던 비중이 2016년 681억 달러(약 77조 원)로 전체 비중의 35.7%를 차지하고 있어 여전히 가장 큰 비중을 나타내고 있다. 다만 신문의 경우 2012년 249억 달러(약 28조 원)로 15.4%를 차지하던 비중이 2016년 183억 달러(약 22조 원)로 전체 비중의 9.6%로 급격한 감소를 보이고 있으며, 반면, 인터넷광고의 경우 2012년 312억 달러(약 34조 원)로 19.3%를 차지하던 비중이 2016년 604억 달러(약 68조 원)로 전체 비중의 31.76%로 나타나 상당한 상승세를 보이고 있다.

표 2-11 | 미국의 매체별 광고비 현황(2012~2016)

(단위: 십억 달러, %)

구분		2012년		2013년		2014년		2015년		2016년	
		광고비	비율	광고비	비율	광고비	비율	광고비	비율	광고비	비율
4대매체	TV	62.5	38.7	64.3	38.3	67.0	38.0	66.7	36.5	68.1	35.7
	신문	24.9	15.4	22.9	13.7	21.3	12.1	19.8	10.9	18.3	9.6
	잡지	17.9	11.1	17.9	10.7	17.7	10.1	17.4	9.5	16.6	8.7
	라디오	16.7	10.3	17.1	10.2	17.3	9.9	17.5	9.6	17.6	9.2
	계	122.2	75.5	122.3	72.8	123.5	70.1	121.5	66.6	120.6	63.2
기타매체	영화	7	0.4	7	0.5	7	0.5	8	0.5	8	0.5
	옥외	7.5	4.7	7.9	4.7	8.2	4.7	8.5	4.7	8.9	4.7
	인터넷	31.2	19.3	36.9	22.0	43.7	24.8	51.6	28.3	60.4	31.7
	계	39.5	24.5	45.7	27.2	52.7	29.9	61.1	33.4	70.2	36.8
총계		161.8	100.0	167.9	100.0	176.2	100.0	182.7	100.0	190.8	100.0

출처: E-marketer(미국 온라인 광고신문).

3. 광고계 현황

1) 우리나라 광고업의 분류

문화체육관광부에서 정의하고 있는 광고산업은 〈표 2-12〉에서 제시된 6개 산업(업종) 및 16개 세부산업으로 구성된다.

표 2-12 | 우리나라 광고 산업의 분류

<table>
<tr><th colspan="2">구분</th><th>업종 정의</th></tr>
<tr><td rowspan="2">(1) 광고대행업</td><td>① 종합광고대행</td><td>광고물을 광고매체에 광고하는 업무를 총괄대행하는 업체로 광고주와의 포괄적인 계약으로 광고 대행 업무를 수행하며 이에 관련된 특정업무를 자체인력이나 다른 업체에 의뢰하여 수행</td></tr>
<tr><td>② 광고매체대행</td><td>광고주나 광고대행사를 대신하여 광고지면이나 광고시간을 구입해주는 업무를 하는 사업체</td></tr>
<tr><td rowspan="3">(2) 광고제작업</td><td>① 인쇄광고제작업</td><td>신문, 잡지 등 각종 인쇄광고물을 제작하는 사업체</td></tr>
<tr><td>② 영상광고제작업</td><td>방송, 영화, 동영상 클립 등 영상광고물을 제작하는 사업체</td></tr>
<tr><td>③ 광고사진스튜디오</td><td>광고를 목적으로 제작된 사진 촬영, 신문, 잡지, 포스터 광고 촬영 및 카탈로그 촬영을 하는 사업체</td></tr>
<tr><td rowspan="5">(3) 광고전문 서비스업</td><td>① 브랜드컨설팅</td><td>CI, BI, 패키지를 포함하는 기업이나 브랜드의 상징 등을 제작하는 사업체</td></tr>
<tr><td>② 마케팅조사</td><td>마케팅 활동의 기획 · 수정 및 평가를 위해 내부 및 외부 정보를 수립하여 분석하는 사업체</td></tr>
<tr><td>③ PR(Public Relations)</td><td>조직이나 개인이 그들의 제품 또는 서비스에 대한 공중의 이해와 호감을 얻고자 행하는 여러 가지 활동의 업무(홍보, PR, 행사기획, 홍보물제작 등)를 전문으로 행하는 사업체</td></tr>
<tr><td>④ SP(Sales Promotion)</td><td>판매를 촉진하는 직접적인 광고를 대행하는 사업체(매체에 하는 광고가 아님)</td></tr>
<tr><td>⑤ 전시 및 행사대행업</td><td>각종 전시회 및 행사를 기획 · 조직하는 산업활동. 전시장 행사와 관련된 전반적인 책임을 맡아 종합적으로 구성 · 연출하는 사업체도 포함</td></tr>
</table>

(4) 인쇄업	① 인쇄	각종 광고용 인쇄물을 인쇄하는 사업체(광고물 인쇄업)
(5) 온라인 광고대행업	① 온라인 종합광고대행	광고주를 대신해서 온라인 광고물을 기획하고 제작하며, 제작된 광고물을 전달하기 위해 매체와 접촉하여 집행하는 것을 전문으로 하는 사업체. 온라인 광고는 노출형, 검색형 등이 있음
	② 온라인 광고제작대행	각종 온라인 광고물을 제작하는 사업체
	③ 온라인 광고매체대행	광고주나 광고대행사를 대신하여 온라인 광고지면을 구입해주는 업무를 하는 회사
(6) 옥외 광고대행업	① 옥외종합광고대행	인쇄, 그림 또는 전자적 방식 등의 전시광고물을 기획 · 제작하여 옥내외 간판 또는 차량, 상점 등 전시공간에 전시구조물을 게시 하는 사업체
	② 옥외광고제작대행	인쇄, 그림 또는 전자적방식 등의 전시광고물을 기획 · 제작하는 사업체

반면 우리나라에서 광고에 관련된 주요 단체로는 한국방송광고진흥공사를 들 수 있다. 한국방송광고공사는 방송광고를 대행할 수 있는 회사를 선정하여 사업을 허가할 뿐만 아니라 방송매체를 독점하여 방송광고 시간을 광고대행사에 판매하고 있다. 그러나 인쇄매체의 경우에는 요건을 갖추어 승인만 받으면 광고대행을 할 수 있다.

TIP | KOBACO

한국방송광고진흥공사는 1981년 설립하여 MBC 및 KBS 방송광고 대행을 시작했으며, CBS의 방송광고 영업 대행을 하고 있다.
주요 기능은 ① 방송광고 영업대행: 방송사 경영재원 조성, 광고산업의 활성화 촉진, 중 · 소광고주 및 광고회사 지원 육성, ② 공익자금 조성 관리: 문화예술진흥사업 지원, 언론공익사업 지원, 광고문화진흥사업 지원, ③ 조사연구 및 관련단체 지원: 광고 관련조사 · 연구, 광고 관련 출판 및 정보제공, 언론 · 광고 학회와 산학협동 등이며, 간행물로는 《광고정보》, 《광고연구》, 《사보방송광고》 등이 있다.

출처: 두산백과(http://www.doopedia.co.kr).

그림 2-1 | 광고산업의 가치사슬

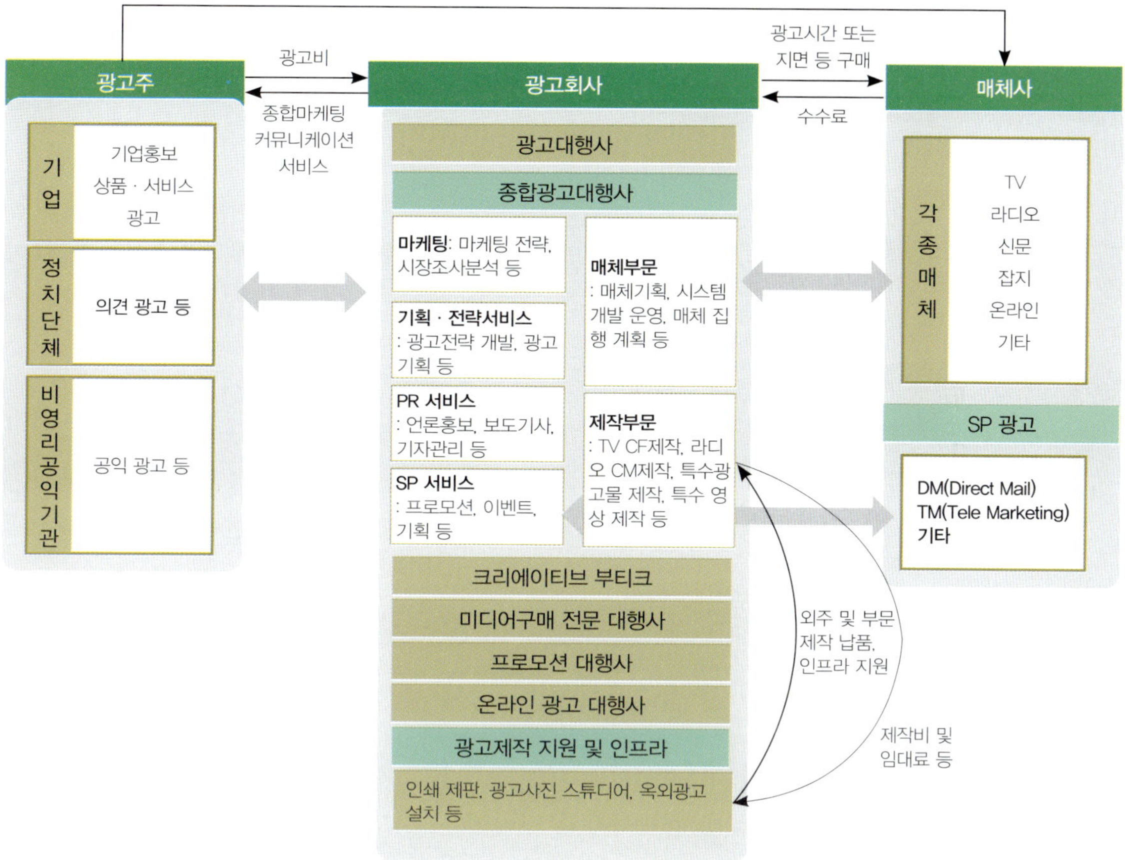

2) 광고산업의 가치 사슬

광고산업의 개념 및 산업분류를 따를 때, 당해 산업은 광고의 생산(광고제작), 유통(광고대행), 서비스(리서치, PR 등), 인프라(인쇄, 기타)의 4가지 가치사슬 단계로 구분할 수 있다.

광고주는 제품이나 서비스 판매에서 이익을 남길 목적으로 광고 활동을 담당하는 실질적인 광고의 주체(또는 공익광고 및 정치적 의견 전달을 목적으로 하는 광고의 주체)로 광고주는 광고활동에 소요되는 모든 비용을 부담한다.

광고회사는 광고주의 입장에 서서 광고주의 광고활동을 대행해주는 전문조직체로 광고대행사와 광고제작 · 지원 및 인프라 등으로 구성된다.

광고대행사는 광고주의 광고활동을 대행함으로써 얻는 일정한 수수료를 영업활동의 기반으로 하며, 그 형태에 따라 종합광고대행사, 크리에이티브 부티크, 미디어 전문 대행사 등이 있다.

광고제작 · 지원 및 인프라에서 광고제작사는 영상광고물과 인쇄광고물을 만들어내는 역할을 담당하며, 지원 및 인프라는 옥외 광고물의 경우, 간판업자와 같이 광고물을 구현하는 재료 등을 제공해 주는 역할을 담당한다. 대표적인 사업자로 인쇄업, 제판업, 광고사진 스튜디오 등이 있다.

매체사는 전파, 인쇄, 뉴미디어, 옥외 등으로 구분되며 광고주의 메시지를 전달할 수 있는 지면이나 시간을 제공하여 완성된 광고물을 잠재 고객들에게 전달하는 고리 역할을 수행하며, 매체운영을 위한 주요수입원이 광고비용으로 충당한다.

3) 광고대행사 현황

광고업계는 실력위주의 사회로 알려져 왔으며 성별과 인종은 그리 중요하지 않다. 최근 들어, 광고업계에서 여자의 비율이 다른 업종에 비해 상당히 높게 나타나고 있으며 여자 CEO가 다른 업계에 비해 더 많이 있는 것도 사실이다.

우리나라의 광고대행사는 광고산업의 성장에 비례하여 급격하게 성장하여 왔다. 하지만 국내 광고대행사간의 경쟁과 광고시장의 개방으로 외국 광고대행사들이 국내에 진출함으로써 경쟁이 더욱 치열해지고 있다.

TIP | 광고대행사

광고대행사란 광고주의 의뢰로 광고를 기획 및 제작하여 효과적인 매체에 출고하는 광고전문 회사를 말한다. 이는 광고회사라고도 불리며 기획부문, 매체부문, 제작부문, 마케팅부문, 판매촉진부문 등으로 구성되어 있다.

(1) 우리나라 광고대행사의 취급액 현황(2000~2004)

이 기간에는 세계경기 및 국내경기의 침체로 인하여 〈표 2-13〉에서 보는 바와 같이, 2002년을 제외하고는 우리나라 광고대행사들의 취급액(매출액)이 감소하였다.

표 2-13 | 우리나라 광고대행사의 취급액 현황(2000~2004)

(단위: 억 원, %)

구 분	2000년	2001년	2002년	2003년	2004년
광고대행사 취급액	58,534	57,138	68,442	68,023	66,647
전년대비 성장률	26.7	-2.4	19.8	-0.6	-2.0

출처: 제일기획 마케팅연구소(2005). 광고연감.

(2) 우리나라 광고대행사의 취급액 현황(2006~2010)

그러나 2010년을 기준으로 한 우리나라 광고대행사들의 취급액(매출액)은 〈표 2-14〉에서 보는 바와 같이, 점차 증가하는 추세이다. 특히 2010년에는 약 8조 원으로 전년대비 34.6%의 성장세를 보이고 있다.

표 2-14 | 우리나라 광고대행사의 취급액 현황(2006~2010)

(단위: 억 원, %)

구 분	2006년	2007년	2008년	2009년	2010년
광고대행사 취급액	45,987	48,621	56,330	59,629	80,237
전년대비 성장률	-	5.7	15.8	5.8	34.6

출처: 한국광고협회(2012). 광고계동향, 252, p. 20.

(3) 우리나라 광고대행사의 취급액 현황(2011~2017)

또한 최근 들어, 우리나라 광고대행사들의 취급액(매출액)은 〈표 2-15〉에서 보는 바와 같이 꾸준하게 증가하는 추세이다. 특히 2011년에는 약 10조 원으로 전년대비 28.6%의 성장세를 보이며, 2017년에도 13조 원으로 전년대비 2.5%의 성장을 나타내고 있다.

표 2-15 | 우리나라 광고대행사의 취급액 현황(2011~2017)

(단위: 억 원, %)

구 분	2011년	2012년	2013년	2014년	2015년	2016년	2017년
광고대행사 취급액	103,212	119,075	118,906	116,420	122,298	129,717	133,014
전년대비 성장률	28.6	15.4	−0.1	−2.1	5.0	6.1	2.5

출처: 제일기획 마케팅연구소(2017). 광고연감.

(4) 우리나라 10대 광고대행사의 취급액 현황(2004)

〈표 2-16〉에서 보는 바와 같이, 2004년을 기준으로 하여 우리나라 광고대행사의 취급액 1위는 제일기획으로 약 1조 3,526억 원(33.5%), LG애드가 약 7,285억 원(18%) 순으로 나타났다.

표 2-16 | 우리나라 10대 광고대행사의 취급액 현황(2004)

(단위: 백만 원, %)

순위	광고대행사	취급액	비율
1	제일기획	1,352,645	33.5
2	LG애드	728,477	18.0
3	금강기획	385,327	9.5
4	대홍기획	350,770	8.7
5	TBWA코리아	325,381	8.1
6	웰콤	226,300	5.6
7	휘닉스커뮤니케이션즈	216,620	5.4
8	오리콤	192,081	4.8
9	BBDO코리아	151,970	3.8
10	JWT애드벤처	112,232	2.8
계		4,041,803	100.0

출처: 제일기획 마케팅연구소(2005). 광고연감.

(5) 우리나라 10대 광고대행사의 취급액 현황(2010)

〈표 2-17〉에서 보는 바와 같이, 2010년을 기준으로 하여 우리나라 광고대행사의 취급액 1위는 제일기획으로 약 2조 9,199억 원(36.8%), 이노션 월드와이드가 약 2조 6,986억 원(34%) 순으로 나타났다.

표 2-17 | 우리나라 10대 광고대행사의 취급액 현황(2010)

(단위: 백만 원, %)

순위	광고대행사	2010년취급액	비율
1	제일기획	2,919,859	36.8
2	이노션월드와이드	2,698,585	34.0
3	HS애드	557,968	7.0
4	대홍기획	494,952	6.2
5	SK마케팅앤컴퍼니	380,818	4.1
6	TBWA코리아	276,756	3.5
7	엘베스트	183,687	2.3
8	웰콤	183,025	2.3
9	한컴	170,425	1.9
10	덴츠미디어코리아	74,302	2.1
계		7,940,377	100.0

출처: 한국광고협회(2012). 광고계동향, 252, p. 20.

(6) 우리나라 10대 광고대행사의 취급액 현황(2017)

〈표 2-18〉에서 보는 바와 같이, 2017년을 기준으로 하여 우리나라 광고대행사의 취급액 1위는 제일기획으로 약 5조 3,677억 원(40.4%), 이노션 월드와이드가 약 3조 9,426억 원(29.6%) 순으로 나타나고 있어 상위 2개 기업이 전체의 70%를 차지하고 있다.

표 2-18 | 우리나라 10대 광고대행사의 취급액 현황(2017)

(단위: 백만 원, %)

순위	광고대행사	2017년 취급액	비율
1	제일기획	5,367,755	40.4
2	이노션월드와이드	3,942,634	29.6
3	HS애드	1,451,823	10.9
4	대홍기획	953,012	7.2
5	SK마케팅앤컴퍼니	492,360	3.7
6	TBWA코리아	286,245	2.2
7	그룹엠코리아	237,809	1.8
8	레오버넷	214,416	1.6
9	맥켄에릭슨 & 유니버설맥켄코리아	180,905	1.4
10	퓨처스트림네트웍스	174,212	1.3
계		13,301,171	100.0

출처: 한국광고협회(2018). 광고계동향, 311, pp. 26-27.

(7) 세계 10대 광고대행사의 취급액 현황(2004)

세계 10대 광고대행사의 취급액 현황을 살펴보면 〈표 2-19〉와 같다. 2004년을 기준으로 하여 세계 광고대행사의 취급액 1위는 Omnicom Group으로 약 97억 47백만 달러(약 11조 원)로 25.4%를 차지하며, WPP Group이 93억 70백만 달러(약 10조 3천억 원)로 24.4% 순으로 나타났다.

표 2-19 | 세계 10대 광고대행사의 취급액 현황(2004)

(단위: 백만 달러, %)

순위	광고대행사(본사소재지)	취급액	비율
1	Omnicom Group(New York)	9,747	25.4
2	WPP Group(London)	9,370	24.4
3	Interpublic Group of Cos.(New York)	6,200	16.2
4	Publicis Groupe(Paris)	4,777	12.4
5	Dentsu(Tokyo)	2,851	7.4
6	Havas(Suresnes, France)	1,866	4.9
7	Aegis Group(London)	1,373	3.6

8	Hakuhodo DY Holdings(Tokyo)	1,372	3.6
9	Asatsu-DK(Tokyo)	473	1.2
10	Carlson Marketing Group(Minneapolis)	346	0.9
계		38,378	100.0

출처: 제일기획 마케팅연구소(2005). 광고연감.

(8) 세계 10대 광고대행사의 취급액 현황(2010)

세계 10대 광고대행사의 취급액 현황을 살펴보면 〈표 2-20〉과 같다. 2010년을 기준으로 하여 세계 광고대행사의 취급액 1위는 WPP Group으로 144억 16백만 달러(약 15조 8,576억 원)로 27.9%, Omnicom Group이 125억 43백만 달러(약 13조 79백억 원)로 24.2% 순으로 나타났다.

표 2-20 | 세계 10대 광고대행사의 취급액 현황(2010)

(단위: 백만 달러, %)

순위	광고대행사(본사소재지)	취급액	비율
1	WPP Group(London)	14,416	27.9
2	Omnicom Group(New York)	12,543	24.2
3	PublicisGroupe(Paris)	7,175	13.9
4	Interpublic Group of Cos.(New York)	6,532	12.6
5	Dentsu(Tokyo)	3,600	7.0
6	Aegis Group(London)	2,257	4.4
7	Havas(Suresnes, France)	2,069	4.0
8	Hakuhodo DY Holdings(Tokyo)	1,674	3.2
9	Acxion Corp(Arkansas)	785	1.5
10	MDC Patners(Toronto/New York)	698	1.3
계		51,749	100

출처 : 제일기획 마케팅연구소(2011). 광고연감.

(9) 세계 10대 광고대행사의 취급액 현황(2016)

2016년도 기준 세계 10대 광고대행사의 취급액 현황을 살펴보면 〈표 2-21〉과 같다. 2016년을 기준으로 하여 세계 광고대행사의 취급액 1위는 WPP Group으로 193억 79백만 달러(약 21조 8천억 원)로 25.4%, Omnicom Group이 154억 17백만 달러(약 17조 39백억 원)로 전체의 20.2% 순으로 나타났다.

표 2-21 | 세계 10대 광고대행사의 취급액 현황(2016)

(단위: 백만 달러, %)

순위	광고대행사(본사소재지)	취급액	비율
1	WPP Group(London)	19,379	25.4
2	Omnicom Group(New York)	15,417	20.2
3	Publicis Groupe(Paris)	10,765	14.1
4	Interpublic Group of Cos.(New York)	7,847	10.3
5	Dentsu(Tokyo)	7,246	9.5
6	Accenture's Interactive(New York)	4,412	5.8
7	PwC's Digital Services(New York)	3,267	4.3
8	IBM Corp. 'IBM iX(Armonk, NY)	2,954	3.9
9	Deloitte's Digital(New York)	2,575	3.4
10	Havas(Puteaux, France)	2,520	3.3
계		76,382	

출처: 제일기획 마케팅연구소(2017). 광고연감.

Summary
요약

- 광고에 대한 용어는 1655년경에 처음 등장한 것으로 볼 수 있다. 따라서 광고는 유료매체인 신문이나 잡지가 출현한 17세기부터 시작되었다고 할 수 있다. 오늘날 남아 있는 세계최초의 문서광고라고 할 수 있는 것은 B. C. 1000년경 고대 이집트의 수도 테베에 뿌려진 사람 찾는 전단광고를 들 수 있다. 또한 B. C. 136년경 고대 광고로는 고대 이집트의 로제타석을 들 수 있다. 그러나 고대 로마제국의 멸망과 함께 약 1000년간 암흑시대의 도래로 인하여 중세에서는 광고가 발달하지 못하였다.

- 광고의 발달에서 가장 중요한 사건의 하나는 활자의 발명이라고 할 수 있다. 독일의 Gutenberg는 1438년에 이동식 활자를 발명하였으며 1450년대에 인쇄술을 발명하였다. 이러한 방법을 사용한 세계최초의 인쇄광고로는 1473년 영국의 인쇄업자 William Caxton이 만든 교회규칙에 관한 광고지를 들 수 있다. 또한 세계 최초의 신문광고로는 1525년 독일의 뉴스 팜플렛에 나타난 것으로 신비한 약품을 격찬한 것을 들 수 있다. 이후 1880년대 말 사진의 발명은 광고의 발전을 강화시켰으며 라디오와 TV의 출현으로 광고는 획기적으로 발전하였다.

- 우리나라의 최초 신문광고로는 1886년 2월 22일 국한문 혼용지인 한성주보 제4호에 게재된 '덕상세창양행고백'으로 시작된 광고를 들 수 있다. 또한 국내 최초의 TV광고는 1956년에 TV 방송국의 개국과 함께 방영되었고, 1959년에는 라디오광고가 처음으로 시작되었으며, 1960년에는 첫 광고전문지인 「새광고」가 창간되었다. 이후 1970년 조선일보에 처음으로 칼라광고가 게재되었으며, 1981년에 시작된 칼라 TV 방송은 우리나라 광고산업이 급성장하게 된 출발점이 되었다.

- 우리나라 총 광고비는 1985년 7,933억 원을 기준으로 하여 1990년에는 2조 원을 넘기면서 5년만에 성장률이 152%를 나타낸다. 이후 1995년 4조 9,473억 원으로 다시 147.4%라는 놀라운 성장률을 보인다. 2010년 이후 8조 6,208억 원, 2011년 12조 1,727억 원으로 41.2%의 성장률을 나타낸다. 2016년 에는 드디어 총 광고비가 15조 1,897억 원으로 크게 성장하고 있음을 나타내고 있다. 또한 2005년에 우리나라의 광고비 지출 순위가 10위였으나, 2015년 현재 우리나라의 광고비는 전 세계 6위를 차지하고 있어 광고비 지출 면에서 상위에 순위를 보이고 있다.

- 전 세계 총광고비는 2000년 3,319억 달러에서 2015년에 5,051억 달러를 기록하고 있다. 전체적으로 선진국형 저성장 궤도에 진입한 우리나라나 북미, 서유럽에 비해 경제가 한창 성장 및 확장기에 있는 지역이나 국가에서 총광고비가 더 빨리 증가하는 모습을 확인할 수 있다.

- 우리나라 광고시장 규모는 2016년 11조 7,937억 원이며, 2017년은 2.6% 증가한 12조 964억 원으로 조사되었다. 국내 광고 매체 중 기타광고를 제외한 방송, 인쇄, 온라인, 옥외 광고로 이루어진 매체사의 광고 매출액은 2017년 11조 7,374억 원으로 전년도 11조 4,227억 원 대비 2.75% 증가한 것으로 나타났다. 방송 광고의 매출액은 2016년 대비 1.0% 증가한 4조 2,304억 원으로 나타났다. 특히 2016년 지상파 TV의 광고비를 모바일 광고비가 처음으로 넘어서면서 모바일 광고시장의 영향력이 높아졌다. 2017년에는 모바일 광고비가 2조 2,497억 원으로 모바일이 모든 미디어를 제치고 가장 많은 광고비를 소비하는 매체로서 부상하였다.

- 우리나라 문화체육관광부에서 정의하고 있는 광고산업은 6개 산업(업종) 및 16개 세부산업으로 구성되며, 6개 업종은 (1) 광고대행업, (2) 광고제작업, (3) 광고전문 서비스업, (4) 인쇄업, (5) 온라인 광고대행업, (6) 옥외 광고대행업이 있다.

- 광고 산업의 가치 사슬은 광고의 생산(광고제작), 유통(광고대행), 서비스(리서치, PR 등), 인프라(인쇄, 기타)의 4가지 가치사슬 단계로 구분할 수 있다.

- 우리나라의 광고대행사의 매출은 10대 광고회사가 전체 매출액의 88%를 차지하고 있어 거의 독식을 하고 있는 것으로 볼 수 있다. 또한 2017년 10대 광고회사 총 취급액은 13조 3,014억 원으로 2016년 대비(12조 9,717억 원) 2.5%p 증가한 수치다. 2016년 대비 성장률은 다소 주춤하나 광고시장의 증가세는 지속적으로 이어지고 있다.

- 스마트광고 시장 규모는 매년 증가하여, 2016년 대비 2018년에 약 5,000억 원 가량 증가할 것으로 보이다.

- 방송광고 시장 규모는 소폭 증가할 것으로 보인다. 유료방송 매체(PP, 위성, IPTV)의 광고 매출액 증가가 방송광고 전체 매출액 증가에 영향을 미치고 있으나, 지상파 매체(TV,DMB, 라디오)는 지속적인 감소세를 보이고 있다.

- 온라인 광고 시장에서 인터넷(PC) 광고가 지속적으로 하락하는 가운데, 모바일 광고는 지속적인 성장세를 보이며, 2017년 이후 모바일 광고 매출액이 인터넷 광고 매출액을 넘어서는 것으로 보인다.

- 옥외광고시장 규모는 매년 소폭 감소하며, 2016년 대비 2018년에 약 500억 원 가량이 감소할 것으로 보인다. 옥외광고시장에서 가장 큰 비중을 차지하고 있는 부문은 버스, 택시, 지하철 등 교통광고 부문인 것으로 나타났으며, 전체 규모의 45.0%를 차지하고 있다.

- 인쇄광고 시장 규모는 약 2조 원 규모에 머무를 것으로 보이며, 신문의 경우는 3개년 간 큰 변화가 없는 것으로 보이고, 잡지의 경우는 2016년 대비 2017년에 소폭 증가하였다가, 2018년에 소폭 감소할 것으로 예상된다.

01 나일강 하구의 로제타에서 발견된 로제타 석(Rosseta Stone)에 쓰인 내용과 거리가 가장 가까운 오늘날의 광고는?

① 유머를 이용한 광고
② 공중 관계적 광고
③ 공포를 이용한 광고
④ 향수를 이용한 광고
⑤ 문제해결 광고

02 2004년 기준, 10대 광고비 보유국과 거리가 가장 먼 나라는?

① 한국
② 미국
③ 중국
④ 브라질
⑤ 스페인

03 일반적으로 광고비에 관련된 4대 매체로는 TV, 신문, 라디오, 잡지를 들 수 있다. 이 중에서 우리나라의 경우 TV매체의 광고비 비율이 2000년부터 신문매체의 광고비 비율보다 더 높게 나타나고 있다. O|X

04 우리나라 광고계에서 가장 강력한 영향력을 지닌 단체로는 한국방송광고공사(KOBACO)를 들 수 있다. 이 기관은 방송광고를 대행할 수 있는 회사를 선정하여 사업을 허가할 뿐만 아니라 방송매체를 독점하여 방송매체 제작까지 광고대행사에게 판매하고 있다. O|X

05 (　　)광고는 기업의 이름이나 로고, 심벌, 기업문화 등을 통해 기업이 갖고 있는 정체성이나 개성을 알려주고 확립시키기 위해 실시하는 광고를 말한다. 이러한 광고는 기업에서 통합된 브랜드전략을 구사할 때 효과적으로 사용될 수 있다. 특히, 구조조정의 일환으로 기업의 인수합병에 따른 기업의 이미지를 새롭게 보여주고자 할 때 많이 사용되고 있다. 빈칸에 들어갈 알맞은 답을 영어 대문자 2자 이내로 쓰시오.

06 광고비 취급액 현황(2004년 기준)으로 볼 때, 우리나라 10대 광고대행사와 거리가 가장 먼 것은?

① LG애드
② 오리콤
③ 휘닉스커뮤니케이션즈
④ TVWA코리아
⑤ BBDO코리아

07 광고비 취급액 현황(2004년 기준)으로 볼 때, 세계 10대 광고대행사와 거리가 가장 먼 것은?

① Aegis Group
② Carlson Marketing Group
③ America Group
④ Hakuhodo DY Holdings
⑤ Dentsu

[정답]

01 ② **02** ④ **03** × **04** × **05** CI **06** ④ **07** ③

광고 불변의 법칙

확 실 한　장 점 만 을　이 야 기 하 라 !

여러분이 만든 제품과 경쟁사의 제품이 똑같이 훌륭하다면 우리제품이 더 낫다는 식으로 비교해서 이야기하는 것은 피하라.

단지 여러분이 만든 제품의 장점만 전달하라.

그리고 그런 장점을 말할 때는 더 똑 부러지고 정직한 태도로 이야기하고 더 유익한 정보를 제공하기 위해 노력하라.

소비자에게 자기가 만든 제품이 정말 좋다는 확신을 심어줌으로써 마케팅담당자로 하여금 가장 높은 매출을 올릴 수 있을 것이다.

CHAPTER 03

광고의 규제

Understanding of Advertising

광고규제의 취지와 문제점을 살펴보고, 광고규제의 특징과 광고에 대한 규제를 법적규제와 자율규제 측면에서 살펴본 다음, 규제대상 광고의 유형을 허위 · 기만광고, 허위표시 · 과대광고, 품위손상광고, 비교광고, 모방광고 및 표절광고, 배타 · 비방 · 명예훼손광고, 어린이광고, 기타 측면에서 살펴보도록 한다.

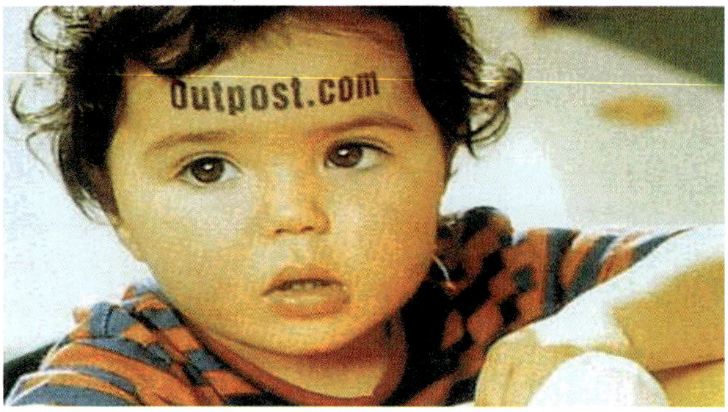

Advertising & Copy

칸느국제광고제 수상작.
소매상/렌탈회사인 아웃포스트 컴의 "Forehead, Band, Cannon ."
온라인 판매회사의 광고로 재미는 있지만
못된 소재로 눈길을 끌었다.
하자가 있는 제품은 무엇이든
아웃포스트 컴으로 보내라는 문구가 인상적이다.

CHAPTER

03

광고의 규제

1. 광고규제의 취지와 문제

광고는 경제적으로나 사회적으로 볼 때 긍정적인 측면도 있고 부정적인 측면도 내포하고 있다. 그래서 광고에 대한 규제가 필요하다. 특히, 광고의 진실성에 따라 소비자들의 후생이 좌우되기 때문에 허위광고나 기만광고에 대하여 규제가 필요하다. 사회와 국민을 보호하고 복지를 증진시키기 위해서는 광고에 대한 규제가 불가피하다고 할 수 있다.

그러나 규제의 절대적 기준이 없기 때문에 규제내용이 애매모호한 경우가 있을 수 있다. 예를 들어, 성적광고(sexual advertising)를 허용하는 나라가 거꾸로 폭력적인 광고(violence advertising)에 대해서는 심하게 규제를 하는 반면 어떤 나라에서는 정반대로 규제를 하는 경우가 있다.

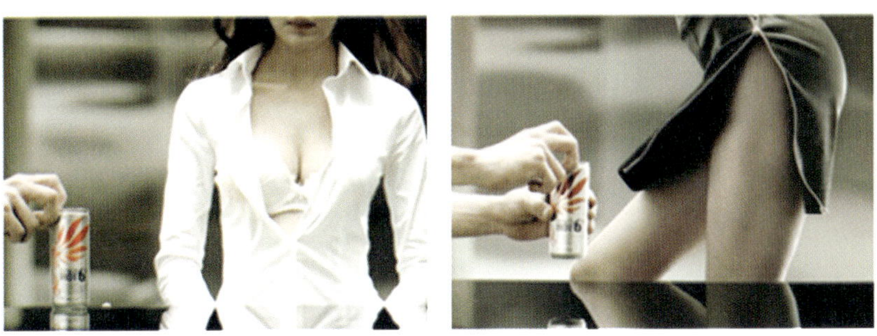

성(sex)을 상품에 연관시킨 성적광고
(핫식스 캔 뚜껑을 따는 순간 여성의 블라우스 앞섶이 열리고 스커트의 지퍼가 올라간 광고)

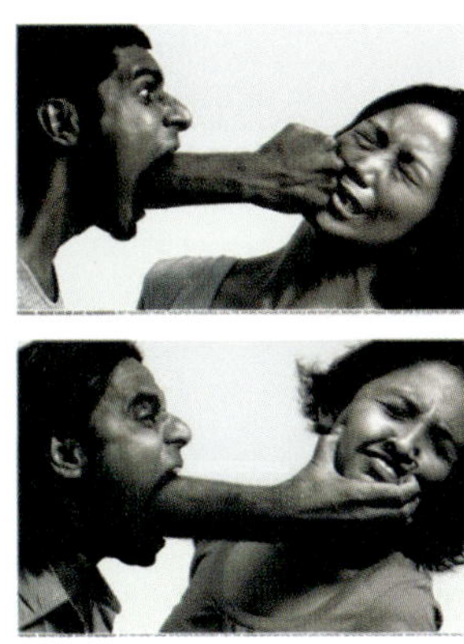

언어폭력을 비유한 폭력적인 광고

이것은 그 나라의 가치관이나 문화에 따른 차이이지 어느 나라가 맞고 틀리다고 말할 성질이 아니다. 광고의 규제는 결국 특정사회의 가치관이나 문화를 반영한다고 볼 수 있다. 그렇지만 가치관이나 문화는 시간의 흐름에 따라 바뀔 수 있으므로 광고의 규제도 시대에 따라 변할 수 있다.

(1) 성적 광고(sexual advertising)에 대한 국외 사례

1981년 프랑스 파리의 시민들은 도시전체의 건축현장 외벽 광고판에 걸릴 포스터 시리즈를 흥분하며 기다린 적이 있었다. 화제를 몰고 온 첫 번째 포스터는 “9월 2일이 되면 비키니를 벗겠습니다.”라고 하면서 비키니를 입은 여자모델이 등장하였다. 9월 2일이 되자 정말로 비키니를 벗은 포스터가 걸렸다.

이어서 두 번째 포스터에는 “9월 4일에는 아래도 벗겠습니다.”라고 약속했다. 그녀는 약속을 지켰을까? 그녀는 정말로 벗었다. 그러나 충격을 받은 파리의 시민은 거의 없었다. 따라서 성적광고는 그 나라의 문화와 관습에 따라 달라질 수 있음을 시사한다.

1981년 프랑스 파리의 외벽 광고판에 걸린 포스터 광고

2. 광고규제의 특징

우리나라에서 광고규제는 크게 방송광고와 인쇄광고로 나눌 수 있다. 방송광고는 사전심의와 타율규제로 되어 있고 인쇄광고는 사후심의와 자율규제로 되어 있다. 사전심의는 텔레비전이나 라디오 광고를 집행하기 전에 심의하는 제도를 말하며 사후심의는 신문이나 잡지에 광고가 게재된 후에 규제하는 제도를 말한다. 또한 타율규제는 통제기관으로부터 법적규제를 받는 제도를 말하며 자율규제는 광고업 종사자들이 스스로 규제하는 제도를 말한다.

2009년 1월 1일 개정된 방송법 제103조 제2항에 의하면, "방송통신심의위원회는 제32조 제2항(방송통신심의위원회는 제1항의 규정에도 불구하고 대통령령이 정하는 방송광고에 대하여 방송되기 전에 그 내용을 심의하여 방송여부를 심의 · 의결할 수 있다)의 규정에 의한 방송광고물의 사전심의에 관련된 업무를 대통령령이 정하는 바에 의하여 민간기구 · 단체에 위탁한다."라고 규정함으로써 방송광고 심의제도와 관련하여 민간기구에 의한 자율적인 심의가 가능하게 되었다.

하지만 광고계에서는 위탁에 대해서 미흡하다는 입장을 취하고 있다. 즉, 위탁이라는 말이 위탁기관의 전적인 통제와 지시 및 감독을 전제로 하기 때문에 수탁기관은 실무업무만을 대행하는 정도이므로 결국 방송위원회에 의한 법적 규제의 틀을 그대로 유지하는 것이 아니냐는 의구심을 가지고 있다.

인쇄광고의 사후심의는 1977년부터 신문윤리위원회와 신문협회가 공동으로 맡고 있다. 하지만 인쇄광고의 경우 심의기관의 인력부족뿐만 아니라 광고물이 너무 많기 때문에 사후에 철저히 규제한다는 것은 매우 어려운 것도 사실이다. 또한 위반내용과 광고의 창의성을 포함한 마케팅 노력을 구분하는 기준이나 잣대가 애매모호한 경우가 많이 있다. 따라서 규제기관의 인력보강 및 공정하고도 객관적으로 규제할 수 있는 기준의 마련이 필요하다.

3. 광고에 대한 법적 규제

우리나라의 광고규제에 관련된 법령 중 중요한 것으로는 표시 · 광고의 공정화에 관한 법률, 소비자보호법, 저작권법, 상표법, 식품위생법, 약사법, 의료법, 사행행위단속법, 영화법, 음반에 관한 법률 등을 들 수 있다. 이 중에서도 표시 · 광고의 공정화에 관한 법률이 광고규제의 일반법이라고 할 수 있다.

1999년 7월 1일 제정되고 2017년 11월 28일 개정 · 시행된 이 법은 현행법 상 최고 광고규제 기관인 국무총리 소속의 공정거래위원회에서 운영하고 있다. 또한 법적 기관인 방송통신위원회에서 2018년 개정한 방송심의에 관한 규정인 방송법도 법적 효력이 있다. 따라서 우리나라에서 광고에 대한 법적 규제기관은 공정거래위원회와 방송통신위원회라고 할 수 있다.

표시 · 광고의 공정화에 관한 법률 제3조 제1항 및 동법 시행령 제3조 제1항에 근거하여 공정거래위원회가 고시한 "부당한 표시 · 광고 행위의 유형 및 기준지정 고시"에서 일부 부당광고의 유형과 기준을 제시하면 〈표 3-1〉과 같다.

표 3-1 | 표시 · 광고의 부당한 광고의 예시

항 목	지 침	부당한 광고의 예시
사업자 자신에 대한 표시 · 광고	사업자가 자신이나 구성사업자의 규모, 연혁, 생산시설, 수상경력, 사업계획, 사업실적, 기술제휴 등에 관한 사항에 대하여 표시 · 광고할 경우 사실과 다르게 또는 사실을 과장하거나 모호하게 표시 · 광고하여 소비자를 오인시킬 우려가 있는 표시 · 광고행위는 부당한 표시 · 광고가 된다.	– 자기의 생산규모가 국내에서만 가장 큰 규모인데도 "세계최대의 규모"라고 표시 · 광고하는 경우 – 특정사업과 관련된 부지구입, 사업승인, 건축허가등 구체적인 사업 진척사항이 없는데도 불구하고 구체적인 조감도와 함께 "착공기일 : ○○년 ○월, 준공기간 : ××년 ××월"등이라고 확정된 사실인 것처럼 표시 · 광고하는 경우
가격에 관한 표시 · 광고	자기가 공급하는 상품 등을 할인판매, 염가판매, 점포정리판매, 가격인하 판매할 경우 할인율 등을 사실과 다르게 표시 · 광고하는 행위는 부당한 표시 · 광고에 해당된다.	캔 커피가 10종인데 그중 3종만을 바겐세일하면서 "캔 커피 30%"라고만 광고함으로써 소비자가 캔 커피 대부분이 할인특매하는 것으로 오인할 우려가 있는 경우

원재료, 성분에 관한 표시 · 광고	자기가 공급하는 상품의 생산에 사용된 원재료나 성분에 관하여 표시 · 광고할 경우 사실과 다르게 또는 과장하여 표시 · 광고하여 소비자를 오인시킬 우려가 있는 표시 · 광고행위는 부당한 표시 · 광고가 된다.	– 실제는 콩기름이나 들기름등 기타 식용유를 섞어서 판매하면서 "참기름"이라고 표시 · 광고하는 경우 – 실제는 50%가 실크(Silk)이고 50%는 레이온(Rayon)인데도 불구하고 "淄% 실크(Silk)" 또는 "실크(Silk)"라고 표시 · 광고하는 경우
품질, 성능, 효능에 관한 표시 · 광고	자기가 공급하는 상품의 품질, 성능, 효능 등에 관하여 표시 · 광고할 경우 사실과 다르게 또는 과장하여 표시 · 광고하거나 모호하게 표시 · 광고하여 소비자를 오인시킬 우려가 있는 표시 · 광고행위는 부당한 표시 · 광고가 된다.	미국의 정부기관이 인정한 내용은 "당해사업자가 제시한 자료를 근거로 살펴볼 때 건강에 유익한 것으로 고려된다"라고 한 것에 불과한데도 "○○효능을 미국정부기관이 공인"이라고 표시 · 광고하는 경우
규격, 용량, 수량 등에 관한 표시 · 광고	자기가 공급하는 상품이 일정한 기준규격 또는 기준용량에 해당하는 경우 사실과 다르게 또는 과장하여 표시 · 광고하거나 모호하게 표시 · 광고하여 소비자를 오인시킬 우려가 있는 표시 · 광고행위는 부당한 표시 · 광고가 된다.	– KS규격 또는 외국공인규격등에 해당하지 아니함에도 불구하고 "KS규격" 또는 "외국기관 등에 의하여 공인된 규격"이라는 내용으로 표시 · 광고하는 경우 – 어떤 냉장고의 실내용적이 250ℓ인데도 불구하고 당해냉장고의 용량을 표시 · 광고함에 있어서 외형적인 300ℓ를 기준으로 하여 "300ℓ형 신모델 상품개발"이라고만 표시 · 광고하여 마치 실내용적 300ℓ형을 새롭게 개발한 것처럼 표시 · 광고하는 경우
제조일자, 유효기간 등에 관한 표시 · 광고	자기가 공급하는 상품의 제조일자, 포장일자, 유효기간 등을 표시 · 광고할 경우 사실과 다르게 또는 모호하게 표시 · 광고하여 소비자를 오인시킬 우려가 있는 표시 · 광고행위는 부당한 표시 · 광고가 된다.	"제조일자로부터 ○○일간 유효"라고만 하고 제조일자는 표시 · 광고하지 아니하거나 제조일자 또는 유효기간을 소비자가 식별하기 곤란하게 표시 · 광고함으로써 최근에 제조되거나 사용 등에 문제가 없는 것처럼 소비자를 오인시킬 우려가 있는 경우
제조방법에 관한 표시 · 광고	자기가 공급하는 상품의 제조방법에 관하여 표시 · 광고할 경우 사실과 다르게 또는 모호하게 표시 · 광고하여 소비자를 오인시킬 우려가 있는 표시 · 광고행위는 부당한 표시 · 광고가 된다.	기술제휴 계약이나 기술도입 계약을 체결하지 않고 단지 기술개발 시 일본 A사에서 일정기간 동안 기술연수 한 사실을 "일본 A사와 기술제휴"라고 표시 · 광고하는 경우

특징에 관한 표시 · 광고	자기가 공급하는 상품 등의 특징을 표시 · 광고할 경우 사실과 다르게 또는 과장하여 표시 · 광고하거나 모호하게 표시 · 광고하여 소비자를 오인시킬 우려가 있는 표시 · 광고행위는 부당한 표시 · 광고가 된다.	자연, 순수 등의 일정한 특징을 가지고 있지 아니하거나 또는 그것이 실증되지 아니한 것임에도 불구하고, "ㅇㅇ자연수" 또는 "순수알카리" 등으로 표시 · 광고하는 경우
원산지, 제조자에 관한 표시 · 광고	자기가 공급하는 상품의 원산지 및 제조자에 관하여 표시 · 광고할 경우 사실과 다르게 또는 모호하게 표시 · 광고하여 소비자를 오인시킬 우려가 있는 표시 · 광고행위는 부당한 표시 · 광고가 된다.	한국에서 제조된 상품임에도 불구하고 상품사용설명서, 포장용기등에 영어, 일본어 등으로 표기함으로써 당해상품이 마치 미국산 또는 일본산 상품인 것처럼 표시 · 광고하는 경우
보증에 관한 표시 · 광고	자기가 공급하는 상품등에 관하여 보증 · 품질사후관리(A/S)에 관하여 표시 · 광고하고자 할 경우 그 내용, 범위, 방법, 기간, 장소, 책임자 등에 관하여 사실과 다르게 표시 · 광고하는 행위는 부당한 표시 · 광고가 된다.	보증의 내용, 기간 등에 관하여 표시 · 광고함이 없이 막연히 滋% 품질보증" 또는 "무조건보증"이라고만 표기함으로써 사실과 다르게 완벽하게 보증이 되는 것처럼 표시 · 광고하는 경우
용기, 포장에 관한 표시 · 광고	자기가 공급하는 상품의 내용에 관하여 소비자를 오인시키기 위해 실제내용물에 비해 현저히 과대 또는 고가로 포장하여 이를 소비자에게 제시하는 행위는 부당한 표시 · 광고가 된다.	중량이나 부피가 가격결정 또는 상품선택에 있어 실제내용물이 극히 적은데도 불구하고 외형포장은 내용물에 비교해서 현저히 크게(실제내용물 크기의 2배 이상)하여 판매하는 경우
추천, 권장에 관한 표시 · 광고	자기가 공급하는 상품 등에 대한 추천, 권장 등의 사실을 표시 · 광고할 경우 사실과 다르게 또는 과장하거나 모호하게 표시 · 광고하는 행위는 부당한 표시 · 광고가 된다.	– ㅇㅇ신문사가 매년 실시하는 ㅇㅇ인기상품 선정행사에서 대상이 아닌 10대 부문 히트상품으로 선정되었음에도 불구하고 대상으로 선정된 것처럼 표시 · 광고하는 경우 – 특허를 출원한 사실만을 가지고 '특허획득'이라고 표시 · 광고하는 경우
용도, 사용방법, 주의사항 등에 관한 표시 · 광고	자기가 공급하는 상품 등에 대한 용도, 사용방법, 주의사항 등에 관하여 표시 · 광고할 경우 상품선택에 영향을 미칠 수 있는 중요한 사항을 표기하지 않거나 사실과 다르게 또는 현저히 멸실되기 쉬운 형태로 표시 · 광고하는 행위는 부당한 표시 · 광고가 된다.	폭발적, 기타 위험 또는 위해한 상품의 용기나 포장지 등에 동내용물이 폭발, 위험 또는 위해한 것이라는 내용을 표시 · 광고하지 아니하는 경우

경쟁사업자 및 경쟁관계 상품에 관한 비교 표시 · 광고	자기의 것과 경쟁사업자의 것을 비교하여 표시 · 광고함에 있어서는 사실대로 적정하게 하여야 한다.	커피를 적당량 섭취시에는 인체에 이로운 점이 있음에도 녹차 제조회사가 커피제품이 무조건 인체에 유해한 식품인 것처럼 '아직도 커피를 드십니까? 많이 마시면 좋지 않다는 걸 알면서도'라고 광고하는 경우
누락, 은폐 등에 의한 기만적인 표시 · 광고	사업자 자신이나 사업자가 공급하는 상품에 대하여 표시 · 광고함에 있어서는 소비자가 제품을 선택하는 데 있어 필요한 사항을 표기하여야 하며 제품선택에 영향을 미칠 수 있는 중요한 사실이나 내용을 누락하거나 은폐하여서는 아니 된다.	유행상품을 모아 한 셋트로 팔면서 상품 구성에 있어서 구식모델을 일부 섞었음에도 불구하고 그 사실을 밝히지 아니하고 표시 · 광고하는 경우
기타의 거래내용 및 거래조건에 관한 사항의 표시 · 광고	사업자가 경품류를 제공한다는 사실을 표시 · 광고함에 있어서는 사실대로 명확하게 표시 · 광고하여야 한다. 따라서 제공되는 경품류 내용, 제공기간 등에 대하여 사실과 다르게 표시 · 광고행위는 부당한 표시 · 광고가 된다.	단지 왕복 항공편만 제공되고 숙박이나 식사는 제공되지 않음에도 경품제공사실을 표시 · 광고함에 있어 "동남아여행" 또는 "유럽여행"이라고만 모호하게 표시 · 광고함으로써 마치 숙식도 제공되는 것처럼 표시 · 광고하는 경우

4. 광고에 대한 자율규제

우리나라에서 광고의 자율심의에 관하여 논의가 시작된 것은 1980년 독점규제 및 공정거래에 관한 법률과 소비자보호법이 제정되면서부터라고 할 수 있다. 광고에 대한 자율규제는 단순히 타율규제에 대한 소극적 대응방안이 아니라 보다 높은 차원에서 광고산업의 위상강화는 물론 사회에 대한 책임감과 사명감을 느끼는 실천행위라고 할 수 있다.

오늘날 광고에 대한 자율규제는 주로 광고단체들에 의해 이루어지고 있으며 광고 관련 주요 단체들로는 한국광고단체연합회, 한국광고업협회, 한국광고주협회, 한국광고자율심의기구, 한국신문편집인협회, 한국신문윤리위원회, 한국도서잡지 주간신문윤리위원회 등을 들 수 있다. 이들 중 한국광고단체연합회와 한국광고업협회의 광고윤리강령을 제시하면 〈표 3-2〉, 〈표 3-3〉과 같다.

표 3-2 | 한국광고단체연합회 광고윤리강령

1. 광고의 목표는 대중의 복지와 편익을 우선하는데 두어야 한다.
2. 광고활동은 사회도의와 규범 및 양속에서 벗어나서는 안 되며 사회대중의 신뢰를 얻을 수 있어야 한다.
3. 광고표현은 진실하여야 하며 허위나 과대한 표현으로 소비자를 현혹시키지 않도록 한다.
4. 광고내용은 타를 중상하거나 비방해서는 안 되며 또한 모방이나 표절이어서도 안 된다.
5. 광고거래는 공정하고도 자유로운 거래를 원칙으로 하며 광고 발전을 저해하는 거래수단을 지양한다.
6. 광고의 책임은 광고주, 광고매체, 광고 대행사 등 모든 관계자가 이를 공동으로 진다.
7. 구체적인 활동기준은 ICC(국제상업회의소) 광고 활동기준 강령에 준하기로 한다.

표 3-3 | 한국광고업협회 광고윤리강령

우리는 광고의 시대적 사명과 사회적 책임을 자각하고 국가경제의 발전과 국민생활의 향상 그리고 광고문화의 창달에 이바지한다. 우리는 광고주 및 매체사와 더불어 각자의 권익을 보호하고 상대의 입장을 존중하며 상호이해와 협조를 통하여 건전한 광고산업의 육성에 이바지한다.

1. 광고는 국가경제의 발전과 국민문화생활의 개선 향상에 그 목표를 두어야 한다.
2. 광고는 진실만을 표현하고 공공적 신뢰를 얻는 것이어야 한다.
3. 광고는 품위를 존중하고 맑고 건실한 국민생활의 조성에 이바지해야 한다.
4. 광고는 대중의 복지와 편익을 우선하는 정보를 제공하는 것이어야 한다.
5. 광고는 과학성과 전문성을 존중하고 삶의 아름다움과 기쁨을 주는 것이어야 한다.
6. 광고거래는 공정과 자유를 그 원칙으로 하며 광고발전을 저해하는 어떠한 거래수단도 지양되어야 한다.
7. 광고의 책임은 광고주, 광고매체, 광고업 모두에게 있으며 광고관련 법규 및 윤리규정의 준수에 솔선하여야 한다.

미국의 경우, 미국광고회사협회(American Association of Advertising Agencies: 4A)는 회원들을 대상으로 〈표 3-4〉와 같이 광고윤리에 대한 지침을 제정하여 광고인들이 자율적으로 이를 지키도록 하고 있다(Moriarty et. al., 2009). 비록 미국광고회사협회(4A)의 회원이 아니더라도 이는 훌륭한 지침이 되고 있다.

표 3-4 | 미국광고회사협회 광고윤리지침

미국광고회사협회의 회원인 우리는 광고에 관련된 법률과 법규를 지지하고 준수하는 동시에 고도의 윤리적 기준을 확정하고 확대하는데 동의한다. 우리는 특히 다음 사항에 해당되는 광고를 고의로 만들지 않을 것이다.

1. 시각적 또는 언어적으로 허위 · 오도하는 진술 또는 과장된 표현
2. 개인의 실제 의견이 반영되지 않은 증언
3. 가격을 오도하는 주장
4. 불충분한 입증 또는 진정한 의미나 전문적 또는 과학적 권위에 의한 실용적인 진술을 왜곡하는 주장
5. 공공의 품위나 소수집단을 모욕하는 발언, 제안, 사진

5. 규제대상 광고의 유형

1) 허위 · 기만광고

법적으로 허위광고(false advertising) 또는 기만광고(deceptive advertising)를 해서는 안 된다. 즉, 광고주는 제품이 실제로 할 수 없는 어떤 것을 치료한다고 제안하는 것과 같은 허위적인 주장을 해서는 안 된다. 실제로는 아무도 속지 않을지라도 속일 가능성이 있는 광고도 곤란하다. 또한 판매업자는 거짓된 주장으로 고객을 유혹하는 미끼(bait and switch)광고를 해서도 안 된다.

공정거래지침에 의하면, 허위 · 기만광고란 사실과 다르게 표시 · 광고하거나 부분적으로는 사실이라 하더라도 전체적으로 보아 소비자를 오인시킬 우려가 있는 부정확한 표시 · 광고행위 또는 과장 표시 · 광고행위 그리고 사실을 은폐하거나 기만적인 방법으로 소비자를 속이거나 속일 우려가 있는 표시 · 광고행위를 말하며 이는 법적으로 금지하고 있다.

또한 방송광고심의에 관한 규정 제18조에서도 광고기준의 하나로 진실성을 제시하면서 다음과 같이 규정하고 있다.

> 제18조(진실성) ① 방송광고의 내용은 진실하여야 하며 허위 또는 기만적인 표현을 포함하여서는 아니 된다. ② 방송광고는 소비자를 오인하게 할 수 있는 다음 각 호의 표현을 하여서는 아니 된다.
> 1. 성분, 재료, 함량, 규격, 효능 등에 있어 오인하게 하거나 기만하는 내용
> 2. 부분적으로 사실이지만 전체적으로 소비자가 오인할 우려가 있는 표현
> 3. 객관적으로 인정받지 못하거나 확인할 수 없는 최상급의 표현
> 4. 공신력 없는 단체의 자료 또는 발표내용 등을 인용하는 표현
> 5. 난해한 전문용어 등을 사용하여 소비자를 현혹하는 표현
> 6. 제조국가 등에 있어서 소비자가 오인할 우려가 있는 표현
>
> ③ 방송광고는 중요한 정보를 생략함으로써 소비자가 오인하게 하여서는 아니 된다.

허위 · 기만광고에 대한 예를 들면 〈표 3-5〉와 같다.

표 3-5 | 허위 · 기만광고의 예

New OO 집중력이 올라갑니다. 집중력이 올라갑니다. 라고 확실히 말씀드릴 수 있습니다.

출처: 방송통신심의위원회(2008). 방송심의사례집. p. 140.

이는 New ○○를 소개하면서 단정적인 표현을 사용하여 당 제품을 구매하여 사용하는 소비자로 하여금 효능을 과신토록 하는 내용으로 판정되었다.

2) 허위표시 · 과대광고

최근 들어, 민간단체로부터 공식인증을 받았다며 건강과 미용효능을 강조하는 각종 액상 차가 봇물 터지듯이 나오고 있다. 하지만 앞으로는 식품에 '대한의사협

회 공식인증' 등의 표시를 할 수 없게 되었다.

식품의약품안전청(식약청)은 각종 민간단체의 인증이나 보증표시가 소비자들에게 잘못된 정보를 줄 수 있다는 지적에 따라 이같이 결정하였다. 식약청의 이러한 조치는 식품업계의 광고가 위험수위를 넘었다고 판단했기 때문으로 보인다.

허위표시 · 과대광고의 예

따라서 식약청은 "민간단체에서 공식인증을 했다는 제품이 쏟아지고 있지만 정해진 인증기준이나 절차가 있는 것도 아니고 검증도 할 수 없다"며 소비자들이 혼동하지 않도록 허위 또는 과대광고를 단속대상으로 관리하고 있다.

현재 시중에서 유통되고 있는 인증식품은 소금에서 껌, 각종 음료수에 이르기까지 다양하다. 특히, 각종 의학단체가 늘어나면서 이들과 손잡은 인증제품이 넘쳐나고 있다. 이들 제품은 전문가 단체가 인정하는 제품으로 포장돼 높은 매출을 올리고 있다. 문제는 소비자들이 과학적 검증을 받은 제품으로 생각해 신뢰한다는 데 있다. 뿐만 아니라 광고내용도 단체가 인증한 내용과 거리가 멀다.

3) 품위손상 광고

방송통신심의위원회 방송광고심의에 관한 규정 제4조(개정 2014.12.24.)에 의하면, '방송광고는 시청자의 정서를 해치거나 방송의 품위를 손상하는 ① 인간의 존엄성 및 생명을 경시하는 표현, ② 폭력, 범죄, 반사회적 행동을 조장하는 표현, ③ 지나친 공포감이나 혐오감을 조성하는 표현, ④ 과도한 신체의 노출이나 음란 · 선정적인 표현, ⑤ 신체적 결함, 약점 등을 조롱 또는 희화화하는 표현, ⑥ 특정 성을 비하하거나 성적 수치심을 느끼게 하는 표현 등을 하여서는 안 된다, ⑦ 신체 또는 사물 등을 활용한 욕설 등의 표현, ⑧ 혐오감이나 불쾌감을 유발할 수 있는 성기 · 음모 등 신체의 부적절한 노출, 생리작용, 음식물의 사용 · 섭취 또는 동물사체의 과도한 노출 등의 표현, ⑨ 그 밖에 불쾌감 · 혐오감 등을 유발하여 시청자의 윤리

2017년 11월 대구 반월당역 승강장 스크린도어 옆 벽면에 걸린 후 1시간 만에 철거된 광고. 이 광고는 변희재 미디어워치 대표고문의 저서 '손석희의 저주' 홍보용으로 JTBC의 태블릿 PC 보도가 조작된 것으로 나타내고 있어 검증되지 않은 내용을 홍보한 광고이다.

산신령 대신 섹시한 미녀 선녀들이 등장해 각선미를 뽐내니 '올레'라고 외쳐 성차별적 논란이 된 광고

섹시한 미녀가 할아버지 부호와의 만남에서 '올레'라고 외친 자체가 마치 여성들이 남성의 재력만 보고 결혼한다는 인상을 심어줄 수 있다고 지적받은 광고

사장에게 결재를 받으러 간 여직원이 '더 내리라'는 사장의 말을 듣고 상의 단추를 더 풀어 버릴 것 같은 동작을 취하며 난처해하는 모습을 보여 줌으로써 여성을 성희롱하는 내용의 광고로 지적을 받았다.

적 감정이나 정서를 해치는 표현'라고 규정하고 있다.

그러나 이런 규제내용은 어떤 구체적인 내용을 담고 있기보다는 이러한 표현을 해서는 안 된다는 상징적인 의미가 크다고 할 수 있으며 이는 나라마다 다르게 나타날 수 있다. 품위손상광고의 예를 들면 〈표 3-6〉과 같다.

표 3-6 | 품위손상광고의 예

○○ 홈쇼핑 '○○ 생명특별전'에서 암 건강 상품을 소개하면서 '남자 3명중 1명, 여자 5명중 1명' 등 암 발생 빈도가 높다는 통계를 강조하고 암 발생 후의 불행한 상황을 "사회적으로 매장당할 수도 있습니다."

출처: 방송위원회(2007). 방송심의사례집. p. 139.

이는 암에 대한 불안감을 조성하여 보험상품에 가입을 유도하고 남녀의 암 발생 빈도를 반대로 소개함으로써 소비자를 오인케 하는 내용으로 판정되었다.

4) 비교광고

비교광고(comparative advertising)는 경쟁자의 제품과 비교하여 자사제품의 우월성을 보여 주는 형식으로 경쟁이 심할 때 많이 사용되고 있다. 즉, 비교광고는 제품, 서비스, 가격, 시장상태, 이미지, 지위 등과 관련된 속성에 대하여 광고주의 브랜드 이름을 밝힌 경쟁브랜드와 비교하는 광고라고 할 수 있다.

TIP | 비교광고의 정의

Comparative advertising is defined as any advertising that compares the sponsored brand against any other explicitly named comparative brand along any attribute relating to product, service, price, market standing, image, and status.

비교광고는 성능이나 기능 및 등급 등을 비교대상으로 하여야 하며 객관적인 사실에 근거하여야 할 뿐만 아니라 경쟁사가 객관적인 사실을 요구하면 이를 입증할 수 있어야 한다. 그러므로 타 회사를 비방하거나 타 회사의 제품을 비하하여 광고를 하면 비방광고가 될 수 있어 법적으로 규제를 받을 수 있다. 그러나 비교광고와 비방광고를 구분할 수 있는 기준이 애매모호한 경우가 많이 있다.

다음 광고는 미샤가 발효 에센스 제품을 출시하며 SK-ll 제품의 빈병을 갖고 오는 고객에게 미샤 에센스 정품을 주는 판촉활동을 진행했다. 동시에 TV광고 등을 통해 저렴한 가격을 강조하며 비교광고를 했다. 이에 SK-ll를 수입판매하는 한국P&G가 "부당하게 경쟁자의 고객을 유인하고 SK-ll 에센스 상표 가치를 훼손시켰다"며 1억원의 손해배상을 청구했지만 대법원은 '값비싼 수입화장품' 운운한 TV광고와 한시적인 공병 교환 행사 등 일련의 광고행위가 소비자에게 체험기회를 주는 화장품업계의 관행에 비춰보면 정당하다고 봤다.

비교광고의 유형은 비교의 정도에 따라 직접비교광고(direct comparative advertising)와 간접비교광고(indirect comparative advertising)로 분류할 수 있다. 직접비교광고는 속성, 이점, 가격 등에 관하여 경쟁상표를 직접적으로 명시하여 비교하는 광고를 의미하며 간접비교광고는 경쟁상표를 명시하지 않고 속성이나 이점 등에 관하여 간접적 또는 암시적으로 비교하는 광고를 의미한다(최호규, 1995).

이러한 직접비교광고는 공식적으로 허용되기 전에는 규제대상이었으나 많은 논쟁을 거듭한 끝에 미국에서는 1972년에, 일본에서는 1987년에, 우리나라에서는 1995년에 허용하여 실시되고 있다. 허용목적은 소비자들에게 더 많은 정보와 더

직접비교광고 및 간접비교광고

유용한 정보를 제공해 줌으로써 소비자들의 제품선택과 평가에 도움을 주고자 하는 것이었다. 현재 우리나라의 직접비교광고는 도입초기라고 볼 수 있으며 간접비교광고가 증가추세를 보이고 있다.

다음과 같은 내용은 직접비교광고인가? 비방광고인가? 쟁점을 불러일으켰던 펩시의 광고를 소개하면 다음과 같다. 광고내용을 보면 키가 작은 어린이가 자판기에서 콜라를 먹으려고 하는데 키가 작아 코카콜라 버튼은 손이 닿지만 펩시 버튼은 손이 닿지 않는다. 그래서 머리를 써서 코카콜라 두 개를 뽑은 뒤 그 위에 밟고 올라서서 펩시를 뽑아 마시고 코카콜라를 버려두고 가는 장면이다.

5) 모방광고 및 표절광고

방송통신심의위원회 방송광고심의에 관한 규정 제12조에 의하면, 모방광고 및 표절광고를 금지하고 있다. 즉, '방송광고는 국내외 다른 광고를 표절하거나 현저하게 모방하여서는 아니 된다. 다만 상호 간의 사용 동의가 있는 경우에는 예외로 한다.'라고 규정하고 있다.

위의 광고는 여러분이 생각하기에 모방광고라고 생각하십니까? 표절광고라고 생각하십니까? 규제해야 된다고 생각하십니까? 규제하지 않아도 된다고 생각하십니까?

그러나 모방이나 표절을 구분해 줄 수 있는 명확한 기준도 없을 뿐만 아니라 어떤 광고가 모방광고에 해당되는지, 표절광고에 해당되는지를 구분하는데 어려움이 있어서 현실적으로 모방광고보다는 표절광고와 복제광고를 중심으로 규제하고 있다.

최근 들어, 우리나라의 경우 표절시비가 심화되어 외국광고에 대한 표절규제를 강화하고 있다. 그러나 외국광고와 같다고 해서 무조건 모방광고라고 단정할 수는 없다. 특히, 외국의 회사와 협력을 이룬 경우에는 사전협의에 의해 원 광고물을 현지화할 수 있기 때문이다.

6) 배타 · 비방 · 명예훼손 광고

광고에서 경쟁사나 경쟁사의 상품 및 서비스를 중상 비방하거나 배타적인 표현을 해서는 안 된다. 여기서 배타적 표현이란 경쟁관계에 있는 다른 상품을 부당하게 직접 또는 암시적으로 비교하여 자기 상품의 우수성을 주장하거나 경쟁상품을 배척하는 표현을 말한다. 그러나 배타적 표현도 어떠한 표현을 지칭하는가에 대하여는 구체적으로 언급되고 있지 않다.

위의 광고는 아이리버가 경쟁업체인 애플사 심벌마크의 사과를 씹어 먹는 모습을 보여주고 있다. 따라서 이 광고는 배타 · 비방 · 명예훼손 광고 중 어디에 속한다고 생각하는가? 아니면 어디에도 속하지 않는다고 생각하는가?

7) 어린이 광고

어린이 광고(children advertising)에 대한 방송법 제73조(방송광고 등)에 의하면, 방송사업자는 방송광고와 방송프로그램이 혼동되지 아니하도록 명확하게 구분하여야 하며 어린이를 주 시청대상으로 하는 방송프로그램의 방송광고 시간 및 전후 토막광고 시간에는 대통령령이 정하는 바에 따라 반드시 광고임을 밝히는 자막을 표기하여 어린이가 방송프로그램과 방송광고를 구분할 수 있도록 하여야 한다(2006. 10. 27 개정).

따라서 어린이들(12세 미만)은 어른들에 비해 광고에 대한 판별능력이 제한되어 있기 때문에 광고의 대상 중 보호를 제일 많이 받아야 할 집단이라고 할 수 있다. 광고의 진실성을 판단할 수 없는 어린이에 대해서는 보호가 필요하며 많은 나라에서 규제를 하고 있다.

그러나 규제의 평가기준과 수준이 나라마다 다르므로 차이가 있을 수 있다. 우리나라의 경우 방송통신심의위원회 방송광고심의에 관한 규정 제23조에서 어린이 광고에 대한 규제를 다음 〈표 3-7〉과 같이 명시하고 있다.

표 3-7 | 어린이 광고에 대한 규제내용

제23조(어린이 · 청소년) ① 방송광고는 어린이 및 청소년의 품성과 정서, 가치관을 해치는 표현을 하여서는 아니 된다. ② 방송광고는 어린이 보호를 위하여 다음의 표현을 하여서는 아니 된다.

1. 어린이가 상품과 관련된 상업문이나 광고노래 또는 제품의 특징을 전달하는 표현
2. 상품의 소유로 어린이의 능력이나 행동이 변할 것이라는 표현
3. 상품을 소유하지 못하면 열등감을 갖거나 조롱의 대상이 된다는 표현
4. 상품을 구입하도록 어린이를 충동하거나 부모 등에게 상품구매를 요구하도록 자극하는 표현
5. 어린이의 사행심을 조장하는 표현
6. 어린이를 위험한 장소에 있게 하거나 위험한 행동을 취하게 하는 표현
7. 어린이의 건전한 식생활을 저해하는 표현

③ 장난감, 게임기 및 기타 어린이들의 관심을 끄는 상품에 대한 방송광고는 어린이의 판단과 경험을 고려하여 다음의 표현을 하여서는 아니 된다.

1. 상품의 크기와 비례를 실제 이상으로 보이게 하는 표현
2. 장난감이 기계적으로 움직이는지, 수동적으로 움직이는지 분명하지 않은 표현
3. 장난감과 실제 물건이 혼동될 수 있는 소리나 표현

④ 어린이 대상 방송광고에서는 주된 상품 이외의 부수적인 제품이나 경품을 강조하여서는 아니 된다(2005. 12. 30 신설).

주된 상품(햄버거) 이외의 부수적인 제품이나 경품(장난감)을 강조한 광고로 보임

장난감이 기계적으로 움직이는지, 수동적으로 움직이는지 분명하지 않은 표현에 해당되는 광고로 보임

8) 기타 규제대상 광고

광고물 설치 및 장소에 관한 법을 위반한 광고에 대해서도 규제를 한다. 또한 사행성을 조장하여 사회적 공익에 위배되는 광고도 규제대상이 되며 저속한 언어나 비과학적 내용을 담은 광고도 규제대상이 된다.

자사의 핸드워시를 사용하지 않으면 온몸에 바퀴벌레가 있는 것과 같다는 비과학적 내용을 담은 광고로 판단됨

Summary 요약

- 광고는 경제적으로나 사회적으로 볼 때 긍정적인 측면도 있고 부정적인 측면도 내포하고 있다. 따라서 사회와 국민을 보호하고 복지를 증진시키기 위해서는 광고에 대한 규제가 불가피하다고 할 수 있다. 그러나 규제의 절대적 기준이 없기 때문에 규제내용이 애매모호한 경우가 있을 수 있다. 이것은 그 나라의 가치관이나 문화에 따른 차이이지 어느 나라가 맞고 틀리다고 말할 성질이 아니다.

- 우리나라에서 광고규제는 크게 방송광고와 인쇄광고로 나눌 수 있다. 방송광고는 사전심의와 타율규제로 되어 있고 인쇄광고는 사후심의와 자율규제로 되어 있다. 사전심의는 텔레비전이나 라디오 광고를 집행하기 전에 심의하는 제도를 말하며 사후심의는 신문이나 잡지에 광고가 게재된 후에 규제하는 제도를 말한다. 또한 타율규제는 통제기관으로부터 법적 규제를 받는 제도를 말하며 자율규제는 광고업 종사자들이 스스로 규제하는 제도를 말한다. 그러나 방송광고 심의제도와 관련하여 민간기구에 의한 자율적인 심의가 가능하게 되었다.

- 인쇄광고의 사후심의는 1977년부터 신문윤리위원회와 신문협회가 공동으로 맡고 있다. 하지만 인쇄광고의 경우 심의기관의 인력부족뿐만 아니라 광고물이 너무 많기 때문에 사후에 철저히 규제한다는 것은 매우 어려운 것도 사실이다. 또한 위반내용과 광고의 창의성을 포함한 마케팅노력을 구분하는 기준이나 잣대가 애매모호한 경우가 많이 있다. 따라서 규제기관의 인력보강 및 공정하고도 객관적으로 규제할 수 있는 기준을 마련하는 것이 필요하다.

- 우리나라의 광고규제에 관련된 법령 중 중요한 것으로는 표시 · 광고의 공정화에 관한 법률, 소비자보호법, 저작권법, 상표법, 식품위생법, 약사법, 의료법, 사행행위단속법, 영화법, 음반에 관한 법률 등을 들 수 있다. 이 중에서도 표시 · 광고의 공정화에 관한 법률이 광고규제의 일반법이라고 할 수 있다. 또한 법적 기관인 방송통신위원회에서 2018년 개정한 방송심의에 관한 규정인 방송법도 법적 효력이 있다.

- 우리나라에서 광고의 자율심의에 관하여 논의가 시작된 것은 1980년 독점규제 및 공정거래에 관한 법률과 소비자보호법이 제정되면서부터라고 할 수 있다. 광고에 대한 자율규제는 단순히 타율규제에 대한 소극적 대응방안이 아니라 보다 높은 차원에서 광고산업의 위상강화는 물론 사회에 대한 책임감과 사명감을 느끼는 실천행위라고 할 수 있다.

- 오늘날 광고에 대한 자율규제는 주로 광고단체들에 의해 이루어지고 있으며 광고 관련 주요 단체들로는 한국광고단체연합회, 한국광고업협회, 한국광고주협회, 한국광고자율심의기구, 한국신문편집인협회, 한국신문윤리위원회, 한국도서잡지주간신문윤리위원회 등을 들 수 있다.

- 규제대상 광고의 유형으로는 허위 · 기만광고, 허위표시 · 과대광고, 품위손상광고, 비교광고, 모방광고 및 표절광고, 배타 · 비방 · 명예훼손광고, 어린이광고, 기타 규제대상 광고 등이 있다.

Test
기출문제

01 다음 중 우리나라 광고규제에 관련된 법령과 거리가 가장 먼 것은?

① 영화법

② 의료법

③ 약사법

④ 식품위생법

⑤ 사행행위조장법

02 공정거래지침에 규정된 표시 · 광고의 지침에 의하면, 가격에 대하여 표시 · 광고를 하는 경우 자기가 공급하는 상품의 가격을 사실대로 표시 · 광고하여야 한다. O|X

03 광고에 대한 자율규제는 단순히 타율규제에 대한 소극적 대응방안이 아니라 보다 높은 차원에서 광고산업의 위상강화는 물론 사회에 대한 책임감과 사명감을 느끼는 실천행위라고 할 수 있다. O|X

04 한국광고단체연합회 및 한국광고업협회의 광고윤리강령 내용과 거리가 가장 먼 것은?

① 광고표현은 진실하여야 하며 허위나 과대한 표현으로 소비자를 현혹시키지 않도록 한다.

② 광고내용은 타를 중상하거나 비방해서는 안 되며 또한 모방이나 표절이어서도 안 된다.

③ 광고거래는 공정과 자유를 그 원칙으로 하며 광고발전을 저해하는 어떠한 거래수단도 지양되어야 한다.

④ 광고는 대중의 복지와 편익을 우선하는 정보를 제공하는 것이어야 한다.

⑤ 구체적인 활동기준은 IOC 광고활동 기준강령에 준하기로 한다.

05 공정거래지침에 의하면 허위 · 기만광고란 사실과 다르게 표시 · 광고하거나 부분적으로는 사실이라 하더라도 전체적으로 보아 소비자를 오인 시킬 우려가 있는 부정확한 표시 · 광고행위 또는 과장 표시 · 광고행위 그리고 사실을 은폐하거나 기만적인 방법으로 소비자를 속이거나 속일 우려가 있는 표시 · 광고 행위를 말한다. O|X

06 허위 · 기만광고란 사실과 다르게 표시 · 광고하거나 부분적으로 보아 소비자를 오인시킬 우려가 있는 광고를 말한다. O|X

07 다음 중 품위손상 광고와 거리가 가장 먼 것은?
① 인간의 존엄성 및 생명을 경시하는 표현
② 과도한 신체의 노출이나 음란 · 선정적인 표현
③ 특정 성을 비하하거나 성적 수치심을 느끼게 하는 표현
④ 신체적 결함, 약점 등을 조롱 또는 희화화하는 표현
⑤ 지나친 공포감이나 혐오감을 배척하는 표현

08 비교광고의 허용목적은 소비자들에게 더 많은 정보와 더 유용한 정보를 제공해 줌으로써 소비자들의 제품선택과 평가에 도움을 주고자 하는 것이었다. 그러나 비교광고는 주관적인 사실에 근거하여야 한다. 만약 주관적인 입증자료가 부족하면 비방광고가 될 수 있으며 경쟁사와 분쟁을 야기 시켜 법적으로 규제를 받을 수 있다. O|X

09 비교광고의 허용목적은 소비자들에게 더 많은 정보와 더 유용한 정보를 제공하여 소비를 촉진시키는 데 있다. O|X

10 미국에서는 1972년에 일본에서는 1987년에 비교광고를 허용하여 실시하고 있지만 우리나라에서는 2005년 기준 아직까지도 동양적 정서 때문에 비교광고를 허용하지 않고 있다. O|X

11 미국에서는 1972년에, 일본에서는 1987년에, 우리나라에서는 1995년에 비교광고를 허용하여 실시하고 있다. 이러한 비교광고는 크게 두 가지로 분류할 수 있는데 그중 경쟁상표를 거명하여 직접비교를 하면 (　　)비교광고에 해당된다.
빈칸에 알 맞는 답을 영어 소문자 6자 이내로 쓰시오.

12 미국에서는 1972년에, 일본에서는 1987년에, 우리나라에서는 1995년에 비교광고를 허용하여 실시하고 있다. 이러한 비교광고는 크게 두 가지로 분류할 수 있는데 그 중 경쟁상표를 거명하여 직접비교를 하면 직접비교광고에, 경쟁상표를 간접적 · 암시적으로 비교를 하면 (　　)비교광고에 해당된다.
빈칸에 알 맞는 답을 영어 소문자 8자 이내로 쓰시오.

13 모방광고란 타 회사의 광고를 흉내 내어 만든 광고를 말한다. 그러나 모방광고를 구분하는 데 어려움이 있어 현실적으로 모방광고보다는 표절광고와 복제광고를 중심으로 규제하고 있다. O|X

14 광고에서 경쟁사나 경쟁사의 상품 및 서비스를 중상 비방하거나 배타적인 표현을 해서는 안 된다. 여기서 배타적 표현이란 경쟁관계에 있는 다른 상품을 부당하게 직접 또는 암시적으로 비교하여 자기 상품의 우수성을 주장하거나 자사상품을 배척하는 표현을 말한다. O|X

15 자사 상품의 우수성을 주장하거나 자사 상품을 배척하는 표현을 쓰면 배타광고에 해당된다. O|X

16 다음 중 어린이 보호를 위한 광고방송의 규제내용과 거리가 가장 먼 것은?
① 어린이가 상품과 관련된 광고노래를 전달하는 표현
② 어린이의 바른 식생활을 해치는 표현
③ 어린이가 그 상품을 갖지 못하면 열등감을 갖게 하는 표현
④ 어린이가 부모 또는 다른 사람에게 상품을 사 달라고 요구하도록 자극하는 표현
⑤ 어린이의 사행심을 배척하는 표현

17 저속한 언어나 비과학적인 내용을 담은 광고는 윤리적 차원에서 비난받을 수는 있으나 법적으로는 규제할 수 없다. O|X

[정답]

01 ⑤	**02** ○	**03** ○	**04** ⑤	**05** ○	**06** ×	**07** ⑤	**08** ×
09 ×	**10** ×	**11** direct	**12** indirect	**13** ○	**14** ×	**15** ×	**16** ⑤
17 ×							

광고 불변의 법칙

기 본 에 충 실 하 라 !

기본적인 과제를 게을리 하면서 성공적인 광고를 만들 수 있는 가능성은 극히 희박하다.
때로는 이러한 기본적인 과제들을 게을리 하더라도 아주 가끔은 운이 좋아서 성공적인 광고캠페인을 만들 수 있을지도 모른다.
그러나 머지않아 실패의 맛을 보게 될 것이다.
따라서 광고해야 할 제품을 연구해야 한다.
그 제품에 대해 많이 알면 알수록 그 제품을 팔 수 있는 훌륭한 아이디어를 더 많이 생각해 낼 수 있다.

CHAPTER 04

광고의 반응과 모델

Understanding of Advertising

광고에 대한 반응을 기본적 모델에 입각해 살펴본 다음, 광고반응의 모델을 계층적 효과모델과 정보처리모델의 측면에서 살펴보도록 한다. 계층적 효과모델은 AIDA 모델, DAGMAR 모델, Lavidge & Steiner 모델, 신제품의 수용과정모델, 비교광고의 계층적 효과모델, 정보처리모델은 Krugman의 저관여모델, Zajonc의 광고반응모델, Petty & Cacioppo의 정교화가능성모델, 광고의 정보처리모델, 광고태도의 매개역할을 중심으로 살펴보도록 한다.

iPad Pro

More powerful than ever

Advertising & Copy

1. Think Different
2. 1984
3. This Changes everything. Again – iphone4
4. Bigger than bigger – iphone6
5. The only thing that's chagned, is everything. – iphone6
6. Thin. Light. Epic – iPad Pro

지속적인 광고 카피(copy) 시리즈를 통하여 애플사의 아이덴티티와 제품의 특성을 나타내고 있다.

CHAPTER

04

광고의 반응과 모델

1. 광고반응

광고에 대한 반응(행동)은 기본적으로 [그림 4-1]과 같이 광고자극(투입요인)이 합리적인 수준으로 투입될 때 기대할 수 있으며 광고의 환경요인에 의해서도 직·간접적으로 영향을 받는다고 볼 수 있다.

그림 4-1 | 광고반응의 기본적 모델

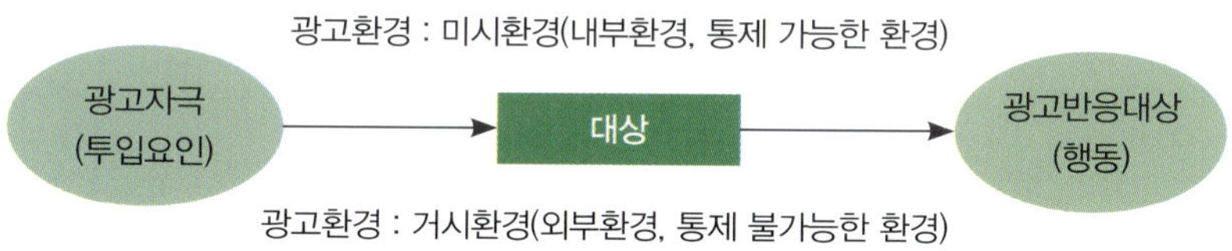

TIP | 광고환경

광고환경은 미시환경(micro environment)과 거시환경(macro environment)으로 구분할 수 있다. 미시환경은 기업의 내부환경에 속하며 통제 가능한 환경으로서 고객, 경쟁사, 공급업자, 중간상, 주주, 서비스대행기관(광고대행사/조사대행사/경영자문회사/보험사), 이익단체(협회/조합) 등의 환경을 말한다. 거시환경은 기업을 둘러싸고 있는 외부환경에 속하며 통제 불가능한 환경으로서 인구통계학적 환경, 경제적 환경, 기술적 환경, 사회 · 문화적 환경, 정치 · 법률적 환경, 자연적 환경, 경쟁적 환경, 국제적 환경 등을 말한다.

TIP | 통제 가능한 환경

통제 가능한 환경에 대해서 논란의 여지가 있는 것도 사실이다. 말 그대로 통제가능한지? 통제 불가능한지? 고객이나 경쟁사의 경우 기업 측에서 보면 통제 가능한 측면도 있고 통제 불가능한 측면도 있다. 그러나 고객과 경쟁사는 일반적으로 통제 가능한 환경에 속하는 것으로 볼 수 있다.

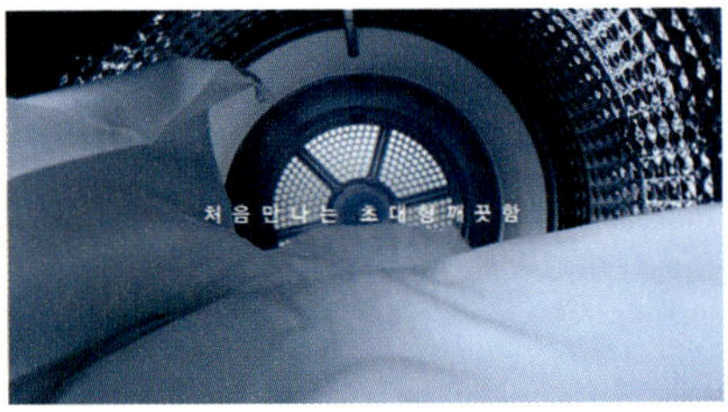

경쟁제품에 비해 더 큰 용량을 건조시킬 수 있음을 강조한 건조기 광고

광고의 반응을 일으키는 여러 광고자극(변수) 중에서도 가장 중요한 것은 바로 광고상품의 품질이라고 할 수 있다. 만약 광고상품이 질적인 면에서 부족하다면 고객의 마음을 일시적으로는 움직일 수 있을지라도 궁극적으로는 고객의 마음을 사로잡지는 못할 것이다.

따라서 고객의 마음을 사로잡고 광고의 효과를 극대화시키기 위해서는 광고상품의 품질향상에 노력해야만 한다. 그리고 광고의 목표와 광고주제 및 내용, 광고매체, 광고의 환경 등도 광고의 반응을 일으키는데 중요한 변수라고 할 수 있다.

TIP | 광고의 반응과 차원

차원	종류	측정척도
개인수준 반응	인지반응	주목, 인식, 재인식, 기억, 이해, 신념, 상표이미지
	감정반응	기분상태, 느낀 감정, 태도, 선호도
	의도반응	정보탐색의도, 구매희망정도, 구매의도
	행동반응	정보탐색, 점포방문, 시험구매, 구매, 소비
사회수준 반응	판단반응	집단규범에 순종, 사회적 행동의 학습(사회화 정도)
	행동반응	구전, 모방, 커뮤니케이션, 설득
총괄적 반응	순광고반응	도달률, 도달빈도, 노출강도
	마케팅반응	판매량, 판매액, 시장점유율, 단기이익, 장기이익

2. 광고반응의 모델

광고는 정보전달뿐만 아니라 설득과 태도변화를 일으켜야 한다. 어떻게 하면 설득력 있는 광고가 될 수 있을까? 이에 대한 해답을 찾기 위해 수많은 학자들과 실무자들은 설득에 관련된 이론을 개발하고 실무에 적용하여 왔다.

이런 추세에 힘입어 연구자들은 소비자들의 광고정보에 대한 패러다임과 태도변화를 일으키는 요인을 찾기 위한 방안을 모색하게 되었다. 그 결과 태도변화는 이성적인 설득에 의해서도 일어나지만 감정적 반응의 결과로도 발생할 수 있다는 사실을 알게 되었다.

TIP | 감정(affect)

광고를 통해서 소비자가 경험한 느낌이나 정서와 같은 감정은 브랜드 선택에 영향을 미칠 수 있다. 특히 저관여 제품의 경우에 효과적이며 고관여 제품의 경우에는 감성적인 성격을 갖는 보석, 패션, 화장품 등에 효과적일 수 있다.

감성적 성격을 갖는 화장품 광고

대표적인 광고에 대한 반응모델을 계층적 효과모델(Hierarchy of Effect Model)

과 정보처리모델(Information Processing Model)로 구분하여 살펴보면 다음과 같다.

1) 계층적 효과모델(Hierarchy of Effect Model)

영화감독이 영상에 대한 이야기를 풀어나가는 형식의 기사를 담은 감정반응 광고

광고효과의 발생과정을 광고의 커뮤니케이션 관점에서 설명한 연구자들은 그 효과가 몇 가지 단계를 거쳐 발생한다는 가정 하에 다양한 계층적 효과모델을 제안하여 왔다.

이들이 제안한 계층적 효과모델은 소비자가 광고에 노출되면 반드시 인지반응(cognitive response) → 감정반응(affective response) → 행동반응(conative response)의 과정을 거쳐 순차적으로 광고 커뮤니케이션이 일어난다고 가정하였다. 따라서 이러한 계층적 효과모델의 각각에 대해서 구체적으로 살펴보면 다음과 같다.

(1) AIDA 모델

TIP | 인지반응과 감정반응

인지반응은 광고를 알아보고, 생각하고, 이해하며, 추론하는 정보처리에 관한 반응을 의미하며, 감정반응은 광고를 보거나 본 뒤에 나타나는 감성적 반응을 의미한다. 이러한 감정반응은 감정광고에 의해 유발되며 좋은 감정반응이나 긍정적 감정반응은 긍정적 태도변화에 영향을 준다.

가장 오래된 계층적 효과모델은 [그림 4-2]와 같이 Strong(1925)이 제안한 AIDA 모델을 들 수 있다. AIDA 모델에 의하면, 소비자들이 광고에 노출된 후 주목(Attention) → 관심(Interest) → 욕망(Desire) → 행동(Action)의 과정을 거쳐 순차적으로 커뮤니케이션이 일어난다는 것이다.

그림 4-2 | AIDA 모델

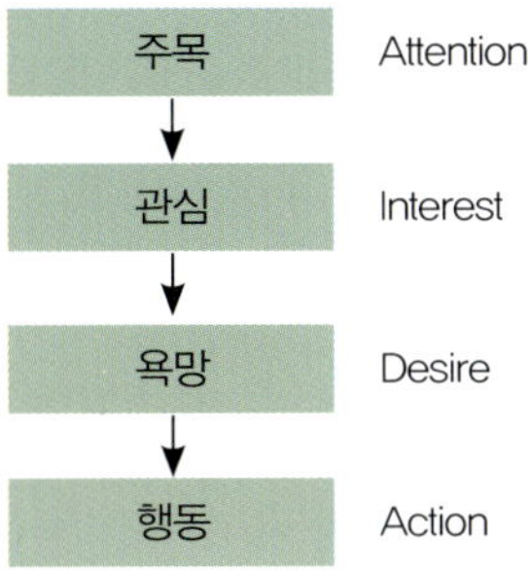

> **TIP** | **AIDMA 모델과 AIDCA 모델**
>
> AIDA 모델에 기억(memory)을 추가하면 AIDMA 모델이라고 하고, AIDA 모델에 확신(conviction)을 추하면 AIDCA 모델이라고 한다.

(2) DAGMAR 모델

Colley(1961)는 [그림 4-3]과 같이 AIDA 모델과 유사한 DAGMAR(Defining Advertising Goals for Measured Advertising Results) 모델을 개발하였다. DAGMAR 모델에 의하면, 소비자들이 광고에 노출된 후 인식(Awareness) → 이해와 이미지 형성(Comprehension & Image) → 태도(Attitude) → 행동(Action)의 과정을 거쳐 순차적으로 커뮤니케이션이 일어난다는 것이다.

그림 4-3 | DAGMAR 모델

(3) Lavidge & Steiner 모델

Lavidge와 Steiner(1961)는 [그림 4-4]와 같이 차원을 달리하여 광고 커뮤니케이션의 효과를 단계별로 분석한 계층적 효과모델을 제시하였다. 이것은 오늘날에도 마케팅 커뮤니케이션 분야에서 중요한 이론적 개념으로 알려져 있다.

이 계층적 효과모델은 전형적 광고 커뮤니케이션 효과의 단계적 모델(stair-step model of advertising communication effect)로서 태도의 3가지 차원, 즉 인지적(cognitive), 감정적(affective), 행동적(conative) 차원에 따라 광고 커뮤니케이션이 인식(Awareness) → 지식(Knowledge) → 호감(Liking) → 선호(Preference) → 확신(Conviction) → 구매(Purchase)의 과정을 거쳐 순차적으로 이루어진다는 것이다.

그림 4-4 | Lavidge & Steiner 모델

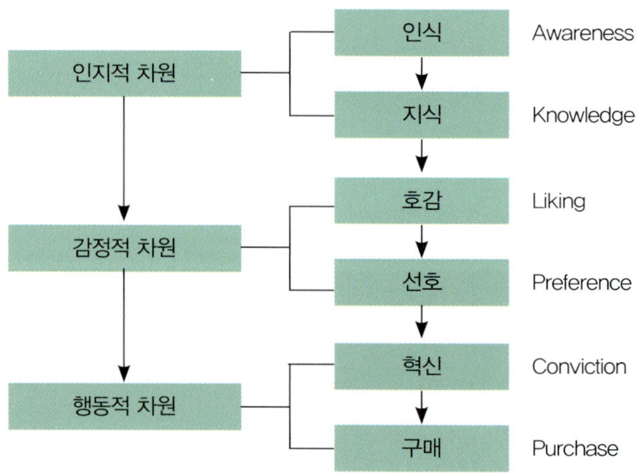

(4) 신제품의 수용과정모델

Rogers(1983)는 신제품 측면에서 소비자들이 어떤 과정을 거쳐 수용과정에 이르게 되는지를 모델화하였다. 신제품에 대한 수용과정모델(adoption process model)에 의하면, [그림 4-5]와 같이 인식(Awareness) → 관심(Interest) → 평가(Evaluation) → 시용(Trial) → 수용/구매(Adoption)의 과정을 거쳐 순차적으로 신제품의 구매가 일어난다는 것이다.

그림 4-5 | 신제품의 수용과정모델

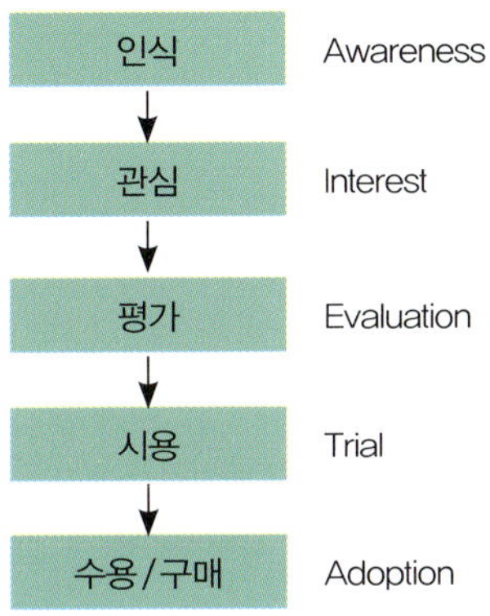

하이트 맥주는 홍보차량과 시음행사를 통하여 소비자들의 관심과 평가를 받았다.

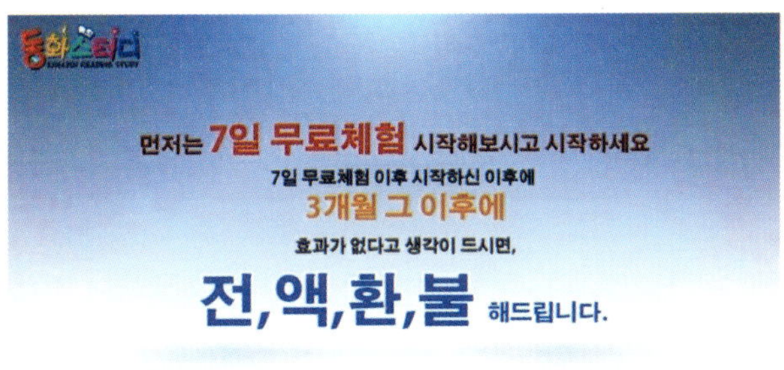

시험구매를 유도한 어린이학습지 광고

따라서 소비자들이 신제품을 접하였을 때 처음부터 계속적으로 구매를 하는 것이 아니라 신제품을 우선 시험적으로 사용(시용)해 보고 만족스러운 경우에 계속적으로 구매한다고 보았다.

(5) 비교광고의 계층적 효과모델

Ash와 Wee(1983)는 비교광고에 대한 커뮤니케이션 효과를 측정하기 위한 도구로 [그림 4-6]과 같이 비교광고의 측면에서 계층적 효과모델을 제시하였다. 이

지하철 역사나 버스 광고로만 진행한 비교 광고로 모델의 포즈를 절묘하게 보여 주면서 상대방을 가리키는 모습으로 교모하게 비교업체를 공격하는 느낌을 주면서 상대 기업의 카피를 그대로 이어서 읽게 한 비교광고

모델은 광고노출 후 태도가 인지적 요소(cognitive component) → 감정적 요소(affective component) → 행동적 요소(conative component)를 거쳐 순차적으로 이루어진다고 가정하였다.

인지적 요소는 지각(perception)과 평가(evaluation), 인식(awareness)을 포함하며, 지각과 평가는 다시 차별화(differentiation), 연상(association), 신뢰도(believability), 정보성(informativeness), 이해도(comprehension)를 포함하고, 인식은 회상(recall)과 보유(retention)를 포함한다. 감정적 요소는 광고속성(advertisement attribute), 제품(product), 광고주회사(sponsoring company), 비

그림 4-6 | 비교광고의 계층적 효과모델

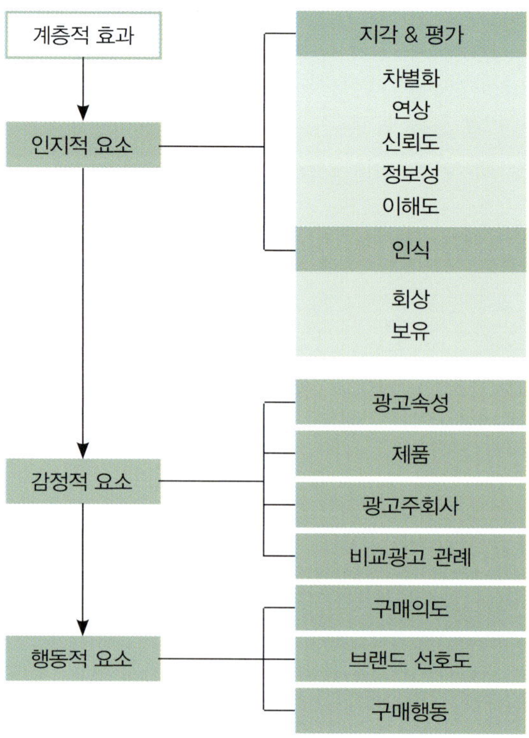

교광고 관례(comparative advertising practice)를 포함한다. 행동적 요소는 구매의도(buying intention), 브랜드 선호도(brand preference), 구매행동(purchase behavior)을 포함한다.

2) 정보처리모델(Information Processing Model)

광고에 대한 소비자의 정보처리모델은 소비자들이 광고를 접촉하고 난 후 그에 대한 태도를 형성하고 구매하기까지의 모든 과정을 의미한다. 광고가 소비자들에게 노출된 후 구매행동에 이르기까지의 과정을 정보처리 관점에서 설명한 모델 또한 연구자들에 따라 다양하게 나타나고 있다.

1980년대 초까지만 해도 광고에 대한 정보처리모델은 대부분 인지적 측면에 치우쳐 있었다. 즉, 소비자들은 광고에서 제시하는 브랜드의 속성에 대한 정보를 처리하고 난 후 브랜드에 대한 태도를 형성하고 그에 따라 행동을 하는 것으로 보았다.

하지만 1980년대 중반부터 이러한 인지적 접근의 한계를 보완하고자 하는 감정적 접근의 연구가 본격적으로 이루어졌다. 즉, 소비자들은 인지적 과정 없이 광고에 대한 단순한 느낌만으로도 브랜드에 대한 태도를 형성할 수 있다는 것이다. 결론적으로 광고에 대한 소비자들의 정보처리는 인지적 과정과 감정적 과정의 두 가지 경로를 통하여 일어난다고 할 수 있으며 이러한 사실은 다양한 이론들에 의해 뒷받침되고 있다.

일반적으로 널리 알려진 것으로는 Krugman(1965)의 저관여모델(low involvement model), Zajonc(1980)의 광고반응모델, Petty et. al.(1983) 및 Petty & Cacioppo(1981, 1986)의 정교화가능성모델(elaboration likelihood model: ELM), 이두희(2003)의 광고에 대한 소비자의 정보처리모델을 들 수 있다. 이들 모델 각각에 대해서 살펴보면 다음과 같다.

(1) Krugman의 저관여모델

이 모델은 관여도(involvement)에 따라 정보처리가 달라진다고 가정한 것으로 고관여(high involvement) 상황에서는 상품을 구매하기 전에 이미 그 브랜드에 대한 태도가 형성되기 때문에 인지 → 태도 → 행동의 순서로 정보처리가 일어나지만 저관여(low involvement) 상황에서는 브랜드 태도가 형성되지 않은 상태에서 구매가 이루어지고 그 후에 태도가 형성되기 때문에 인지 → 행동 → 태도의 순서로 정보처리가 일어난다는 것이다.

TIP | 관여도 및 고관여/저관여 상황

관여도란 특정 상황에서 자극에 의해 지각된 개인적인 중요성이나 관심의 정도를 말한다. 즉, 상품이나 정보에 대하여 소비자들이 얼마만큼 관심을 기울이는가 하는 정도를 말한다. 따라서 상품이나 정보에 대하여 관심을 많이 기울이면 고관여 상황이라고 하고, 상품이나 정보에 대하여 관심을 적게 기울이면 저관여 상황이라고 한다. 관여도는 특정대상(제품/서비스/판촉내용 등)이 욕구, 목표, 가치를 만족시킬 수 있다고 인식될 때 활성화된다. 그러나 한 대상이 욕구를 만족시킬 수 있는 정도는 상황에 따라 다를 수 있다.

(2) Zajonc의 광고반응모델

Zajonc(1980)에 의하면, 광고에 대한 소비자들의 반응은 인지적 반응과 감정적 반응이 서로 독립적으로 나타날 수 있음을 발견하였다. 즉, 광고에 대한 인지반응과 감정반응은 서로 무관하게 나타날 수 있다는 것이다.

따라서 광고를 접한 소비자는 감정반응 → 행동반응 → 인지반응의 순서로 정보를 처리한다는 것이다. 그러나 이에 대하여 몇몇 연구자들은 특정한 상황에서 실험을 하였기 때문에 이를 일반화시키는 데에는 문제가 있을 수 있음을 들어 반박하였다.

(3) Petty & Cacioppo의 정교화가능성모델

[그림 4-7]에서 보는 바와 같이 이 모델은 두 개의 전혀 다른 경로인 중심경로

제품의 우수한 품질(소음이 없는 진공청소기)을 강조하여 눈길을 끈 중심경로 정보처리형 광고

주변적 단서인 전갈모양의 커피가 코로 파고드는 이미지를 통해 강렬한 커피의 향을 느끼게 한 주변경로 정보처리형 광고

(central route)와 주변경로(peripheral route) 중 어느 하나를 거쳐 정보처리가 일어난다고 가정하였다. 즉, 주제와 관련이 깊은 광고 메시지는 중심경로를 통해서 정보가 처리되고 주제와 관련이 없는 광고 메시지, 즉 주변적 단서(peripheral cue)는 주변경로를 통해서 정보가 처리된다고 보았다.

그림 4-7 | 정교화가능성모델

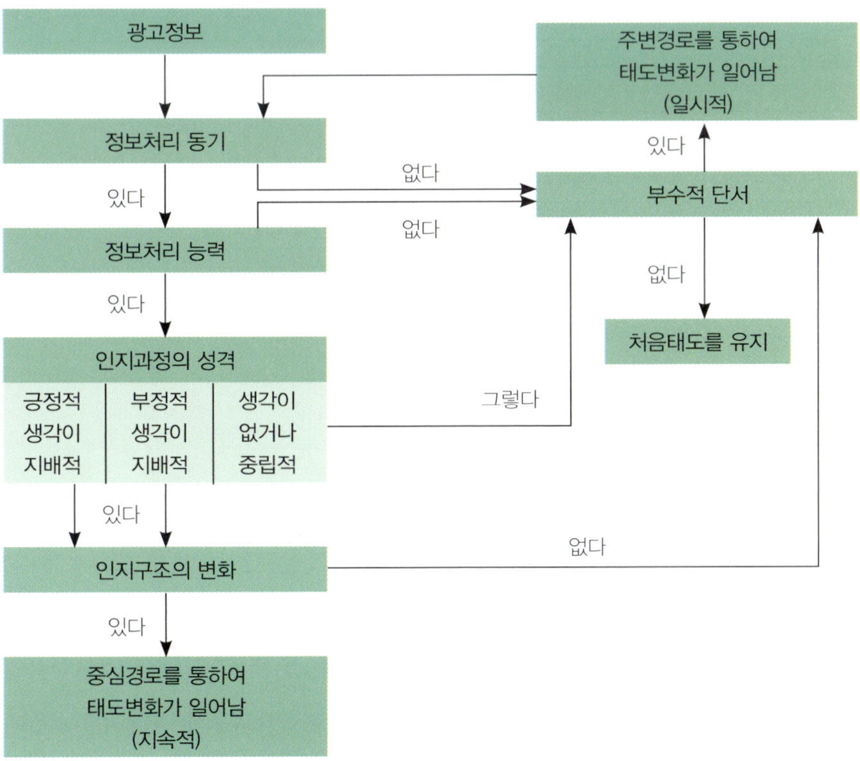

이를 요약해 보면, 중심경로를 통해서 이루어지는 정보처리는 상당한 인지적 노력을 필요로 한다. 즉, 상당한 수준의 인지적 노력과 소비자가 정보처리를 하고자 하는 동기와 능력이 높을 때 중심경로를 통해 정보처리가 이루어진다고 할 수 있다. 이러한 경우 정교화 가능성이 높다고 할 수 있으며 중심경로를 통해서 이루어지는 정보처리는 소비자의 인지적 노력이 상당한 수준에서 이루어진 것이기 때문에 한번 태도가 형성되면 잘 변화하지 않을 뿐만 아니라 강하고 지속적이라고 할 수 있다.

반면, 주변경로를 통해서 이루어지는 정보처리는 중심경로보다 낮은 수준의 인지적 노력을 필요로 하며 정보처리의 동기와 능력도 약하다고 할 수 있다. 이처럼 주변경로를 통하여 정보처리가 이루어지는 경우에는 정교화 가능성이 낮다고 할 수 있으며 광고에서 제시하는 상품의 속성보다는 다른 외적인 단서에 의해 태도가 형성되기 때문에 이러한 태도는 비교적 약하고 단기적이라고 할 수 있다.

이 모델을 광고의 정보처리모델과 관련 지어 생각해 볼 때, 브랜드 인지에 의한 브랜드 태도형성은 중심경로를 통한 정보처리라고 할 수 있으며 광고태도를 통한 브랜드 태도형성은 주변경로를 통한 정보처리라고 할 수 있다.

또한 관여도와 관련 지어 생각해 볼 때, 관여도의 수준이 높은 경우에는 중심경로를 통한 정보처리라고 할 수 있으며 관여도의 수준이 낮은 경우에는 주변경로를 통한 정보처리라고 할 수 있다.

결론적으로 이 연구가 의미하는 바를 광고계획의 관점에서 응용한다면 표적수용자에 대한 정보처리의 동기와 능력을 판단하는 것이야 말로 매우 중요하다고 할 수 있다. 즉, 정보처리의 동기와 능력이 높으면 중심경로를 통해서 정보를 처리할 가능성이 높으므로 광고상품의 속성, 품질, 디자인, 장점 등에 근거하여 어필하는 것이 바람직할 것이다.

반면, 정보처리의 동기와 능력이 낮을 때에는 주변경로를 통해서 정보를 처리할 가능성이 높으므로 광고상품의 속성, 품질, 디자인, 장점보다는 다른 외적인 단서 즉, 광고모델, 배경음악, 인쇄의 질, 광고기법 등을 활용하여 어필하는 것이 효과

콜롬비아 옴니히트 제품의 우수한 품질(따뜻함)을 강조한 중심경로 정보처리형 광고

네파 엑스벤트의 우수한 품질(원단)을 강조한 중심경로 정보처리형 광고

적일 것이다.

(4) 광고의 정보처리모델

이두희(2003)는 인지적 측면과 감정적 측면을 결합하여 광고에 대한 소비자의 정보처리모델을 [그림 4-8]과 같이 제시하였다. 즉, 광고에 대한 소비자의 정보처리는 광고(advertising) → 지각(perception) → 브랜드 인지(cognition of brand: Cb) → 브랜드 태도(attitude toward brand: Ab) 또는 광고(advertising) → 지각(perception) → 광고태도(attitude toward advertisement: Aad) → 브랜드 태도(attitude toward brand: Ab)를 거쳐 구매의도(purchase intention: PI) 및 구매(purchase: P)로 이어진다고 보았다.

그림 4-8 | 광고의 정보처리모델

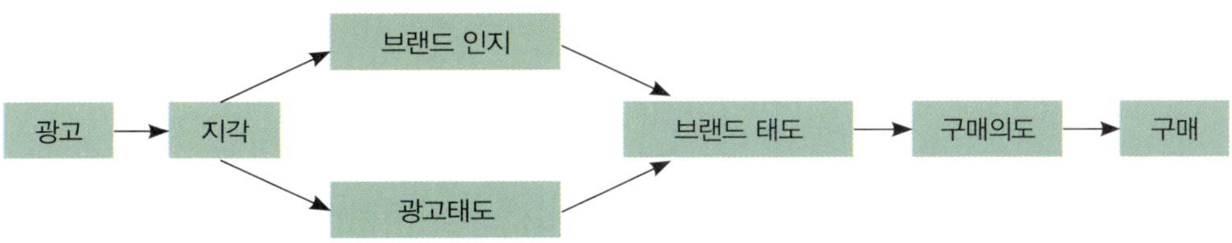

이 모델을 요약해 보면, 광고를 접한 소비자는 감각기관을 통해 자극을 받아들여 해석하고 이해하는 지각과정(perceptual process)을 거치게 된다. 소비자는 이러한 지각된 광고정보를 바탕으로 광고가 전달하는 브랜드의 속성을 인지적으로 평가하여 브랜드에 관한 지식을 얻기도 하고 또는 광고를 보거나 본 후 느낀 감정적 반응을 통하여 광고에 대한 태도를 형성하기도 한다. 이러한 두 개의 과정을 거쳐 브랜드 태도가 형성되며 브랜드 태도가 우호적일 경우 소비자는 구매의도를 느껴 적절한 기회에 그 상품(브랜드)을 구매하게 된다는 것이다.

TIP | 감각기관

감각(sensation)은 외부정보(자극)를 오관(시각, 청각, 후각, 미각, 촉각)에 의해 감지하는 것이라고 할 수 있다. 심리학에서는 오관, 즉 감각기관을 감각등록기라고 부른다. 감각등록기는 매우 짧은 시간 동안에 정보를 잠시 보관하는 기억구조 또는 기억장소를 말한다. 시각적 감각등록기의 예를 들면, 어두운 밤에 번개가 치면 주변의 물체를 잠깐 동안 볼 수는 있지만 어두워지면 뒤에 남은 형상으로 사물을 판단하게 되는 경우의 기억형태를 말한다.

(5) 광고태도의 매개역할

여러 연구자들에 의하면, 광고를 보았을 때 브랜드 태도뿐만 아니라 광고태도가 형성되며 이 두 태도가 다를 수 있음이 밝혀졌다. 즉, 광고자체에는 재미있다고 느낄 수 있지만 브랜드 태도에는 부정적일 수 있다는 것이다.

Mitchell & Olson(1981), Moore & Hutchison(1983), Mackenzie & Lutz(1983), Mackenzie, Lutz & Belch(1986) 등은 광고태도의 매개역할에 관한 연구에서 [그림 4-9]와 같은 이중처리모델(dual processing model)의 우수성을 입증하였다.

그림 4-9 | 이중처리모델

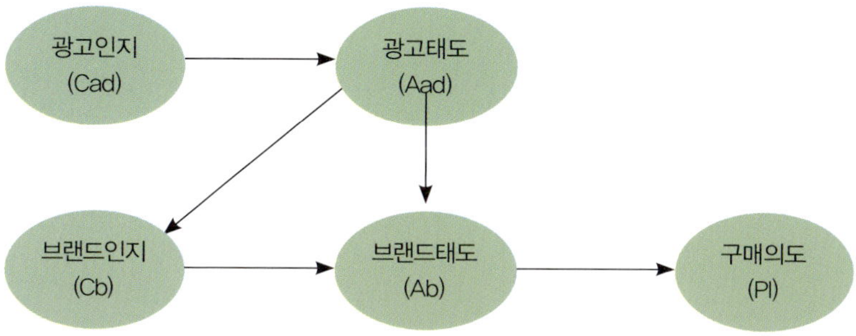

최근 들어, 위의 이중처리모델에 관여도를 관련시켜 논의가 진행되어 왔다. 매개 역할을 하는 광고태도가 브랜드 태도의 형성에 영향력을 미치는 정도는 관여도의 상황에 따라 다를 수 있다는 것이다. 즉, 고관여 상황에서 광고태도가 브랜드 태도의 형성에 영향력을 미치는 정도는 대체로 낮은 반면 저관여 상황에서 광고태도가 브랜드 태도의 형성에 영향력을 미치는 정도는 대체로 높다는 것이다.

따라서 고관여 상황에서는 광고태도가 브랜드 태도에 미치는 영향이 저관여 상황에 비해 상대적으로 낮기 때문에 광고의 주변적 단서보다는 광고에서 전달하고자 하는 상품의 속성, 품질, 장점, 디자인 등에 중점을 두어 광고할 필요가 있다. 반면, 저관여 상황에서는 광고태도가 브랜드 태도에 미치는 영향이 고관여 상황에 비해 상대적으로 높기 때문에 주변적 단서, 즉 배경음악, 유머, 믿을만한 모델, 매력적인 모델 등에 중점을 두어 광고할 필요가 있다.

Summary 요약

- 광고에 대한 반응은 기본적으로 광고자극이 합리적인 수준으로 투입될 때 기대할 수 있으며 광고의 환경요인에 의해서도 직·간접적으로 영향을 받는다고 볼 수 있다. 광고의 반응을 일으키는 여러 광고자극(변수) 중에서도 가장 중요한 것은 바로 광고상품의 품질이라고 할 수 있다. 그리고 광고의 목표와 광고주제 및 내용, 광고매체, 광고의 환경 등도 광고의 반응을 일으키는데 중요한 변수라고 할 수 있다.

- 광고효과의 발생과정을 광고의 커뮤니케이션 관점에서 설명한 연구자들은 그 효과가 몇 가지 단계를 거쳐 발생한다는 가정 하에 다양한 계층적 효과모델을 제안하여 왔다. 이들이 제안한 계층적 효과모델은 소비자가 광고에 노출되면 반드시 인지반응 → 감정반응 → 행동반응의 과정을 거쳐 순차적으로 광고 커뮤니케이션이 일어난다고 가정하였다.

- 가장 오래된 계층적 효과모델은 Strong(1925)이 제안한 AIDA 모델을 들 수 있다. 이후 Colley(1961)는 AIDA 모델과 유사한 DAGMAR 모델을 개발하였다. Lavidge와 Steiner(1961)는 차원을 달리하여 광고 커뮤니케이션의 효과를 단계별로 분석한 계층적 효과모델을 제시하였다. Rogers(1983)는 신제품 측면에서 소비자들이 어떤 과정을 거쳐 수용과정에 이르게 되는지를 모델화하였다. Ash와 Wee(1983)는 비교광고에 대한 커뮤니케이션 효과를 측정하기 위한 도구로 비교광고의 측면에서 계층적 효과모델을 제시하였다.

- 광고에 대한 소비자의 정보처리모델은 소비자들이 광고를 접촉하고 난 후 그에 대한 태도를 형성하고 구매하기까지의 모든 과정을 의미한다. 광고가 소비자들에게 노출된 후 구매행동에 이르기까지의 과정을 정보처리 관점에서 설명한 모델 또한 연구자들에 따라 다양하게 나타나고 있다. 1980년대 초까지만 해도 광고에 대한 정보처리모델은 대부분 인지적 측면에 치우쳐 있었다. 하지만 1980년대 중반부터 이러한 인지적 접근의 한계를 보완하고자 하는 감정적 접근의 연구가 본격적으로 이루어졌다.

- 광고에 대한 소비자들의 정보처리는 인지적 과정과 감정적 과정의 두 가지 경로를 통하여 일어난다고 할 수 있으며 이러한 사실은 다양한 이론들에 의해 뒷받침되고 있다. 일반적으로 널리 알려진 것으로는 Krugman(1965)의 저관여모델, Zajonc(1980)의 광고반응모델, Petty et. al.(1983) 및 Petty & Cacioppo(1981, 1986)의 정교화가능성모델, 이두희(2003)의 광고에 대한 소비자의 정보처리모델을 들 수 있다.

- 여러 연구자들에 의하면, 광고를 보았을 때 브랜드 태도뿐만 아니라 광고태도가 형성되며 이 두 태도가 다를 수 있음이 밝혀졌다. 즉, 광고자체에는 재미있다고 느낄 수 있지만 브랜드 태도에는 부정적일 수 있다는 것이다. Mitchell & Olson(1981), Moore & Hutchison(1983), Mackenzie & Lutz(1983), Mackenzie, Lutz & Belch(1986) 등은 광고태도의 매개역할에 관한 연구에서 이중처리모델의 우수성을 입증하였다.

Test
기출문제

01 광고노력을 어느 정도 투입할 때 어떠한 광고반응을 기대할 수 있는가를 미리 판단하는 것은 광고에 대한 합리적인 의사결정의 전제가 될 수 없다. O|X

02 광고반응의 차원 중 가장 근본이 되는 개인수준 반응의 측정척도와 거리가 가장 먼 것은?

① 선호도　② 기억　③ 구매의도
④ 구전　⑤ 신념

03 Petty & Cacioppo(1983)의 정교화가능성모델(Elaboration Likelihood Model: ELM)은 2개의 전혀 다른 경로인 중심경로(central route)와 주변경로(peripheral route) 중 어느 하나를 거쳐 정보처리가 일어난다고 가정한 것으로 주제와 관련이 깊은 메시지는 중심경로를 통해서 처리되고 메시지와 관련이 없는 주변적 단서(peripheral cue)는 주변경로를 통해서 처리된다는 것이다. O|X

04 광고에 대한 반응은 기본적으로 광고자극이 합리적인 수준으로 투입될 때 기대할 수 있으며 광고의 환경요인에 의해서도 영향을 받는다고 볼 수 있다. 다만, 광고환경은 거시환경보다는 미시환경에 의해 더 많이 영향을 받는다고 할 수 있다.

05 광고효과의 발생과정을 광고의 커뮤니케이션 관점에서 설명한 연구자들은 그 효과가 몇 가지 단계를 거쳐 발생한다는 가정 하에 다양한 계층적 효과모델을 제안하여 왔다. 이들이 제안한 계층적 효과모델은 소비자가 광고에 노출되면 반드시 (　　)반응 → 감정반응 → 행동반응의 과정을 거쳐 순차적으로 광고 커뮤니케이션이 일어난다고 가정하였다.
빈칸 (　　)에 들어갈 알 맞는 답을 한글 2자 이내로 쓰시오.

06 Petty & Cacioppo의 정교화가능성모델(Elaboration Likelihood Model; ELM)은 두 개의 전혀 다른 경로인 중심경로와 주변경로 중 어느 하나를 거쳐 정보처리가 일어난다고 가정한 것으로 주제와 관련이 깊은 광고 메시지는 주변경로를 통해서 정보가 처리되고, 주제와 관련이 없는 광고 메시지는 중심경로를 통해서 정보가 처리된다고 하였다.

07 여러 연구자들에 의하면, 광고를 보았을 때 브랜드 태도뿐만 아니라 광고태도가 형성되며 이 두 태도가 다를 수 있음이 밝혀졌다. 즉, 광고자체에는 재미있다고 느낄 수 있지만 브랜드 태도에는 부정적일 수 있다는 것이다. Mitchell & Olson (1981), Moore & Hutchison(1983), Mackenzie & Lutz(1983), Mackenzie, Lutz & Belch(1986) 등은 광고태도의 매개역할에 관한 연구에서 (　　　)모델의 우수성을 입증하였다.
빈칸 (　　)에 들어갈 알 맞는 답을 한글 4자 이내로 쓰시오.

[정답]

01 ×　**02** ④　**03** ○　**04** ×　**05** 인지　**06** ×　**07** 이중처리

광고 불변의 법칙

입 소 문 을 내 라 !

긍정적 입소문을 의도적으로 전파하라.

입소문광고 즉, 소비자의 입에서 입으로 전해지는 구전(word of mouth)을 통한 광고는 매우 전파력이 강하다.

그러나 예상하지 못한 부정적 입소문이 나돌 경우도 있을 수 있다.

이때에는 총력을 기울여 차단하여야 한다.

왜냐하면 부정적 입소문은 긍정적 입소문보다 훨씬 전파력이 강할 뿐만 아니라 치명적이기 때문이다.

CHAPTER 05

광고와 소비자심리

U n d e r s t a n d i n g o f A d v e r t i s i n g

광고에 대한 주목과 기억을 살펴보고, 광고에 의한 구매행동을 살펴본 다음, 광고의 소구방법과 소비자심리를 광고에서의 배경음악, 유머를 이용한 광고, 모델을 이용한 광고, 온정을 이용한 광고, 공포심을 이용한 광고, 심각성을 이용한 광고, 향수를 이용한 광고의 측면에서 살펴보도록 한다.

Advertising & Copy

LG전자의 노트북 할인광고이다.
우리말과 상표의 어감을 이용하여 사람들의 재미를 끌어내고 있다.

CHAPTER

05

광고와 소비자심리

1. 광고에 대한 주목

오늘날 소비자들이 접하는 광고의 수가 급격히 증가함에 따라 주목받는 광고를 만들기 위한 노력도 점점 치열해지고 있다. 소비자가 광고에 대한 정보를 처리하기 위해서는 우선 광고에 주목해야 한다. 그러면 과연 어떤 광고가 소비자들의 주목을 받을 수 있을까? 소비자들로부터 주목을 받을 수 있는 광고와 그 예를 들면 〈표 5-1〉과 같다.

표 5-1 | 소비자들로부터 주목받는 광고와 예

주목받는 광고	예시
경쟁광고에 비하여 상대적으로 뛰어난 (salient) 광고	상대적으로 새롭거나 특이한 광고 가장 최근에 처리한 광고 기대를 못했거나 예상한 역할과 다른 광고 반복되는 광고 보는 이의 시야를 지배하는 광고 맨 처음에 받아들여 처리한 광고 상대적으로 소리가 크거나 높은 광고
본질적으로 생생한 (vivid) 광고	구체적으로 서술된 광고 이미지를 연상시키는 광고 호기심을 자극하거나 재미있는 광고 그리움, 슬픔, 연민, 두려움, 걱정, 기쁨 등의 감정을 자극하는 광고 사진이나 그림으로 표현된 광고
상황에 적절한 (pertinent) 광고	목적에 잘 부합하는 광고 논리적이거나 자연스러운 광고 동일한 상황에서 처리한 경험이 많은 광고 잘 알고 있거나 현재 좋아하는 광고

무설탕이라는 것을 그림으로 생생하게 표현해 경쟁광고에 비해 주목을 끌기 위한 광고

감성적으로 아름답게 표현하여 사람들의 주목을 끌기 위한 호주우체국 광고

그러나 인간의 인지능력에는 한계가 있어서 노출된 모든 정보를 한꺼번에 처리할 수는 없고 단지 그 중 의미 있는 소수의 정보만을 처리한다. 따라서 정보의 중요성에 따라 선택적으로 주목을 하는 경향이 있다고 할 수 있다. 선택적 주목(selective attention)에 영향을 미치는 요인을 들면 다음과 같다.

- 욕구(needs)에 따라 달라진다.
  생리적 욕구(의식주) 및 정보적 욕구(자동차 구매희망자)에 따라 주목이 달라진다.
- 적응(adaptation)에 따라 달라진다.
  광고를 반복적으로 실시하면 광고에 적응현상이 일어난다. 따라서 광고에 변화를 주어 적응현상을 감소시킴으로써 주목을 높일 필요가 있다.

광고에 대한 적응현상을 감소시키기 위해 변화를 준 광고

- 언어의 형태(words)에 따라 달라진다.
  일반적으로 어려운 단어보다는 일상적인 단어, 추상적인 단어보다는 확실한 의미의 단어, 부정적인 단어보다는 긍정적인 단어, 단지 정보만 제공하는 문구보다는 평가적인 문구를 사용하면 더 주목을 끌 수 있다. 그러나 이러한 언어의 형태도 상황에 따라 다르게 나타날 수 있다.

센스 있는 언어로 주목을 끈 햄버거 광고

독특한 자극으로 주목을 끌기 위한 베네통의 의류광고

- 신기함(novelty)에 따라 달라진다.
  소비자의 지식이나 신념에 맞지 않는 독특한 자극을 주어 주목을 끌 수 있다. 즉, 색다른 광고를 통해 무의식에 내포되어 있는 신기함을 끌어내어 주목을 끌 수 있다(예: 베네통의 의류광고).

- 유머(humor)에 따라 달라진다.
  유머는 주의를 끌고 기분 좋게 만들어 준다. 그러나 유머는 설득을 방해할 수도 있고 제품에 대한 주의를 분산시킬 수도 있으며 소비자를 짜증나게 만들 수도 있다. 일반적으로 유머는 여자보다는 남자가, 고관여 제품광고보다는 저관여 제품광고에서 주목을 끄는 데 효과적일 수 있다.

- 광고모델(model)에 따라 달라진다.
  광고에 매력적인 모델을 이용하면 주목을 증가시킬 수 있을 뿐만 아니라 성을 이용한 광고는 심리적 · 인지적 반응을 불러일으키는 것으로 나타났다. 그러나 광고모델이 소비자와 동성일 경우에는 혐오감을 주는 것으로 나타났다.

남자 예능인의 긴 머릿결을 이용한 유머광고

매력적인 모델을 이용해 주목을 끌기 위한 광고

2018년 동계 올림픽 개막을 앞두고 평창과 기업이미지를 연결시킨 신문전면광고

버스 전체광고를 통하여 주목을 끌기 위한 광고

• 광고의 크기(size)에 따라 달라진다.

일반적으로 광고의 크기가 클수록 주목을 끄는 것으로 나타났다. 그러나 광고의 크기와 주목이 반드시 비례한다고 볼 수는 없다. 광고의 크기는 절대적인 면에서뿐만 아니라 상대적인 면도 고려되어야 한다. 즉, 동일한 크기의 광고라도 큰 페이지에 실린 경우보다 작은 페이지에 실린 경우가 더 주목을 끌 수 있다.

• 색상(color)에 따라 달라진다.

컬러광고는 주목을 집중시키고 효과를 지속시킬 수 있다. 또한 색상에 따라 서

복숭아와 아이돌을 결합하여 달콤함과 활기참을 동시에 나타낸 광고

검정색을 이용해 무겁고 고급스러운 분위기를 연출하기 위한 광고

강렬한 자극을 통해 주목을 끌기 위한 광고

가수 치타(Cheetah)의 첫 번째 정규앨범 '28 IDENTITY'의 티저 이미지 대조 광고, 셀러브리티 치타와 평범한 20대 김은영 사이에서 두 이름을 가지고 사는 치타의 가장 많은 고민과 방황과 갈등이 존재 했던 스물여덟 시절 기록들이 앨범 속 과연 어떻게 표현됐을지, 극과 극 티저 이미지를 통해 투영되며 궁금증을 불러일으키는 광고

제품의 위치를 눈높이에 맞추어 주목을 끌기 위한 광고

로 다른 분위기를 연출할 수도 있다. 예를 들어, 검정색은 무거운 분위기, 파란색은 신선한 분위기, 핑크색은 활발한 분위기를 연출할 수 있다.

- 강렬한 자극(intensity)에 따라 달라진다.

보다 강렬한 자극은 보다 많은 주목을 집중시킬 수 있다. 예를 들어, 밝은 색상의 TV광고나 일반 프로그램보다 큰 소리로 시작되는 라디오광고는 주목을 받을 수 있다.

- 대조(contrast)에 따라 달라진다.

주위 배경과 대조되는 자극을 사용하면 주목을 강화시킬 수 있다.

- 위치(position)에 따라 달라진다.

점포의 경우, 먼저 눈에 띄게 제품의 위치를 눈높이에 맞추면 주목을 끄는 데 효과적일 수 있다. 인쇄광고의 경우, 잡지광고는 맨 뒷면이나 앞쪽의 10% 이내에, 신문광고는 광고와 관련된 기사가 있는 페이지에 실으면 주목을 끄는 데 효과적일 수 있다. 그러나 방송광고의 경우에는 광고의 위치에 별 영향을 받지 않는 것으로 나타났다. 다만 일반적으로 정규 프로그램의 앞 또는 뒤보다는 중간에 나오게 하면 효과적일 것으로 믿고 있다.

2. 광고에 대한 기억

인간의 두뇌는 [그림 5-1]과 같이 왼쪽 뇌(left brain)와 오른쪽 뇌(right brain)로 구성되어 있다. 일반적으로 인간은 한쪽 뇌를 다른 쪽보다 더 많이 사용함으로써 뇌의 활동을 특화시키는 경향이 있다. 즉, 정보의 형태에 따라 어느 한 쪽이 보다 주도적으로 정보를 처리한다고 할 수 있다. 특히 왼쪽 뇌의 경우 언어에 있어서 모음이 풍부한 몇몇 동양국가에서는 왼쪽 뇌가 오른쪽 뇌보다 더 발달되어 있다고 할 수 있다.

그림 5-1 | 인간의 두뇌

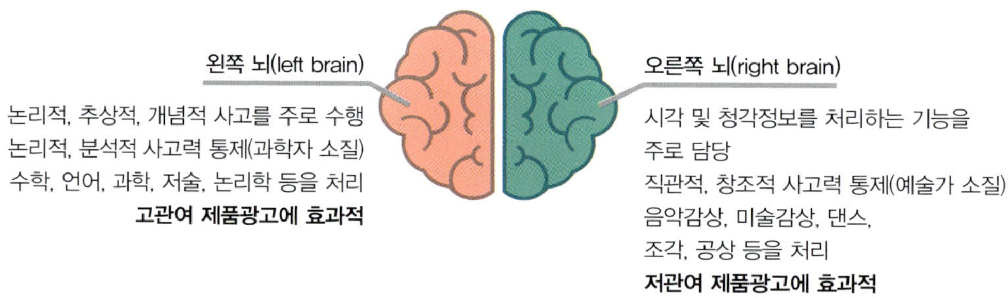

시를 이용해 폐쇄된 공간인 영화관에서 사용한 문자와 감성을 이용한 여름용 MG새마을금고 광고

시를 이용해 폐쇄된 공간인 영화관에서 사용한 문자와 감성을 이용한 겨울용 MG새마을금고 광고

오른쪽 뇌의 특성을 자극하여 글씨를 그림처럼 사용한 박카스 광고

가입 시 보험료를 일시에 납입하고, 선택한 시점에 따라 납입한 보험료를 원금 손실 없이 100% 돌려받으며, 환급받아도 보장은 100세까지 그대로 유지된다는 숫자를 이용한 현대라이프 광고

그러나 각 뇌는 서로 상호작용을 한다. 따라서 광고담당자는 왼쪽 뇌와 오른쪽 뇌의 특성을 이해하고 인식하여 광고전략을 수립할 때 이를 적절히 이용할 필요가 있다. 예를 들어, 왼쪽 뇌의 특성을 이용한 광고로는 문자 및 구두광고를 들 수 있으며 오른쪽 뇌의 특성을 이용한 광고로는 그림 및 사진 광고를 들 수 있다.

우리 인간의 기억구조는 단기기억(short-term memory)과 장기기억(long-term memory)으로 분류할 수 있다. 단기기억은 운용기억(working memory)이라고도 하며 기억용량에 한계가 있기 때문에 단기간만 보유한다. 반면에 장기기억은 영구기억(permanent memory)으로도 불리어지며 기억용량이 무한하기 때문에 영구적으로 저장된다.

따라서 광고정보를 영구히 장기기억으로 저장시키기 위해서는 무엇보다도 우선 광고에 주목시켜 단기기억으로 끌어들여야 한다. 하지만 수많은 정보가 노출되기 때문에 단기기억으로 끌어들이기란 그리 쉽지만은 않다.

광고정보가 단기기억에 잠시라도 머물러 있게 하기 위해서는 단기기억의 정보처리에 필요한 청크(chunk)와 신비의 숫자(magic number)를 잘 이용하여 광고를 만들어야 한다. 여기서 청크는 의미 있는 정보의 최소단위(덩어리)를 말하며 신비의 숫자는 숫자, 단어, 문장에 관계없이 한꺼번에 처리할 수 있는 용량(일반적으로 7±2 chunk)을 말한다. 따라서 청크와 신비의 숫자를 고려하여 광고를 한다면 시간제약에 따른 광고시간의 절약과 광고비를 절약할 수 있다.

TIP | 청크의 예

1 – 2 – 3 – 4 – 5 – 6 – 7 = 7 chunk
010 – 1234 – 6789 = 3 chunk
KBS – MBC – SBS – KAL – IBM – BYC = 6 chunk

광고에서 기억내용은 즉시 또는 이후의 소비자행동에 영향을 미칠 수 있다. 즉, 어떤 시점에서 소비자가 광고에서 본 상품을 구매하거나 사용할 때 또는 이에 관하여 다른 사람과 대화할 때의 기억내용은 소비자행동에 직접적으로 영향을 미칠 수 있다. 따라서 소비자행동에 영향을 미치는 것은 소비자가 기억하고 있는 정보의 양보다는 행동시점에서 기억해 내는 정보의 내용에 달려있다고 할 수 있다.

기억내용을 쉽게 회상(recall)하거나 재인(recognition)을 인출(retrieval)해 내는데 영향을 미칠 수 있는 요인을 들면 다음과 같다.

TIP | 회상(recall)과 재인(recognition)

회상은 소비자가 습득하여 저장한 정보를 인출하는 것을 말한다. 예를 들어, 주관식 시험이 이에 해당된다. 측정방법에는 도움이나 단서 없이 회상하게 하는 자유회상법, 필요한 단서나 힌트를 주어 회상하게 하는 도움회상법, 순서대로 회상하게 하는 순서회상법이 있다. 반면 재인은 자극제시 후 제시된 정보가 기억 속에 존재하는지를 확인하는 것을 말한다. 예를 들어, 객관식 시험이 이에 해당된다. 측정방법에는 양자택일형, 다지택일형, 다지선택형이 있다.

인출가능성은 대체로 회상보다는 재인이 쉽다. 왜냐하면 재인은 제시된 자극에 대한 정보가 기억 속에 있는지를 확인하는 과정으로서 단순하고 손쉬운 반면 회상은 여러 가지 가능한 대안들을 기억 속에서 인출하고 그 중에서 옳다고 생각하는 것을 확인하는 과정을 거쳐야 하므로 재인보다는 상대적으로 어렵다고 할 수 있다.

- 고객의 기억 속에 맨 먼저 들어가라!
  맨 처음 들어간 정보는 인출하는데도 쉽기 때문이다.

- 정보가 깊이 있게 처리되도록 하라!
  깊은 수준에서 처리된 정보는 쉽게 인출될 수 있다. 인상 깊은 광고는 깊은 수준에서 정보처리가 이루어진 것으로 볼 수 있다.

- 뚜렷한 인식(인상)을 주어라!
  마케팅은 제품보다 인식(인상)의 싸움이다. 최고의 제품이란 없다. 고객의 마음속에 있는 인식(인상)이 바로 실체이다.

강한 인상을 남겨 사람들이 기억할 수 있도록 유도한 온라인 게임 광고

화제를 일으켜 쉽게 기억할 수 있도록 유도한 광고

패션쇼를 통해 촉진단서를 제공해 주기 위한 구매시점 광고

쇼핑카트 부착물을 통해 기억을 촉진시켜 주기 위한 구매시점 광고

- 정보처리에 자주 동원하라!

정보처리에 자주 동원되었던 정보는 그만큼 인출하는 데 용이하다. 예를 들어, 화제를 몰고 온 광고는 그만큼 자주 정보처리가 되었기 때문에 시간이 지난 뒤에도 쉽게 인출될 수 있다.

- 경쟁광고와 비슷한 정보를 피하라!

기억하고 있는 내용 중에서 비슷한 경쟁정보가 많으면 많을수록 인출하는데 어려움이 크다고 할 수 있다. 일반적으로 경쟁광고를 많이 접하는 소비자들은 그만큼 특정광고를 기억하는데 어려움을 느낄 수 있다.

- 기억을 촉진시킬 단서를 제공하라!

소비자가 처한 상황적 단서들은 기억내용을 인출하는 데 영향을 미칠 수 있다. 상품구매 시 구매시점(POP) 광고를 노출시키면 광고에 관련된 기억내용이 쉽게 인출될 수 있다. 예를 들어, 구매시점 광고에는 기획판매를 위한 특별진열, 쇼핑카트에 부착한 광고물, 마네킹, 비디오 패션쇼 등이 있다.

3. 광고에 의한 구매행동

상품(브랜드) 선택에 유용한 정보를 제공해 주기 위한 광고

광고에서 소비자가 기억한 내용은 구매행동에 영향을 미칠 수 있다. 이 중에서도 쉽게 기억되는 내용, 상품구매나 브랜드 선택에 유용한 내용, 상품에 대한 욕구를 자극하는 내용, 기분에 영향을 주는 내용, 브랜드 태도에 관련된 내용 등은 소비자의 구매행동에 영향을 미치는 주요 요인이라고 할 수 있다. 특히 이 중에서도 브랜드 태도에 관련된 내용은 브랜드를 선택할 때 직접적으로 영향을 미치는 가장 중요한 요인이라고 할 수 있다.

TIP | 브랜드 태도

브랜드 태도(attitude toward the brand; Ab)는 특정 브랜드를 좋아하거나 싫어하는 정도, 즉 특정 브랜드에 대한 긍정적 또는 부정적 감정반응을 의미한다. 기존의 많은 연구에 의하면 브랜드에 대한 태도가 좋으면 좋을수록 그 제품을 구매할 가능성이 높은 것으로 나타났다.

4. 광고의 소구방법과 소비자심리

1) 광고에서의 배경음악(background music)

광고에는 광고에 사용되는 가사가 없는 배경음악이 많이 활용되고 있다. 이는 분위기를 조성한다든지, 메시지의 전달이나 기억을 돕는다든지, 광고효과에 도움을 준다든지 하는 믿음 때문이다. 광고의 배경음악에 대한 기능을 들면 다음과 같다.

- TV 광고에서 시각적 내용은 기억을 증진시키기 위한 보조수단으로 사용될 수 있다. 시각을 통한 정보처리의 경우 소비자는 먼저 제품의 색깔, 크기, 모양, 사물의 운동과 사물로부터의 거리를 인식한다. 따라서 TV광고든 인쇄광고든 시각은 정보를 받아들이는 창구역할을 한다고 할 수 있다.

'간 때문이야' CM광고

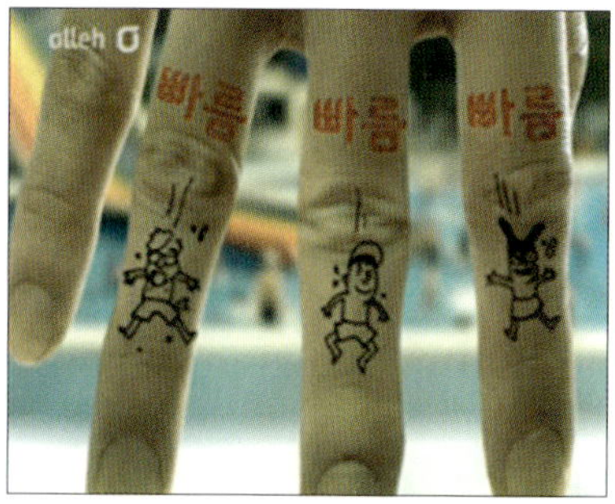

'빠름, 빠름, 빠름' 징글을 이용한 광고

- 어색한 침묵을 메우거나 분리된 시각적 장면을 연결하는 데 사용될 수 있다.
- 적절한 무드나 감정을 조성하기 위해 사용될 수 있다.
- 시간적 배경이나 공간적 배경을 암시하기 위해 사용될 수 있다.
- 광고노래(CM)나 징글(jingle)을 이용하여 광고메시지를 전달하는 데 사용될 수 있다.

TIP | CM & jingle

CM은 Commercial Music의 약자로서 상품광고의 목적에 맞게 개사한 상업용 광고노래이다. 따라서 CM과 jingle은 같은 의미로도 사용되고 있으며 주로 주제음악이나 멜로디를 이용하여 브랜드를 암시할 때 사용되고 있다.

CM과 jingle의 예

열두 시에 만나요, 부라보콘. 둘이서 만납시다, 부라보콘. 살짝꿍 데이트, 해태 부라보콘.

손이 가요 손이 가, 새우깡에 손이 가요. 어른 손 아이 손, 자꾸만 손이 가, 언제든지 새우깡. 어디서나 맛있게 누구든지 즐겨요, 농심 새우깡.

- 특정상품의 경우 메시지로 표현하기 곤란한 내용을 전달할 때 간접적인 수단으로 사용될 수 있다.
- 광고 속의 음악이 광고 수용자가 좋아하는 음악이면 긍정적인 태도형성에 도움이 될 수 있다.

그러나 이와 같은 믿음에 대하여 많은 연구자들은 상반된 견해를 제시하고 있다. 즉, 배경음악이 메시지의 기억을 촉진시킬 수도 있는 반면에 메시지의 기억을 방해할 수도 있다는 점이다. 이렇게 상반된 결과가 나오는 주된 이유로는 배경음악이 이중적인 역할을 하기 때문이라고 할 수 있다.

따라서 배경음악이 메시지의 기억을 촉진하여 정보처리를 도와주는 기능도 할 수 있으나 때로는 배경음악이 사실상 추가적인 정보가 되어 소비자들에게 정보처리의 양을 늘리는 역할을 하여 메시지의 기억을 방해할 수도 있기 때문이다. 결론적으로 광고의 배경음악 효과에 대하여는 더 많은 연구가 필요하다고 할 수 있다.

2) 유머를 이용한(humor appeal) 광고

광고 중에서 가장 많이 볼 수 있는 광고를 든다면 아마도 유머를 사용한 광고일 것이다. 일반적으로 유머가 있는 광고는 재미가 있기 때문에 소비자들의 주목과 광고에 대한 기억을 높여 주고 광고에 대한 소비자들의 태도를 긍정적으로 만드는 요인이 될 수도 있다.

또한 유머가 상품의 핵심적 혜택과 연결되어 있을 때에는 메시지의 이해나 브랜드 명의 기억에도 도움을 줄 수 있다. 그러나 유머는 문화적 배경, 가치관, 경험 등에 따라 유머를 느끼는 정도가 다를 수 있다. 특히 유머를 의도한 대로 받아들이지 못하는 사람에게는 대단히 부정적인 평가를 받기 쉬우며 브랜드 이미지에도 부정적인 영향을 미칠 수 있다.

따라서 유머광고를 사용할 때 소비자를 즐겁게만 하고 어떤 메시지도 전달하지 못하거나 의도하는 메시지의 전달을 방해하는 경우를 주의해야 할 필요가 있으며, 고관여 상품광고와 같이 많은 정보를 필요로 하거나 새로운 이미지를 형성해야 하는 신상품의 경우에는 유머광고를 가급적 피하는 것이 바람직하다.

TIP | 고관여 상품, 저관여 상품

고관여 상품(high involvement product)은 관심의 정도가 높은 상품으로 비교적 고가의 상품이며 위험부담이 많은 상품을 말한다. 반면 저관여 상품(low involvement product)은 관심의 정도가 낮은 상품으로 비교적 저가의 상품이며 위험부담이 적은 상품을 말한다.

3) 모델을 이용한(model appeal) 광고

메시지를 전달하는 사람의 신뢰성에 따라 메시지의 전달효과에 어떤 영향을 미치는지에 대한 연구가 1970년대 이후 꾸준히 지속되어 왔다. 신뢰성(credibility)이라 하면 보통 매력(attractiveness), 전문성(expertise), 믿음성(trustworthiness)을 의미한다.

매력적인 모델을 이용한 다이어트 광고

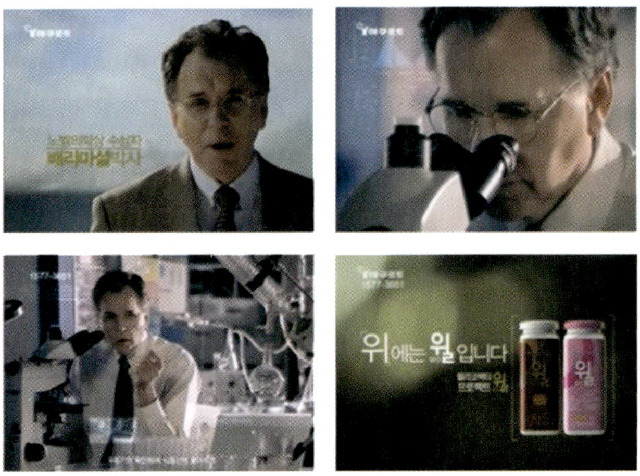

노벨 의학상 수상자의 전문성을 이용하여 신뢰를 부여한 윌 광고

일반적으로 소비자가 가지고 있는 기존의 생각이 호의적이 아닌 경우 또는 메시지가 기존의 생각과 많이 충돌하는 경우에는 신뢰성이 높은 모델을 쓰면 효과적일 수 있으나 소비자의 기존 생각이 호의적인 경우에는 신뢰성이 높은 모델을 쓰면 역효과를 낼 수도 있다.

그러나 모델을 쓸 때 설득효과를 높이는 것만이 유일한 목적은 아니며 소비자의 주목을 높이거나 상품에 대한 이미지를 형성하는 데 기여한다는 점도 간과해서는 안 될 것이다. 예를 들어, 인기가 대단히 높은 모델을 활용하는 경우 Hider의 균형이론(balance theory)에서와 같이 소비자는 자신이 좋아하는 모델이 사용하는 상품을 좋아하게 될 가능성도 많이 있다.

TIP | 균형이론(balance theory)

균형이론은 심리적 균형회복에 기초를 둔 것으로 심리적인 균형상태가 깨어지면, 즉 태도들 간에 불균형이 발생하면 균형을 회복하기 위해 기존의 태도를 변화시키는 것을 말한다.

(예 1) 맥심커피 광고에서 내가 좋아하는 모델이 맥심광고를 하였다고 하자. 그런데 나는 맥심보다 맥스웰하우스를 더 좋아한다. 이럴 경우 나는 모델은 좋아하지만 커피는 맥스웰하우스를 좋아하기 때문에 심리적인 불균형 상태에 놓이게 된다. 이럴 경우 맥심에 대한 태도를 바꿔 좋아하게 되면 심리적으로 불균형이 해소되고 균형을 회복하게 된다. 즉, 맥심에 대한 태도를 바꿈으로써 광고의 긍정적 효과를 가져 온 셈이다. 그러나 맥심에 대한 태도를 바꿀 수 없는 경우에는 모델에 대한 기존의 태도를 바꿈으로서 심리적으로 불균형을 해소하게 된다. 이런 경우 태도변화를 일으키지 못하였음으로 광고모델의 교체나 광고전략을 검토할 필요가 있다.

모델을 이용하여 반전매력을 강조하는 맥심커피 광고

(예 2) 흡연자의 경우 금연이 어려울 때 흡연에 대한 태도를 바꿈으로서 심리적인 불균형을 해소하려는 경향을 볼 수 있다. 즉, 흡연이 해롭기는 하지만 내 인생이 불행할 만큼 건강을 해치지는 않을 것이라고 생각을 바꿈으로서 심리적으로 불균형을 해소하려는 경향이 있음을 볼 수 있다.

효도를 이용해 온정을 느끼게 하는 광고

동물을 이용해 온정을 느끼게 하는 기업광고

4) 온정을 이용한(warmth appeal) 광고

우리나라의 광고에는 특히 훈훈한 정을 느끼게 하려는 광고가 많이 등장하고 있다. 이러한 온정은 가족, 어린이, 부모, 부부, 연인 등을 대상으로 사랑, 우정, 효도, 좋은 느낌 등을 형성하기 위해 사용되고 있다.

대부분의 기업광고도 사람 간에 따스한 정을 느낄 수 있도록 만들어져 있으며 외국광고에서도 어린이, 동물, 곰인형 등을 이용하여 따스한 정을 느끼게 하는 광고를 찾아볼 수 있다.

이러한 온정광고는 소비자들에게 잔잔한 사랑, 우정, 다정함, 가족 등을 직접적으로 또는 대리적으로 느낄 수 있게 함으로써 직접경험 및 대리경험의 효과를 거둘 수 있다. 그러나 이러한 따스한 정에 소구하는 광고는 축적된 연구가 그리 많지 않기 때문에 더 많은 연구를 필요로 한다.

5) 공포심을 이용한(fear appeal) 광고

온정이나 유머와는 매우 다른 형태의 감정반응인 공포심(fear)과 불안(anxiety)은 특정한 상황에서 사용되고 있다. 이러한 광고는 경악, 혐오, 불안과 같은 느낌뿐만 아니라 공포심에 대한 정서적 반응을 일으킨다. 대부분의 광고가 좋은 감정을 유발하여 구매심리를 불러일으키는 데 비해 이 광고는 두려움이나 불안감을 조성하여 판매촉진을 증대시키는 데 목적이 있다.

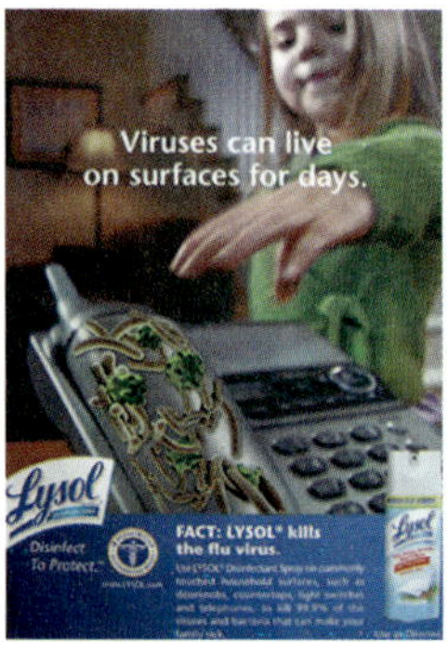

공포심 및 혐오감을 이용한 광고

공포심을 이용한 금연캠페인

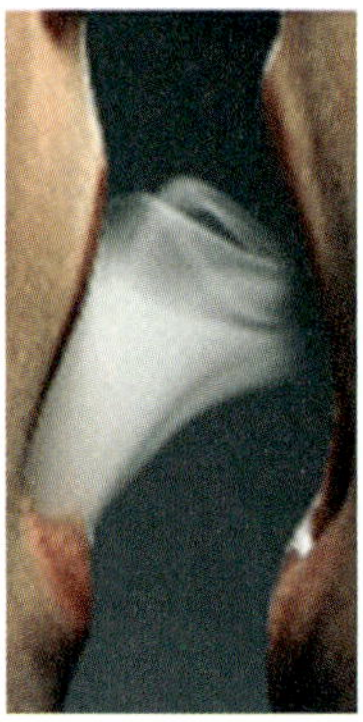

간접흡연의 심각성을 알리기 위한 금연캠페인

가장 빈번하게 사용되고 있는 것으로는 재산(자동차보험, 가정보험)이나 건강(생명보험, 금연캠페인)에 관련된 제품을 들 수 있으며 개인관련 제품(의약품, 화장품)과 가사제품(식품, 가구) 등에도 많이 활용되고 있다. 다만 위협적이거나 공포심을 일으키는 광고에 대하여 소비자들의 방어현상, 즉 지각적 방어(perceptual defense)현상이 있음을 고려해야 할 것이다.

그러나 공포심이라는 감정반응을 일으키는 광고효과를 높이기 위해서는 문제에 대한 수용 가능한 해결책을 함께 제공하는 것이 좋을 것이다. 이러한 해결책은 수용자들이 실행할 수 있는 것이어야 한다. 만약 해결 가능한 확신을 주지 못한다면 수용자들은 그 메시지를 단순히 외면해 버리는 경향이 있다.

TIP | 지각적 방어

지각적 방어란 개인의 가치에 역행하는 자극에 대해서 덜 지각하려는 현상을 말한다. 개인은 주관적 가치에 따라 어떤 정보에 대해서 덜 지각하려는 경향이 있다. 이는 지각적 편견(perceptual bias)의 한 형태로 나타난다.

6) 심각성을 이용한(serious appeal) 광고

앞서 살펴본 공포심을 이용한 광고와 유사한 특징을 갖는 심각성을 이용한 광고는 제품을 구매하지 않거나 사용하지 않았을 때 생기는 심각한 결과를 소비자들에게 직접적 또는 간접적으로 제시하여 구매를 유도하거나 행동을 회피하도록 하는 방식을 말한다.

이러한 광고는 음주운전 방지, 원조교제 경고, 신용카드 위험성, 마약퇴치, 각종 질병예방 등의 공익광고에 주로 사용되고 있으며 제품을 판매하는 기업의 경우에도 이러한 광고를 사용하여 암 치료제, 법정전염병 치료제 등과 같은 제품광고를 효과적으로 사용할 수 있다.

음주운전의 심각성을 알리기 위한 공익광고

원조교제의 심각성을 경고한 공익광고

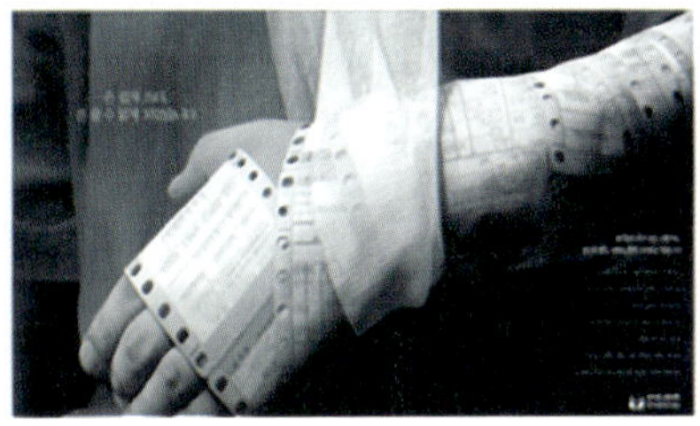
카드사용의 위험성을 상기시키는 공익광고

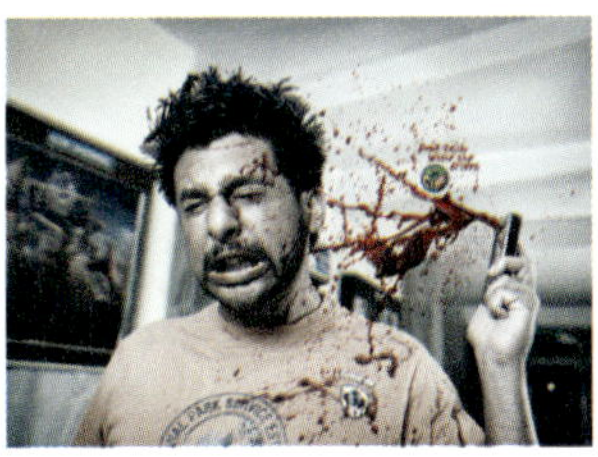
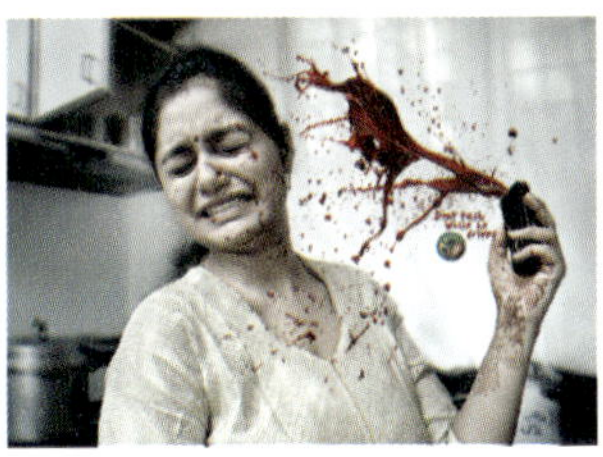
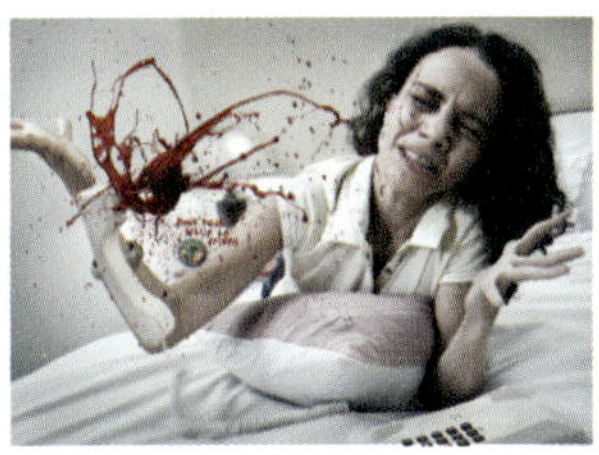
운전 중 휴대전화 사용의 심각성을 알리기 위한 공익광고

7) 향수를 이용한(nostalgia appeal) 광고

향수를 이용한 광고는 과거의 추억이나 그리움 등을 주제로 하여 인간의 감성을 지배하는 광고를 말한다. 이러한 광고는 감성적 반응을 불러일으키는 데 효과가 있

1988년 가나초콜렛 광고에 대한 향수를 소재로 '응답하라 1988'의 드라마 여자 주인공인 혜리의 광고

최근에는 아파트가 고향이라는 의미에서 고향의 향수를 짓는다는 호반 건설의 광고

향수(칠성사이다의 맑고 깨끗한 자연의 소리)를 이용한 광고

다. 우리나라 광고에서 많이 발견되는 광고 중에 고향, 자연, 어머니, 친구 등에 대한 추억이나 그리움을 소재로 한 광고를 볼 수 있다.

예를 들어, 고향을 소재로 사용한 다시다의 '고향의 맛 광고', 친구를 소재로 사용한 OB맥주의 '오랜 친구 광고', 자연을 소재로 사용한 칠성사이다의 '맑고 깨끗한 자연의 소리 광고' 등이 바로 추억이나 그리움을 주제로 삼은 광고에 속한다. 그러나 향수를 이용한 광고도 온정을 이용한 광고와 마찬가지로 실증적인 연구가 부족한 편이어서 더 많은 연구를 필요로 한다.

우리나라에서 향수를 이용한 광고가 많이 등장하는 이유를 들면 다음과 같다(동방기획사보, 1992).

- 도시인의 상당수가 시골출신이므로 시골에 대한 향수를 가진 소비자가 대단히 많다.
- 서울올림픽을 계기로 우리 것에 대한 자긍심이 커졌다.

- 광고의 차별화 방법으로 동양적이며 흑백의 단조로움과 같은 향수소구가 주목을 받고 있다.
- 급속한 도시화 및 산업화가 불안감을 주고 있다.
- 음양의식 속에 땅으로의 귀소본능이 잠재해 있다.

Summary
요약

- 어떤 광고가 소비자들의 주목을 받을 수 있을까? 경쟁광고에 비하여 상대적으로 뛰어난 광고는 주목을 받기 쉽다. 본질적으로 생생한 광고는 주목을 받기 쉽다. 상황에 적절한 광고는 주목을 받기 쉽다.

- 인간의 인지능력에는 한계가 있어서 노출된 모든 정보를 한꺼번에 처리할 수는 없고 단지 그 중 의미 있는 소수의 정보만을 처리한다. 따라서 정보의 중요성에 따라 선택적으로 주목을 하는 경향이 있다고 할 수 있다. 선택적 주목에 영향을 미치는 요인으로는 욕구, 적응현상, 언어의 형태, 신기함, 유머, 광고모델, 광고의 크기, 색상, 강렬한 자극, 대조, 위치 등을 들 수 있다.

- 인간의 두뇌는 왼쪽 뇌와 오른쪽 뇌로 구성되어 있다. 일반적으로 인간은 한쪽 뇌를 다른 쪽보다 더 많이 사용함으로써 뇌의 활동을 특화시키는 경향이 있다. 그러나 각 뇌는 서로 상호작용을 한다. 따라서 광고담당자는 왼쪽 뇌와 오른쪽 뇌의 특성을 이해하고 인식하여 광고전략을 수립할 때 이를 적절히 이용할 필요가 있다.

- 우리 인간의 기억구조는 단기기억과 장기기억으로 분류할 수 있다. 단기기억은 운용기억이라고도 하며 기억용량에 한계가 있기 때문에 단기간만 보유한다. 반면에 장기기억은 영구기억으로도 불리어지며 기억용량이 무한하기 때문에 영구적으로 저장된다. 따라서 광고정보를 영구히 장기기억으로 저장시키기 위해서는 무엇보다도 우선 광고에 주목시켜 단기기억으로 끌어들여야 한다.

- 광고에서 기억내용은 즉시 또는 이후의 소비자행동에 영향을 미칠 수 있다. 즉, 어떤 시점에서 소비자가 광고에서 본 상품을 구매하거나 사용할 때 또는 이에 관하여 다른 사람과 대화할 때의 기억내용은 소비자행동에 직접적으로 영향을 미칠 수 있다.

- 기억내용을 쉽게 회상하거나 재인을 인출해 내는 데 영향을 미칠 수 있는 요인을 들면 다음과 같다. 고객의 기억 속에 맨 먼저 들어가라! 정보가 깊이 있게 처리되도록 하라! 뚜렷한 인식(인상)을 주어라! 정보처리에 자주 동원하라! 경쟁광고와 비슷한 정보는 피하라! 기억을 촉진시킬 단서를 제공하라!

- 광고에서 소비자가 기억한 내용은 구매행동에 영향을 미칠 수 있다. 이 중에서도 쉽게 기억되는 내용, 상품구매나 브랜드 선택에 유용한 내용, 상품에 대한 욕구를 자극하는 내용, 기분에 영향을 주는 내용, 브랜드 태도에 관련된 내용 등은 소비자의 구매행동에 영향을 미치는 주요 요인이라고 할 수 있다. 특히 이 중에서도 브랜드 태도에 관련된 내용은 브랜드를 선택할 때 직접적으로 영향을 미치는 가장 중요한 요인이라고 할 수 있다.

- 소비자의 심리에 영향을 미치는 광고의 소구방법으로는 광고에서의 배경음악, 유머를 이용한 광고, 모델을 이용한 광고, 온정을 이용한 광고, 공포심을 이용한 광고, 심각성을 이용한 광고, 향수를 이용한 광고를 들 수 있다.

01 다음 중 소비자의 주목을 받을 수 있는 광고와 거리가 가장 먼 것은?

① 이미지를 연상시키는 광고
② 상대적으로 소리가 작은 광고
③ 가장 최근에 처리한 광고
④ 호기심을 자극하거나 재미있는 광고
⑤ 동일한 상황에서 처리한 경험이 많은 광고

02 가장 최근에 처리한 광고 및 맨 처음에 받아들여 처리한 광고는 주목을 받기 쉽다. O X

03 광고의 기억내용 인출에 영향을 주는 요인 중 기억하고 있는 내용 중에서 비슷한 경쟁정보가 많으면 많을수록 인출하는 데 어려움이 크다고 할 수 있다. 따라서 일반적으로 경쟁광고를 많이 접하는 소비자들은 그만큼 특정광고를 기억하는 데 어려움을 느낄 수 있다. O X

04 광고의 기억내용 인출에 영향을 주는 요인 중 기억할 때의 감정상태가 어떠한가에 따라 달라질 수 있다. 즉, 기억할 때의 감정상태가 기억내용을 인출하는 데 영향을 미칠 수 있다. 예를 들어, 기억해 낼 때의 감정상태와 비슷한 감정상태에서 처리된 내용은 잘 기억되지만 흥분상태나 좌절감이 큰 상태에서는 방해가 될 수도 있다. O X

05 광고에서 배경음악은 사실상 추가적인 정보가 되어 소비자들에게 정보처리의 양을 늘리는 역할을 하여 메시지의 기억을 방해한다는 견해가 지배적이다. O X

06 일반적으로 소비자가 가지고 있는 기존의 생각이 비호의적인 경우 또는 메시지가 기존의 생각과 충돌하는 경우에는 신뢰성이 높은 모델을 쓰면 효과적일 수 있다. O X

07 유머와 공포심을 이용한 광고는 일반적으로 low involvement product에 효과적이다. O X

08 공포심을 이용한 광고는 온정을 이용한 광고나 유머를 이용한 광고와는 매우 다른 형태의 반응을 일으킬 수 있다. 따라서 공포심을 이용한 광고는 일반적으로 high involvement product에 효과적이라고 할 수 있다. O|X

09 광고의 정보처리에서 신비의 숫자(magic number)에 해당되는 것은?

① 4±2 chunk

② 5±2 chunk

③ 6±2 chunk

④ 7±2 chunk

⑤ 8±2 chunk

10 광고의 기억내용 인출에 영향을 주는 요인 중 기억하고 있는 내용 중에서 비슷한 경쟁정보가 적으면 적을수록 인출하는 데 어려움이 크다고 할 수 있다. 일반적으로 경쟁광고를 많이 접하는 소비자들은 그만큼 특정광고를 기억하는데 어려움을 느낄 수 있다. O|X

11 공포심을 이용한 광고는 온정을 이용한 광고나 유머를 이용한 광고와는 매우 다른 형태의 감정반응을 일으킬 수 있다. 따라서 공포심을 이용한 광고는 일반적으로 low involvement product에 효과적이라고 할 수 있다. O|X

[정답]

01 ② **02** ○ **03** ○ **04** ○ **05** × **06** ○ **07** × **08** ○
09 ④ **10** × **11** ×

광고 불변의 법칙

창 의 성 을 　 숭 배 하 라 !

광고를 했는데 제품이 팔리지 않으면 그 광고는 창의적인 것이 아니다.

광고에서 창의성은 새롭고 참신한 생각 또는 그러한 표현을 창출해 내는 광고표현을 의미한다.

그래서 인지 우리는 흔히 광고의 꽃을 크리에이티브라고 말하기도 한다.

이는 아마도 광고를 제작하는 측면이나 광고를 보는 사람 모두 궁극적으로는 광고가 재미있기를 바라기 때문일 것이다.

그러나 크리에이티브 즉, 광고표현의 창의성을 단지 기발한 발상을 하는 것으로, 다시 말해서 무에서 유를 만드는 일쯤으로 생각해서는 안 된다.

따라서 경쟁사에 비해 소비자들의 관심을 독차지하려는 노력이야말로 광고를 성공적으로 이끄는데 절대적으로 필요하다고 할 수 있다.

CHAPTER 06

크리에이티브

Understanding of Advertising

크리에이티브의 개념과 성공적 요소, 크리에이티브의 개발단계를 자료의 수집단계와 자료의 조합단계로 구분하여 살펴보고, 크리에이티브의 딜레마를 살펴본 다음, 크리에이티브의 내용과 실현방법을 구분하여 살펴보도록 한다.

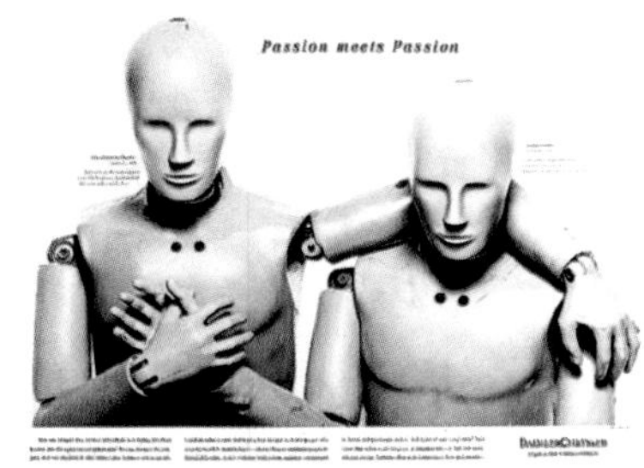

Advertising & Copy

「정열과 정열이 만났다」.
크라이슬러사의 기업광고.
자동차 디자인의 양대 요소인 안전설계와 친환경을 테마로 양사합병의 의미를 강화시킨 광고에 해당한다.

CHAPTER

06

크리에이티브

1. 크리에이티브의 개념 및 요소

1) 크리에이티브의 개념

크리에이티브(creative)란 새롭고 참신한 생각 또는 그러한 표현을 창출해 내는 광고표현의 창의성을 의미한다. 그래서 우리는 흔히 광고의 꽃을 크리에이티브라고 말하기도 한다. 이는 아마도 광고를 제작하는 측면이나 광고를 보는 사람 모두 궁극적으로 광고가 재미있기를 바라기 때문일 것이다.

그러나 크리에이티브를 단지 기발한 발상을 하는 것으로, 다시 말해서 무에서 유를 만드는 일쯤으로 생각해서는 안 된다. 크리에이티브는 소비자로부터 예상되는 반응과 마케팅 목표에 입각하여 이루어져야 한다. 즉, 크리에이티브는 광고의 목표와 일치하는 방향으로 결정되어 의도한 효과를 기대할 수 있어야 한다. 하지만 크리에이티브를 창출하는 과정에서 마케팅 목표와 문안작성자(copywriter)의 독창성을 조화시켜 시너지효과를 얻어내기란 결코 쉬운 일이 아니다.

2) 크리에이티브의 성공적 요소

- 개방적 사고방식을 지녀야 한다.
  창조의 세계에 종사하는 사람이라면 고정관념에서 탈피하여 개방적 사고방식을 지녀야 새로운 아이디어를 창출할 수 있다.

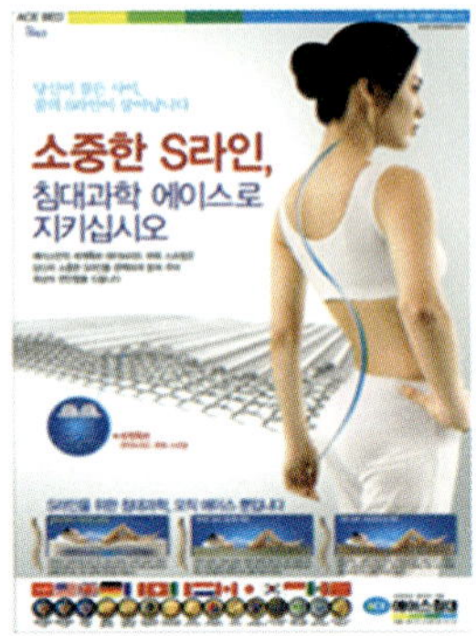

'침대는 과학입니다'를 헤드라인으로 사용해 요약된 핵심개념으로 표현한 에이스침대 광고

'따봉'으로 유행어를 만들어 낸 롯데 델몬트 광고

- 논리적이며 능동적인 사고방식을 지녀야 한다.

  훌륭한 아이디어는 많은 노력과 잘 조직화된 지적활동의 산물이다. 논리는 영감을 북돋워 줄지언정 결코 위축시키지 않는다는 점을 명심하라. 또한 광고는 창의적인 일이다. 따라서 능동적인 사고야말로 매우 중요하다.

- 생생한 요약력과 표현력이 있어야 한다.

  산만한 내용을 가장 핵심적인 개념으로 집약하고 표현할 수 있는 능력이 있어야 한다. 대개 요약된 핵심개념은 슬로건이나 헤드라인으로 사용된다.

  (예) 에이스 침대의 '침대는 과학입니다.'

- 친근하고 재치 있는 언어능력이 있어야 한다.

  이러한 언어적 감각을 통해서 유행어를 만들어 낼 수 있다.

  (예) 롯데 델몬트의 '따봉'

- 시각과 언어표현을 조화시킬 수 있어야 한다.

  광고 역사상 최대의 성공사례 중 하나인 Marlboro 담배의 카우보이 캠페인은 완벽한 시각과 언어가 조화를 이루고 있는 광고로 평가받았다. 한때 이름도 없던 Marlboro 담배를 카우보이 캠페인을 통해 이미지를 변화시킴으로써 전 세계에서 가장 잘 팔리는 담배로 만들었다.

Marlboro 담배의 카우보이 캠페인 광고

흔들림에도 촬영이 완벽함을 강조한 액션캠 광고

여성용(Mild as May: 5월과 같이 순한) 담배에서 남성용(Tattooed Man: 문신한 사나이를 통한 카우보이 캠페인) 담배로 재 포지셔닝(repositioning)하여 성공하였다.

- 독특한 전달방법이 있어야 한다.
  그렇다고 모호하거나 지나치게 추상적이어서는 안 된다.

2. 크리에이티브의 개발단계

1) 자료의 수집단계

첫째 단계에서는 사실적인 자료를 모으고 조직화해야 한다. 소비자들의 머릿속은 온통 정보로 가득 차 있다. 창조적인 사고를 하기 위해서는 뭐든지 든든하게 머릿속에 잡다한 지식과 경험이 있어야 발전할 수 있는 토대가 생긴다. 누가, 무엇을, 왜와 같은 몇 가지 기본적인 질문을 포함하여 크리에이티브의 개발에 필요한 체크 포인트(check point)를 살펴보면 다음과 같다.

- 표적수용자를 정의하라. 우리가 말하려고 하는 사람은 누구인가?
- 속성과 혜택을 규정하라. 이 상품을 더 낫게 만드는 것은 무엇인가?
- 현재 위치를 분명히 하라. 사람들이 상품에 대해 무엇을 생각하는가?
- 욕구와 필요를 상품에 맞추어라. 왜 사람들은 그것을 구매하는가?
- 행동을 하도록 유도하라. 사람들이 무엇을 하기를 바라는가?

그러면 어디에서 자료를 찾을 것인가? 자료조사는 두 가지 기본적인 범주로 구분될 수 있다. 첫째, 어디에서 사실들을 직접 수집할 것인가(1차 조사)? 둘째, 타인이 수행한 조사를 어디에서 수집할 것인가(2차 조사)? 일반적으로 접근하기 쉬운 두 번째 조사부터 알아보자.

(1) 2차 조사

2차 조사를 통하여 시장, 상품, 소비자에 대한 풍부한 자료를 수집할 수 있다. 많은 자료를 인터넷에서 무료로 이용할 수도 있지만 대부분의 좋은 자료는 유료 서비스를 통해 수집할 수 있다. 하지만 최신자료를 얻는 데는 많은 시간과 비용이 들기 마련이다.

비록 시대에 뒤쳐진 오래된 자료일지라도 대학도서관을 이용하면 일반회사에서 많은 비용으로 자료를 얻는 양과 같은 자료를 제공받을 수도 있다. 또한 정부기관의 웹사이트나 학회, 연구소 등의 간행물과 기업의 내부자료(대차대조표, 손익계산서, 송장 등)를 통하여 자료를 수집할 수도 있다. 가장 일반적으로 이용되고 있는 자료원의 하나는 마케팅자료를 전문적으로 취급하는 조사회사를 통한 자료를 들 수 있다.

(2) 1차 조사

1차 조사에 대하여 대부분의 사람들은 표적집단면접(focus group interview: FGI) 기법이나 우편조사와 같은 공식적인 조사의 유형을 생각한다. 그러나 이러한 조사가 매우 비공식적이거나 개인적인 것일 수도 있다는 점을 간과해서는 안 된다.

표적집단면접 기법은 기본적으로 표적수용자가 모일 수 있는 가게, 쇼핑몰, 스포츠 이벤트, 무역 쇼와 같은 장소에서 인터뷰를 통해 이루어진다. 또 다른 조사유형으로는 다량의 설문조사나 전화조사, 관찰조사 및 실험조사, 인터넷조사 등이 있다.

> **TIP | 표적집단면접(Focus Group Interview: FGI)**
>
> 표적집단면접 기법은 전문지식을 가진 조사자가 특정한 주제에 대하여 소수의 집단과 자유롭게 토론하여 필요한 정보를 얻는 방법으로 마케팅조사에서 가장 많이 사용되고 있는 조사방법 중의 하나이다.

1차 조사를 통하여 자료를 수집하는 데 고려해야 할 사항을 들면 다음과 같다.

- 점포를 방문하여 자사상품이 어떻게 진열되어 있는지를 보라.
  경쟁상품의 진열도 점검해 보라.
  진열대에 있는 상품들은 각각 어떻게 호소하고 있는지 비교해 보라.
- 상품을 판매하는 판매업자, 소매업자, 여타의 사람들과 대화해 보라.
  그들이 소비자에게 상품에 대해 어떻게 말하는가?
  그들은 그 상품이 시장의 어디에 위치하고 있다고 인식하고 있는가?
- 가끔은 공장견학도 도움이 된다.
  하지만 소비자 대신 제조업자의 관점을 가질 수 있음을 인식할 필요가 있다.
  견학을 하되 그 상품이 어디에 어떻게 쓰이는지에 주목하라.

- 상품광고와 판촉수단을 다시 검토하라.
  경쟁사의 판촉수단도 점검하라.
  그들의 주장을 연구하라.
  자사상품과 비교하여 어떤 점이 약한지, 강한지를 비교하라.
  간행물도 읽어보라.
  텔레비전 쇼도 시청하라.

- 자사상품을 구매한 사람들과 이야기해 보라.
  그들은 왜 그것을 샀는지?
  그들이 다시 살 것인지?
  그렇지 않다면 왜 사지 않는 것인지? 이야기해 보라.

- 자사상품을 구매하려고 했다가 사지 않은 사람들과 이야기해 보라.
  왜 사지 않았는지?
  무엇으로 그들의 마음을 바꾸게 할 수 있는지? 이야기해 보라.

2) 자료의 조합단계

둘째 단계에서는 수집된 자료를 가지고 그것을 어떻게 쓸 수 있는지에 대하여 정리해야 한다. 이러한 자료를 정리하는 데 필요한 세 가지 기본원칙으로 카피플랫폼, 크리에이티브 요약, 그리고 소비자 프로필을 들 수 있다.

(1) 카피플랫폼

카피플랫폼(copy platform)은 크리에이티브 전략진술서를 비롯한 몇 가지 다른 이름으로도 알려져 있다. 이것은 상황에 따라 단순할 수도 있고 구체적일 수도 있다. 그것을 무엇으로 부르건, 얼마만큼 복잡하건 관계없이 좋은 카피플랫폼은 상품의 특징과 혜택, 비교우위와 약점, 표적수용자에 대한 정보, 메시지의 톤, 상품에 대한 단순하고 결정적인 진술 모두를 포괄해야 한다.

따라서 카피플랫폼은 광고에서의 핵심적 진술, 상품고유의 판매명제(unique selling proposition: USP), 빅 아이디어(big idea), 또는 포지셔닝(positioning)에 대한 진술로 지칭되고 있다. 즉, "이 상품(브랜드)에 대하여 한 마디로 말하면 ○○○이다."와 같은 형태를 띠고 있다. 요약하자면 다음과 같은 이유 때문에 카피플랫폼이 필요하다.

TIP | 상품고유의 판매명제(USP)

상품고유의 판매명제, 즉 상품고유의 독특성이란 모든 상품은 타 상품에 비해 독특하게 내세울 수 있는 그 무엇이 있어야 함을 말한다. 따라서 카피라이터는 그 상품이 갖고 있는 가장 큰 차별적 특성, 즉 USP를 파악하여 부각시켜야 한다.
하지만 이러한 USP를 파악하기 위해서는 주요 경쟁사와 표적고객 그리고 자사상품에 대한 철저한 분석이 이루어져야 한다. 이를 통하여 USP는 단순히 경쟁사가 지니지 못한 상품의 특성이 아닌 소비자에게 먹혀 들 수 있는 '진정한 의미의 그 무엇'이 될 수 있다. (예) 죽염치약 하면 소금성분

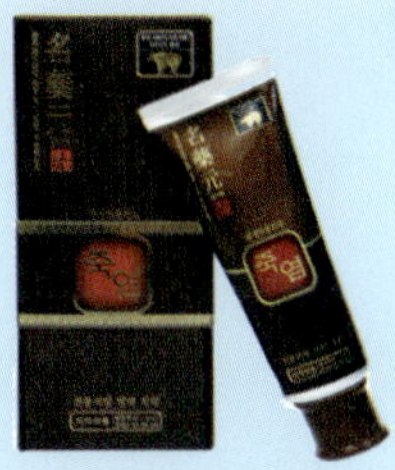

소금성분의 독특성을 강조한 죽염치약 광고

- 광고에 틀을 제공해 준다.

  카피플랫폼에서 표적수용자, 상품, 경쟁자, 시장에 대한 모든 기본적인 사실을 갖춰야 한다. 만약 몇 가지 공백이 있다면 더 많은 정보가 필요하다는 것을 알 수 있다.

연관성을 이용한 광고

- 가장 중요한 한 마디로 정의해 준다.

  포지셔닝에 대한 진술문을 포함시킬 수 있다. 또는 하나의 형용사를 브랜드에 붙여보라. 아니면 소비자가 상품에 대해 믿었으면 하는 내용을 긴 문장으로 쓸 수도 있다.

- 믿을 만한 정보로 그 한 마디를 지원해 준다.

  상품의 주장을 뒷받침하는 특징과 혜택을 나열해 볼 수도 있다. 카피가 없는 광고에서는 오직 비주얼만이 상품의 주요 이미지를 부각시킬 수도 있다. 예를 들어, 도브(Dove) 비누의 경우 미국에서 '피부가 건조한 여성을 위한 화장비누'로, 사브(SAAB) 자동차의 경우에는 노르웨이에서 '겨울을 위한 자동차'로 포지셔닝하여 성공한 바 있다.

- 사람과 상품을 연관시켜 준다.

  카피플랫폼에서 독자, 시청자, 청취자들이 무엇을 하기를 원하는지 질문해야 한다. 확신과 구매행동 단계에서 바라는 것은 무엇인가? 독자, 시청자, 청취자들이 시험운행을 하기를 원하는가? 더 많은 정보가 필요한가? 웹사이트를 방문할 것인가? 아니면 아무것도 하지 않길 바라는가?

- 광고주(sponsor)의 생각을 정리해 준다.

  훌륭한 카피플랫폼은 광고주와 광고회사 사이의 노력의 산물이다. 광고주는 많은 정보를 제공할 수 있으며 카피라이터와 함께 그것을 분명히 하고 우선순위를 매길 수 있다.

- 크리에이티브의 결정을 정당화시켜 준다.

  광고주가 카피플랫폼에 서명을 하고 카피라이터가 전략에 충실했음을 입증하면 광고주는 크리에이티브의 성과에 대해 비판을 덜하게 될 것이다. 만약 광고주가 표적수용자에서 벗어났다고 지적할 경우 합작품인 카피플랫폼을 바탕으로 어디에서 벗어났고 왜 벗어났는지 반문할 수 있다.

(2) 크리에이티브 요약

크리에이티브의 요약(creative brief)은 카피플랫폼에 기초하여 만들 수도 있고 정리된 정보에 기초하여 직접 만들 수도 있다. 크리에이티브 요약은 카피플랫폼과 비교하여 현재 위치에서 가고자 하는 위치까지 어떻게 도달할 것인지에 대하여 선형적 진행과정으로 묘사된다. 이러한 전략은 전반적인 카피플랫폼보다 크리에이티브 요약에서 보다 분명하게 정의된다. 크리에이티브의 요약에 필요한 체크 리스트(check list)를 제시하면 다음과 같다.

- 무엇을 달성하려고 하는가?
- 누구에게 전달할 것인가?
- 그들이 지금 생각하는 것은 무엇인가?
- 그들이 무엇을 생각하기를 바라는가?
- 왜 그들은 이렇게 생각해야 하는가?
- 메시지를 어떻게 제시할 것이며 그 한 마디는 무엇인가?

(3) 소비자 프로필

소비자 프로필(consumer profile)은 표적수용자에게 더 가까이 다가감으로써 카피플랫폼과 크리에이티브 요약을 한 걸음 더 나아가게 한다. 따라서 인구통계학적 특성, 심리학적 특성, 라이프스타일과 가치, 기타 조사를 바탕으로 소비자 프로필은 카피플랫폼의 드러난 뼈에 살을 붙여야 한다. 소비자 프로필 작성에 필요한 체크 리스트(check list)를 제시하면 다음과 같다.

- 그들은 누구인가?
- 그들의 필요와 욕구, 구매의도, 상품에 대한 속성과 경쟁자는 무엇인가?
- 그들은 하루하루를 무엇을 하며 살아가는가?
- 그들의 취미는 무엇인가?
- 그들은 어디에서 살고 일하며 그것이 어떻게 그들의 구매행태에 영향을 미치는가?
- 그들은 언제 구매를 계획하는가?

- 그들은 언제 텔레비전을 보거나 다른 유형의 매체를 활용하는가?
- 왜 그들은 자사의 상품이나 경쟁사의 상품을 고려하는가?

3. 크리에이티브의 딜레마

우리는 흔히 광고의 재미, 즉 창의성만을 광고의 승패기준으로 삼는 경향이 있다. 그러나 광고의 성과는 광고의 창의성과 광고실무자들의 경험적 지식 그리고 광고의 과학적 접근이라는 세 가지 측면이 잘 조화될 때 극대화된다고 할 수 있다. 하지만 이 세 가지 특성은 쉽게 조화되지 않을 때도 많고 경우에 따라서는 상호 배타적일 때도 있다. 따라서 이러한 점을 고려하여 성공적인 광고가 될 수 있도록 세심한 노력을 기울이지 않으면 안 될 것이다.

가끔 광고는 본질적인 목적을 상실한 채 단순히 크리에이티브에만 의존하는 경우를 볼 수 있다. 창의적인 크리에이티브는 분명 광고목표를 달성하는 데 효율적인 수단임에 분명하지만 크리에이티브 자체가 광고의 전부는 아니다. 만약 크리에이티브의 내용과 광고전략의 방향이 서로 상이하다면 그 광고는 본래의 목적을 달성할 수 없게 된다. 이러한 목적을 달성하기 위하여 광고는 과학적으로 수립되고 창의적으로 표현될 필요가 있다.

창의성의 개념은 매우 주관적일 뿐만 아니라 광고제작자의 입장에서 보면 자신의 업적이 창의성에 의하여 주로 평가받기 때문에 경우에 따라서는 마케팅 목표보다 광고의 창의성에 중심을 두는 경우가 있다. 그러나 광고의 효과는 광고의 과학성, 경험성, 창의성이 조화될 때 극대화될 수 있음을 상기할 필요가 있다.

아무리 창의적인 광고라고 해도 광고의 과학성이나 경험성에 연계되지 못한다면 마케팅 목표를 달성하는 데 걸림돌이 될 수 있다. 이를 일컬어 크리에이티브의 딜레마(dilemma)라고 한다. 즉, 크리에이티브의 딜레마는 지나친 창의성에서 비롯된다고 할 수 있다.

TIP | 크리에이티브의 딜레마

Bristol Myers의 Alka Seltzer 광고의 경우, Clio 광고상의 모든 부문에서 거의 독점할 만큼 크이에이티브의 측면에서 성공적이었으나 오히려 상을 받은 기간 동안에 매출액이 감소했다. 이 광고는 대단히 유머스러운 것으로 평가받았으며 소비자의 관심도 상당히 컸다. 하지만 그로 인해 브랜드명에 대한 이해와 회상이 방해받은 것으로 밝혀졌다.

우리나라의 로진스키 광고도 상은 많이 받았지만 상품매출이 부진해 결국 시장에서 철수한 경험을 갖고 있다. 당시 이 광고는 굉장히 창의적인 크리에이티브로 평가되었지만 그것이 제품(로진스키라는 주류)의 판매량 증가에는 별 도움을 주지 못하였다.

로진스키 논쟁을 불러일으켰던 광고

4. 크리에이티브의 내용과 실현방법

크리에이티브는 우선 광고에서 소구(appeal)하려는 핵심내용을 결정하고 곧바로 광고개념의 실현방법을 결정해야 한다. 그러나 현실적으로 광고의 소구내용과 실현방법이 동시에 이루어지는 경우가 많이 있다. 이는 대부분 소구내용에 이미 실현방법이 어느 정도 암시되어 있거나 실현방법 자체가 소구내용의 성격을 지닐 때도 있기 때문이다.

크리에이티브의 개념에 입각하여 광고에서 강조해야 할 내용, 즉 크리에이티브의 내용과 이를 실제로 표현하기 위한 크리에이티브의 실현방법을 요약하여 제시하면 다음과 같다.

1) 크리에이티브의 내용

(1) 상품속성

상품의 구체적인 속성을 강조하는 것으로 특히 새로운 기능을 가진 신상품일수록 적합하며 가전제품과 같이 상품에 대한 정보가 많이 요구되는 경우 상품속성을 부각시키면 효과적일 수 있다.

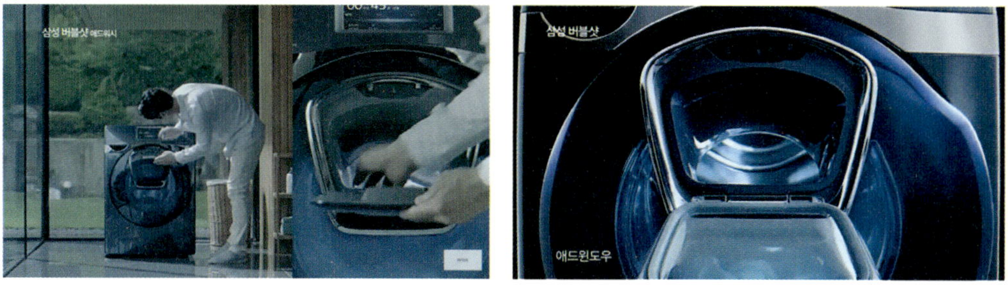

상품(브랜드)의 속성을 강조한 세탁기 광고

(2) 경쟁우위

타사의 경쟁상품에 비해 차별적 우위를 강조하는 것으로 성숙기에 있는 브랜드의 선택적 수요를 유발하고자 할 때 효과적으로 사용할 수 있다. 이러한 유형은 일반적으로 비교광고를 통해서 표현된다.

물류와 택배회사인 FedEx의 경우, 신속하고 정확한 배달을 강조하기 위해 DHL

FedEx의 경쟁우위 비교광고

의 택배상자를 FedEx의 상자에 넣는 형식으로 비교광고를 실시한 바 있다. 또한 신속하고 정확한 배달을 강조하기 위해 DHL사의 배송차량을 Fedex 차량 안에 넣을 정도로 자사의 택배서비스가 우수하다는 형식으로 비교광고를 실시한 바 있다.

(3) 가격

가격에 역점을 두어 광고를 하는 경우 저가정책과 광고가 서로 상승작용을 하면 효과적일 수 있다. 특히 소매광고와 같이 소비자들의 즉각적인 반응을 추구하는 상황에서는 가격에 대한 소구가 적합하다.

가격에 역점을 둔 광고

가격할인에 역점을 둔 광고

그러나 저가정책은 신제품 도입초기에 시장점유율을 확보하기 위해서 또는 성숙기에 경쟁자의 진입을 봉쇄하고자 할 때 유용하게 사용될 수 있다. 또한 저가정책의 일환으로 가격할인을 할 때에는 식역(threshold)을 느낄 수 있는 범위에서 결정해야 한다.

TIP | 식역(threshold)

■ **절대적 식역(absolute threshold)**

어떤 감각을 가져올 수 있는(지각을 발생시킬 수 있는) 최소 자극의 양을 말한다. 즉, 인간이 알아차릴 수 있는 가장 낮은 수준의 자극 점을 말한다.

절대적 식역의 예

시각	맑은 날 밤에 50km 떨어진 곳의 촛불
청각	조용한 분위기에 6m 떨어진 곳에서의 시계소리
미각	8리터의 물에 들어 있는 설탕 한 숟갈
후각	방이 3개 있는 아파트 안에서의 향수 한 방울
촉각	1cm 높이에서 뺨 위로 떨어진 벌의 날개

광고에서의 활용

광고자극을 계획할 때 매우 중요하다. 예를 들어, 옥외광고의 경우 아무리 좋은 카피를 가지고 있더라도 글자가 너무 작아서 지나다니는 사람들이 읽을 수 없다면 이는 낭비광고에 속한다.

■ **차별적 식역(differential threshold)**

두 자극 간에 차이를 느낄 수 있는 최소치, 즉 두 자극 간에 겨우 알아차릴 수 있는 차이를 말한다.

Weber' Law(Just Noticeable Difference; JND)

$k(JND) = \Delta I/I$ K : 자극 간 차이를 느낄 수 있는 비율(증가율, 감소율)
I : 최초의 자극 강도(원래의 자극수준)
ΔI : 개개인이 변화를 감지할 수 있는 변화의 양

일반적으로 빛은 2% 차이 이하에서도, 맛은 20% 차이에서 변화를 알 수 있다.

광고에서의 활용

가격정책을 수립할 때 활용할 수 있다. 예를 들어, 10만 원 하던 옷을 1만 원 인상, 인하하는 것과 100만 원 하던 옷을 1만 원 인상, 인하하는 경우 지각의 차이는 전자가 더 크게 느껴질 수 있다.

■ 식역 이하의 지각(subliminal threshold)

1950년대 Vicary는 야외 영화관에서 6주간에 걸쳐 연구를 진행하였다. 즉, 영화 스크린에 "Eat Popcorn and Drink Coca Cola"라는 자막을 5초마다 1/3000초 동안 45,000명에게 노출시킨 결과, 팝콘은 58%, 코카콜라는 18%의 매출액이 증가하였다. 이러한 결과는 식역 이하에서도 지각이 발생할 수 있다는 점을 발견한 것이다.

그러나 이 연구결과는 연구방법에서 타당성의 문제를 가지고 있는 것으로 논쟁을 불러 일으켰다. 즉, 외생변수를 통제하지 못한 상태에서 연구를 진행하였기 때문에 그 결과에 대한 신뢰성에 문제를 제기하여 논쟁의 대상이 되고 있다.

제품의 경제적인 이익을 알리기 위한 광고

무선청소기의 새로운 기준이라는 점을 나타내 신규성을 강조한 광고

상품에 대한 소비자의 혜택을 강조한 광고

(4) 소비자절약

소비자절약은 가격에 대한 소구와는 달리 소비자가 얻을 수 있는 보다 구체적인 경제적 이익을 전달하는 방식을 말한다.

(5) 신규성

상품에 새로운 정보가 들어 있음을 알리고 새롭게 포지셔닝을 시키고자 할 때 신규성을 사용할 수 있다. 신규성을 도입할 경우 광고에 새로움을 직접적으로 제시하거나 또는 간접적으로 암시하면 효과적일 수 있다.

(6) 소비자혜택

상품에 대해 소비자들이 얻게 되는 혜택이나 효용을 알려주어야 할 때 적합한 방법으로 신상품의 경우 상품혜택에 대한 소비자들의 이해가 불명확하고 소비자들의 관여도가 낮은 상황에서 사용하면 효과적일 수 있다. 이 방법은 헤드라인이 빨리 전달되어야 하는 상황이나 성숙단계에 있는 상품에 대한 추가적인 혜택을 제시하고자 할 때 유용하게 사용될 수 있다.

애국심을 이용한 광고

명품 이미지를 부각시켜 자기과시를 표현한 GUCCI와 프라다의 핸드백 광고

(7) 애국심

IMF 당시 많이 볼 수 있었던 형태로서 소비자들의 공동체 의식을 유발시키고자 할 때 사용할 수 있다. 이러한 유형은 과거에는 주로 공익캠페인에서 쓰여졌지만 IMF 이후에는 민간업체에서도 시도되고 있다.

(8) 자아표현

가격이 비싸고 과시성이 큰 상품의 경우 소비자의 자기과시나 자아표현에 초점을 맞추어 소구할 수 있는 형태로써 소비자의 관여도나 감성이 높은 상황에서 사용하면 효과적일 수 있다.

(9) 두려움

상품을 사용하지 않거나 구매하지 않았을 경우에 일어날 수 있는 부정적 결과를 보여 줌으로써 구매를 유도하고자 할 때 사용할 수 있다. 공익광고의 경우 음주운전이나 무단횡단 등의 광고를 들 수 있으며, 약품광고의 경우 부정적 결과의 예방을 촉구하는 광고를 들 수 있다.

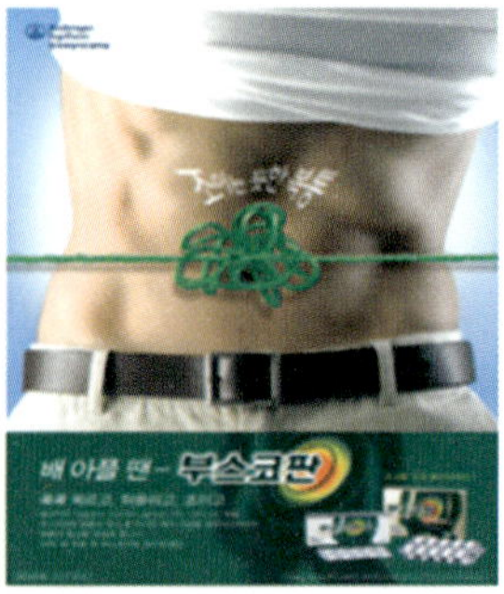

두려움을 이용한 광고

(10) 성적 소구

성(sex)에 대한 관심을 상품에 연관시킨 광고

인간의 근본적 욕구인 성(sex)에 대한 관심을 상품에 연관시키는 것으로 우리나라의 경우 규제가 많이 완화되면서 특히 잡지광고에서 성적 소구가 늘어나고 있다. 이러한 성적 소구는 주로 향수광고, 주류광고, 의류(내복)광고 등에서 많이 사용하고 있다. 그러나 성을 제품에 연관시키는 광고는 각 나라의 문화와 관습에 따라 차이가 있음을 유의해야 한다.

(11) 유머 소구

외국에서 가장 보편적으로 사용하고 있는 소구방법의 하나로 인간의 가장 근본적 정서인 웃음을 통하여 커뮤니케이션하는 것이다. 일반적으로 유머가 있는 광고는 재미가 있기 때문에 소비자의 주목과 광고에 대한 기억을 높여 주고 광고에 대한 소비자들의 태도를 긍정적으로 만드는 요인이 될 수도 있다.

최근에 실시된 통계분석 결과에 의하면, 유머는 매출에 긍정적인 영향을 끼치는 것으로 나타났다. 하지만 지나친 유머형 크리에이티브는 상품에 대한 주목을 희석시킬 수 있음을 간과해서는 안 될 것이다. 특히 유머광고를 사용할 때 소비자를 즐겁게만 하고 어떤 메시지도 전달하지 못하거나 의도하는 메시지의 전달을 방해하는 경우를 주의해야 할 필요가 있으며 많은 정보를 필요로 하는 고관여 상품광고에는 가급적 피하는 것이 바람직하다.

2) 크리에이티브의 실현방법

(1) 입증형(substantiation)

입증형은 조사나 실험(시험)에 의해 지지된 주장의 형식을 말한다. 상품의 우수성을 나타내기 위해 상품의 이점과 결과를 입증하는 이러한 방법은 신상품 광고나 품질상의 차별적 우위를 내세우는 데 유용하다. 그러나 이 방법을 사용할 때 소비

숙면을 보장한다는 특성을 입증한 시몬스침대 광고

네일 아트용 화장품의 사용 전후의 비교 광고

자들이 왜 그 제품을 사야만 하는지에 대한 논리적인 근거를 제공해야 한다.

맥심(Maxim) 인스턴트 커피가 출시되었을 때 맥심은 그 제품이 냉동 건조되었기 때문에 우수하다는 점을 강조했다. 냉동 건조과정은 많은 시청자들로 하여금 그 커피를 시음해 보도록 설득하여 흥미를 끌었다. 또한 옥시크린의 경우 나만의 세탁비법을 섬유공학과 교수가 세제의 특성을 입증하여 흥미를 끌었다. 그 외에 화장품과 다이어트 광고들은 사용전후의 효과차이를 보여 줌으로써 입증의 형태를 띠고 있다.

(2) 비교형(comparative, comparison)

비교형은 경쟁제품과 비교하여 자사제품의 우월성을 보여 주는 방법으로 경쟁이 심할 때 많이 사용되고 있다. 이러한 형태는 경쟁우위의 소구에 가장 적합하며 브랜드를 포지셔닝 시키는 데 효과적이다. 최근 우리나라에서도 비교광고를 허용한 이후 활용빈도가 높아지고 있다. 그러나 이 방법을 사용하려면 자사 브랜드는 물론 타사 브랜드의 원료와 성능 등에 대한 충분한 지식과 연구가 필요하다.

삼성카드의 브랜드가치를 이용한 현대카드의 비교광고

현대카드는 삼성카드의 브랜드가치를 이용하여 현대카드도 덕을 보고 삼성카드도 덕을 본다는 형식으로 비교광고를 실시한 바 있다. 이는 신뢰성 있는 대상과 자신을 비교함으로써 그만큼 고객에게 신뢰를 높이고 인정받을 만한 기업이라는 이미지를 심어주기 위한 것으로 볼 수 있다.

(3) 은유형(metaphor) 및 환상형(fantasy)

은유형은 직접적인 표현보다 간접적인 표현을 이용한 방법으로 실질적인 차별화가 어려운 상품에 사용하면 효과적일 수 있다. 이러한 형태는 대개 꿈을 주제로 만들어진다.

간접적인 표현(모두가 동경하는 캠핑 같은 집에서 살고 싶다)을 이용한 은유 형태의 광고

2018 월드컵과 함께하는 아디다스의 은유형 및 환상형 광고

또한 아디다스(adidas) 광고의 경우 아디다스 운동화와 함께 월드컵을 같이 할 수 있다는 꿈을 주제로 사용하였다. 은유형과 비슷한 방법으로 환상형이 있는데 이 방법은 현실에서 볼 수 없는 배경을 사용해 주목을 끄는 데 사용될 수 있다.

(4) 드라마형(drama)

생활의 문제점을 해소시켜 주기 위해 실제상황과 같이 드라마 형식을 취하는 방법으로 따스한 감정이나 독특한 감정을 느끼도록 하는데 적합하다. 우리나라에서는 연속극의 인기가 높은 드라마에 출현하는 연예인들을 드라마 상황 그대로 재연하여 상품을 광고하는 데 많이 사용하고 있다. 이 방법은 약품광고, 식품광고, 가정용품 광고 등에서 많이 사용되고 있다.

(5) 대변인형(spokesman) 및 전속모델형(exclusive model)

대변인형은 전문성과 신뢰성 그리고 공신력을 지닌 대변인, 즉 유명인, 전문인, 사회명사 등을 이용하여 제품을 보증해 주는 방법으로 고관여 상품(high involvement product) 광고에 적합하다. 이는 경쟁이 심할수록 자사제품을 차별화하기 위해 많이 사용되고 있다. 전속모델형은 유명 연예인을 이용하는 방법으로 저관여 상품(low involvement product) 광고에 적합하다.

특히 유명인을 활용할 경우 유명인과 상품이 합당하게 연관이 될 때 가장 높은

유명 연예인(대중가수) 모델을 이용한 광고

스포츠 스타(김연아) 모델을 이용한 광고

효과를 가져 올 수 있다. 그 명사가 스포츠 스타이든 연예인이든 정치인이든 아니면 그 어떤 부문에서 유명한 사람이든 명사를 이용할 경우 다음 사항을 염두에 두어야 한다.

- 그 사람을 기용할 만큼 경제적 여유가 있는가?
- 그 사람에게 숨겨진 엄청난 비밀은 없는가?
- 그 사람은 소비자와 잘 연관이 되는가?
- 그 사람이 브랜드 이미지를 높여줄 것인가?

(6) 실증사진형(still life)

사진을 이용하여 소비자의 주목을 집중시키기 위한 방법으로 성숙기 상품의 브랜드에 대한 관심을 유지시키는 데 적합하다. 또한 선도 브랜드의 광고에서도 사용 가능하다. 이 방법은 주류나 향수와 같이 브랜드 자산이 높은 경우에 많이 사용되고 있다.

감성적 성격을 띤 사진을 이용한 주류광고

(7) 증언형(testimonial)

이는 유명인이나 표적고객과 유사한 사람을 이용하여 증언형태로 소구하는 방법으로 구전광고라고도 한다. 이 방법은 실제인물이 자신의 직접적인 경험을 토로함으로써 소비자들의 주목을 쉽게 끌 수 있을 뿐만 아니라 설득력도 강하다고 할 수 있다.

TIP | 구전광고

구전광고란 소비자의 입에서 입으로 전해지는 광고형태, 즉 입소문 광고를 말한다. 그러나 구전광고는 긍정적인 구전정보보다는 부정적인 구전정보로 인해 소비자에게 더 큰 영향을 줄 수 있다.

증언을 이용한 광고

가장 효과적인 증언식 광고는 상품에 대한 애호도(충성도)가 높은 소비자가 자신을 찍는 줄도 모른 채 상품의 장점에 대해 증언하는 것을 보여 주는 것이다. 만약 증언을 해줄 충성스러운 고객을 찾을 경우 연기실력이 완벽한 사람은 피하라. 소비자들은 그가 전문 연기자라고 생각할 것이기 때문이다. 연기에 아마추어 냄새가 많이 묻어날수록 증언식 광고의 신뢰도는 더욱 더 높아지기 마련이다.

(8) 해설형(narration)

해설형(내레이션)은 다른 광고기법들과 매우 밀접한 관계를 지니고 있다. 이 형태는 제품사용에 관한 방법, 제품이 주는 혜택, 제품에 대한 욕구 등의 경험을 해설자가 등장인물을 대신하여 시각적 · 청각적으로 제시함으로써 등장인물과 제품을 연결시켜 주는 역할을 한다. 이 방법은 다른 광고기법들과 결합하여 텔레비전이나 라디오 광고에서 많이 사용되고 있다.

체지방 감량을 통해 다이어트를 할 수 있다는 문제해결 형태의 광고

(9) 문제해결형(problem solution)

제품사용과 관련된 문제점을 제시한 후에 그 해결책으로서 자사제품을 권유하는 방법으로 약품광고 및 화장품광고에서 많이 볼 수 있다. 소비자들이 잘 아는 것이든 그렇지 못한 것이든 문제점을 보여준 후 어떻게 문제를 해결하는지를 알려주어야 한다. 또한 제품을 사용하기 전과 사용한 후의 결과를 보여 줌으로써 자사제품의 효능을 제시하여야 한다. 이 방법은 인지반응이 요구되는 광고전략에서 사용하면 효과적일 수 있다.

(10) 티저형(teaser)

티저형은 직접적으로 메시지의 내용을 전달하지 않고 상품에 관하여 궁금증을 유발시키는 광고로서 신상품 런칭(launching)에 대비하여 소비자에게 호기심을 불러일으킬 때 효과적으로 사용할 수 있다. 이러한 형태의 광고는 다음에 나올 광고까지 관심을 끌 수 있어야 한다.

예를 들어, Daimler-Chrysler 자동차 회사는 신상품 '크라이슬러 300'을 개발하여 런칭하기 전에 티저광고를 실시했다. 처음 광고에서는 신차를 보여 주었지만 이름은 알려주지 않았다. 이후 광고를 통해 신차의 브랜드와 우수한 품질, 혁신적인 기능을 알려주었다.

우리나라에서도 최근 들어 여러 분야에서 티저형 광고를 선보이고 있다. 현대자

티저형태의 광고

동차 베르나 광고의 경우 처음에는 브랜드 명 없이 "WHO AM I"의 헤드라인과 함께 제품만을 선보인 후 후속되는 광고에서 "I AM VERNA"의 헤드라인과 함께 브랜드와 제품, 기능 등을 제시하였다.

또한 기아자동차의 K9 광고는 기아자동차의 플래그십(flag ship) 모델로 최고급 세단이 가져야할 가치와 책임을 동시에 가지고 있음을 암시하는 티저광고로 고객의 사회적 지위와 신뢰를 나타낼 수 있음을 제시하였다.

Summary 요약

- 크리에이티브란 새롭고 참신한 생각 또는 그러한 표현을 창출해 내는 광고표현의 창의성을 의미한다. 크리에이티브는 소비자로부터 예상되는 반응과 마케팅 목표에 입각하여 이루어져야 한다. 즉, 크리에이티브는 광고의 목표와 일치하는 방향으로 결정되어 의도한 효과를 기대할 수 있어야 한다. 하지만 크리에이티브를 창출하는 과정에서 마케팅 목표와 문안작성자의 독창성을 조화시켜 시너지효과를 얻어내기란 결코 쉬운 일이 아니다.

- 크리에이티브의 성공적 요소를 들면 다음과 같다. 개방적 사고방식을 지녀야 한다. 논리적이며 능동적인 사고방식을 지녀야 한다. 생생한 요약력과 표현력이 있어야 한다. 친근하고 재치 있는 언어능력이 있어야 한다. 시각과 언어표현을 조화시킬 수 있어야 한다. 독특한 전달방법이 있어야 한다.

- 크리에이티브의 개발은 첫째, 자료의 수집단계로서 사실적인 자료를 모으고 조직화해야 한다. 자료수집은 두 가지 기본적인 범주로 구분될 수 있다. 어디에서 사실들을 직접 수집할 것인가(1차 자료)? 타인이 수행한 자료를 어디에서 수집할 것인가(2차 자료)? 둘째, 자료의 조합단계로서 수집된 자료를 가지고 그것을 어떻게 쓸 수 있는지에 대하여 정리해야 한다. 자료를 정리하는 데 필요한 세 가지 기본원칙으로는 카피플랫폼, 크리에이티브 요약, 소비자 프로필을 들 수 있다.

- 카피플랫폼은 상품의 특징과 혜택, 비교우위와 약점, 표적수용자에 대한 정보, 메시지의 톤, 상품에 대한 단순하고 결정적인 진술 모두를 포괄해야 한다. 따라서 카피플랫폼은 광고에서의 핵심적 진술, 상품고유의 판매명제(USP), 빅 아이디어 또는 포지셔닝에 대한 진술로 지칭되고 있다.

- 크리에이티브의 요약은 카피플랫폼에 기초하여 만들 수도 있고 정리된 정보에 기초하여 직접 만들 수도 있다. 크리에이티브 요약은 카피플랫폼과 비교하여 현재 위치에서 가고자 하는 위치까지 어떻게 도달할 것인지에 대하여 선형적 진행과정으로 묘사된다.

- 소비자 프로필은 표적수용자에게 가까이 다가감으로써 카피플랫폼과 크리에이티브 요약을 한 걸음 더 나아가게 한다. 따라서 인구통계학적 특성, 심리학적 특성, 라이프스타일과 가치, 기타 조사를 바탕으로 소비자 프로필은 카피플랫폼의 드러난 뼈에 살을 붙여야 한다.

- 크리에이티브의 딜레마는 지나친 창의성에서 비롯된다고 할 수 있다. 즉, 아무리 창의적인 광고라고 해도 광고의 과학성이나 경험성에 연계되지 못한다면 마케팅 목표를 달성하는 데 걸림돌이 될 수 있다. 이를 일컬어 크리에이티브의 딜레마라고 한다. 따라서 훌륭한 크리에이티브를 제품과 연관시킬 수 있도록 부단한 노력이 필요하며 광고의 과학성, 경험성, 창의성을 조화시켜 광고의 효과를 극대화시킬 필요가 있다.

- 크리에이티브는 우선 광고에서 소구하려는 핵심내용을 결정하고 곧바로 광고개념의 실현방법을 결정해야 한다. 그러나 현실적으로 광고의 소구내용과 실현방법이 동시에 이루어지는 경우가 많이 있다. 이는 대부분 소구내용에 이미 실현방법이 어느 정도 암시되어 있거나 실현방법 자체가 소구내용의 성격을 지닐 때도 있기 때문이다.

- 크리에이티브의 내용으로는 상품속성, 경쟁우위, 가격, 소비자절약, 신규성, 소비자혜택, 애국심, 자아표현, 두려움, 성적소구, 유머소구 등을 들 수 있으며, 크리에이티브의 실현방법으로는 입증형, 비교형, 은유형 및 환상형, 드라마형, 대변인형 및 전속모델형, 실증사진형, 증언형, 해설형, 문제해결형, 티저형 등을 들 수 있다.

Test
기출문제

01 크리에이티브의 창출과정에서 마케팅 목표와 카피라이터의 독창성을 조화시켜 시너지 효과를 얻어내기란 결코 어려운 일이 아니다. O|X

02 성공적 크리에이티브 창출에 필요한 요소와 거리가 가장 먼 것은?
① 고정관념에서 탈피하여 개방적 사고방식을 지녀야 한다.
② 생생한 요약력과 표현력이 있어야 한다.
③ 친근하고 재치 있는 언어능력이 있어야 한다.
④ 시각과 언어표현을 조화시킬 수 있어야 한다.
⑤ 주로 추상적인 전달방법이 있어야 한다.

03 창의성의 개념은 매우 주관적일 뿐만 아니라 광고 제작자의 입장에서 보면 자신의 업적이 창의성에 의해 주로 평가받기 때문에 경우에 따라서는 마케팅 목표보다 광고의 창의성에 중심을 두는 경우가 있다. 그러나 아무리 창의적인 광고라고 해도 광고의 과학성이나 경험성에 연계되지 못한다면 마케팅 목표를 달성하는데 걸림돌이 될 수 있다. 이를 일컬어 크리에이티브의 딜레마라고 한다. O|X

04 창의성의 개념은 매우 주관적일 뿐만 아니라 광고 제작자의 입장에서 보면 자신의 업적이 창의성에 의해 주로 평가받기 때문에 경우에 따라서는 마케팅 목표보다 광고의 창의성에 중심을 두는 경우가 있다. 그러나 아무리 창의적인 광고라고 해도 광고의 과학성이나 경험성에 연계되지 못한다면 마케팅 목표를 달성하는 데 걸림돌이 될 수 있다. 이를 일컬어 크리에이티브의 (　　)(이)라고 한다. 빈칸에 알 맞는 답을 한글 3자 이내로 쓰시오.

05 일반적으로 광고에서 사용할 수 있는 소구점의 유형과 거리가 가장 먼 것은?
① 두려움　② 소비자절약　③ 문제해결
④ 애국심　⑤ 경쟁우위

06 광고에서 사용할 수 있는 소구점의 유형 중 '상품속성'은 새로운 기능을 가진 신상품일수록 적합하며, 가전제품과 같이 상품에 대한 정보가 많이 요구되는 경우에도 상품속성을 부각시키면 효과적일 수 있다. O|X

07 광고에서 사용할 수 있는 소구점의 유형 중 '경쟁우위'는 일반적으로 (   )광고를 통해서 표현된다. 빈칸에 알 맞는 답을 한글 2자 이내로 쓰시오.

08 광고에서 사용할 수 있는 소구점의 유형 중 가격에 역점을 두어 광고를 하는 경우 저가격정책과 광고가 서로 상승작용을 하면 효과적일 수 있다. 그러나 소매광고와 같이 소비자들의 즉각적인 반응을 추구하는 상황에서는 가격에 대한 소구가 적합하지 못하다. O|X

09 광고에서 사용할 수 있는 소구점의 유형 중 '자아표현'은 소비자의 관여도나 감성이 낮은 상황에서 사용하면 효과적일 수 있다. O|X

10 상품을 사용하지 않거나 구매하지 않았을 경우에 일어날 수 있는 부정적 결과를 보여 줌으로써 구매를 유도하는 데 유용하게 사용할 수 있는 광고 소구점의 유형과 거리가 가장 가까운 것은?

① 유머 ② 애국심 ③ 신규성
④ 두려움 ⑤ 소비자선택

11 광고개념의 실현방법 중 (   )은(는) 상품의 우수성을 나타내기 위해 상품의 이점과 결과를 (   )하는 방법이라고 할 수 있다. 이것은 신상품의 광고나 품질상의 차별적 우위를 내세우는 데 유용하게 사용될 수 있다. 빈칸에 공통적으로 들어갈 알 맞는 답을 한글 2자 이내로 쓰시오.

12 광고개념의 실현방법 중 (   )은(는) 상품의 우수성을 나타내기 위해 상품의 이점과 결과를 (   )하는 방법이라고 할 수 있다. 이것은 신상품의 광고나 품질상의 차별적 우위를 내세우는 데 유용하게 사용될 수 있다.
빈칸에 공통적으로 들어갈 알 맞는 답을 영어 소문자 14자 이내로 쓰시오.

13 경쟁우위의 소구에 가장 적합하며 브랜드를 포지셔닝 시키는 데 효과적으로 사용할 수 있는 광고개념의 실현방법에는 (   )형이 있다.
빈칸에 들어갈 알 맞는 답을 한글 2자 이내로 쓰시오.

14 경쟁우위의 소구에 가장 적합하며 상표를 포지셔닝 시키는 데 효과적으로 사용할 수 있는 광고개념의 실현방법에는 ( )이(가) 있다.
빈칸에 알 맞는 답을 영어 소문자 11자 이내로 쓰시오.

15 광고개념의 실현방법 중 은유형은 직접적인 표현보다 간접적인 표현을 이용한 방법으로 실질적인 차별화가 쉬운 상품에 사용하면 효과적일 수 있다. O X

16 광고개념의 실현방법 중 전속모델형은 일반적으로 low involvement product 광고에 적합한 반면 대변인형은 일반적으로 high involvement product 광고에 적합하다. O X

17 광고개념의 실현방법 중 증언형 광고는 실제 인물이 자신의 간접적인 경험을 토로함으로써 소비자들의 주목을 쉽게 끌 수 있다. O X

18 광고개념의 실현방법 중 문제해결형 광고는 인지반응이 요구되는 광고전략에서 사용하면 효과적일 수 있다. O X

19 신상품의 런칭에 대비하여 소비자에게 호기심을 불러일으킬 때 사용할 수 있는 형태로써 직접적으로 메시지 내용을 전달하지 않고 상품에 관하여 궁금증을 유발시키는 광고는?

① 문제해결광고
② 입증광고
③ 드라마광고
④ 티저광고
⑤ 비교광고

20 신상품 런칭에 대비하여 소비자들에게 호기심을 불러일으킬 때 사용할 수 있는 형태로써 직접적으로 메시지 내용을 전달하지 않고 상품에 관하여 궁금증을 유발시키는 광고를 ( )광고라고 한다. 빈칸에 알 맞는 답을 영어 소문자 6자 이내로 쓰시오.

[정답]

01 × 02 ⑤ 03 ○ 04 딜레마 05 ③ 06 ○ 07 비교 08 ×
09 × 10 ④ 11 입증 12 substantiation 13 비교 14 comparative
15 × 16 ○ 17 × 18 ○ 19 ④ 20 teaser

광고 불변의 법칙

빅 아이디어(big idea)를 발견하라!

빅 아이디어를 생각하지 못하면 결코 이름을 날리거나 성공할 수 없다.
소비자들의 관심을 끌고 그들이 제품을 구입하게 하려면 빅 아이디어가 필요하다.
광고에 빅 아이디어가 없다면 그 광고는 어쩌다 우리 곁을 스쳐지나 가는 이름조차 기억나지 않는 사람과 같은 존재가 되고 말 것이다.
아이디어는 무의식중에 찾아온다.
예술이나 과학이나 광고나 다 마찬가지다.
그러나 무의식이 체계화되지 않으면 아이디어는 엉뚱한 방향으로 흐르고 만다.
여러분의 의식세계를 갖가지 정보로 채워라.
그리고 이성적 사고과정의 단추를 풀어 놓아라.

CHAPTER 07

광고 아이디어 발상

Understanding of Advertising

광고 아이디어의 발상과정을 발상의 원리, 자발적 사고, 소비자특성의 측면에서 살펴보고, 광고 아이디어의 발상요건과 발상원칙을 살펴본 다음, 광고 아이디어의 발상테크닉을 광고 아이디어의 발상 접근법과 발상 키워드 측면에서 살펴보도록 한다.

Advertising & Copy

"어린아이도 첫 눈에 BMW를 알아본다"
– 아드리안 판 호이동크(Adrian van Hooydonk) BMW 수석 디자이너

디자인이 독특해서? 고가 브랜드라서? 아니다. '키드니 그릴' 때문이다. 키드니 그릴은 BMW의 고집스런 브랜드 철학이 가장 잘 드러나는 요소다.

대부분 자동차에는 라디에이터 그릴이 있다. 하지만 두 개의 신장을 닮은 라디에이터 그릴은 BMW만 갖고 있다.

신장을 닮은 모양 때문에 '키드니 그릴(Kidney grille)'이라 불리는 이 디자인은 '운전 자체의 즐거움(Sheer Driving Pleasure)'을 슬로건으로 추구하는 BMW가 82년 동안 지켜온 '패밀리 룩'이다.

CHAPTER

07

광고 아이디어의 발상

1. 광고 아이디어의 발상과정

1) 발상의 원리

첫째, 정보를 수집하는 창의적인 사고과정에서부터 시작한다. 이 부분이 없으면 마치 모래로 지은 집처럼 견고성이 없게 된다. 둘째, 다음 단계로 분석을 들 수 있다. 여기에는 여러 가지 행위가 폭넓게 포함된다. 인간의 두뇌는 사고의 단편들을 놀랄 만큼 손쉽게 늘리고 분해하고 조합시키는가 하면 비교하기도 하고 되돌려 생각도 하며 뒤죽박죽으로 섞을 수도 있다. 셋째, 마지막 단계로써 이 부분이야말로 모든 노력의 결정체, 즉 아이디어를 들 수 있다.

따라서 예외 없이 아이디어는 많은 노력과 잘 조직화된 지적 활동의 산물이다. 이른바 아이디어라고 일컬어지고 있는 최종적인 생각은 지적 활동의 결과 외에 다른 것이 아니다. 지적 활동의 논리는 영감을 북돋워 줄지언정 결코 위축시키지 않는다는 점을 명심하라. 논리를 동원하라. 그러면 결코 아이디어에 대한 결핍증을 겪지 않아도 된다. 아이디어를 창출하기 위해서는 브레인스토밍(brain storming) 방법도 고려해 볼만 하다.

TIP | **브레인스토밍(brain storming)**

소집단을 통하여 상상력과 의견을 자유롭게 표출하도록 함으로써 창조적인 아이디어를 끌어내는 기법을 말한다. 신제품에 대한 아이디어의 모집이나 브랜드 명을 결정하기 위해 널리 사용되고 있다.

2) 자발적 사고

창의적으로 아이디어를 끌어내기 위해서는 무엇보다도 먼저 본인이 스스로 원해서 하는 것이라고 결정을 내려야 한다. 집중력은 그 핵심이다. 그 밖에 실천적인 문제나 기본적인 이슈와 아무런 관련이 없는 다른 문제들에 대해서는 분명한 선을 그어야 한다. 이것 역시 간단한 것 같지만 그렇지 만은 않다.

광고는 창의적인 일이다. 그래서 이 분야에는 능동적인 마음을 지닌 사람들이 몰린다. 만일 광고업에 종사하고 있다면 여러분의 마음도 마찬가지일 것이다. 따라서 다른 사람들이 세뇌시키거나 창의적인 면이 없다고 할 때 그것을 귀담아 듣지 마라. 그런 말은 도움이 전혀 되지 않는다. 여러분이 하고 있는 일을 감당해 내고 있다면 그것이 바로 창의적인 것이다.

근무하는 부서나 직책은 별로 문제될 바가 없다. 어쨌든 정신적으로 박약하지 않으면 된다. 창의성은 후천적인 특성임을 명심하라. 스스로에 대한 긍정적인 이미지를 지니는 것도 필수적이다. 진정한 자신감의 결여, 다시 말해서 어떤 문제의 해결을 요구해 올 때 움츠러드는 경향만큼 창의적인 성장을 가로막는 것도 없다.

산책을 하는 것도 좋고, 뜨거운 물로 목욕을 하는 것도 도움이 되며, 포도주를 한잔 마시는 것도, 공상에 잠겨보는 것도, 장날에 시장 보러 가는 것도 좋은 방법이다. 그러다 갑자기 무의식의 세계에서 신호가 오면 머릿속에서 빅 아이디어가 샘물처럼 솟아오를 것이다.

빅 아이디어를 창출하기 위해 스스로 하고 싶은 마음 즉, 자발적 사고를 일으키기 위한 방법을 요약하여 제시하면 다음과 같다.

- 우선 시작하라.
- 머리에 떠오르는 것은 무엇이든 메모하라.
- 공상 속을 떠다니는 유혹을 견뎌내라.
- 목표를 주시하라.

- 처음에 성공하지 못하면 다시 시도하라.
- 친구와 의논하라.
- 우선 계획을 세우라.
- 여러분의 스케줄에 따르라.
- 장애물을 피하라.
- 땀이 나도록 전력을 다하라.
- 음악을 들어라.
- 스낵을 찾아라.
- 커피 한잔 마시는 휴식시간을 가져라.
- 텔레비전을 켜라.
- 글을 읽거나 그림을 보아라.
- 친구에게 전화를 걸어라.
- 토막잠을 자라.
- 가능하다면 사무실에서 벗어나라.

3) 소비자특성 파악

광고전문가는 소비자를 잘 알고 있어야 한다. 오늘날 소비자들의 욕구는 과거와는 달리 매우 이질적(heterogeneous)이고 다양하다. 전문 마케팅 담당자로서 고객의 수입, 사회적 지위, 직업, 가족관계, 교육, 나이, 생활방식(life style), 취미 그리고 광고시장 및 매체에 대한 고객의 활동 등을 잘 알아야 한다.

TIP | 생활방식(life style)

생활방식이란 생활의식, 가치관, 태도 등이 복합된 소비자들의 독특한 생활양식을 말한다. 사람들이 살아가는 생활방식은 사람마다 다르게 나타나며 어떤 특정 상품구매에 대한 개인적 성향을 결정하기도 한다. 이는 보통 활동(activity), 관심(interest), 의견(opinion)과 관련된 문항으로 측정하기 때문에 AIO분석이라고도 한다. 활동에 해당되는 변수로는 일/취미/사회활동/휴가/오락/클럽회원활동/지역사회활동/쇼핑/스포츠 등, 관심에 해당되는 변수로는 가족/가정/직업/지역사회/여가활동/유행/음식/대중매체/성취감/업적 등, 의견에 해당되는 변수로는 자아/사회적 문제/정치/사업 및 비즈니스/경제/교육/상품/미래/문화 등을 들 수 있다.

따라서 광고전문가라면 고객이 읽고 듣는 것과 취향 및 특별 관심사와 매체선호도 등을 잘 파악해야 한다. 1960년대까지 미국에서 고급시계 시장을 장악하던 Elgin사의 경우 소비자들의 시계에 대한 취향변화(환경변화)에 부응하지 못해서 쇠퇴일로를 걷게 되었음을 상기할 필요가 있다.

더더욱 창조적인 광고전문가라면 고객의 생각뿐만 아니라 동기, 의견, 기대, 편견, 때로는 고객의 마음상태까지도 파악해야 한다. 고객의 특성에 대한 긍정적인 측면으로는 사랑, 인정, 즐거움, 건강, 성공, 안정, 자아개념, 출세, 안락, 자유 등을 들 수 있으며, 고객의 특성에 대한 부정적인 측면으로는 갈등, 고통, 질병, 빈곤, 불확실성, 근심, 고독, 죽음 등을 들 수 있다.

2. 광고 아이디어의 발상요건

광고를 하는 이유는 다양하다. 어떤 창의적인 과제를 선택할 때에도 왜? 라는 질문이 종종 생겨난다. 광고를 하는 몇 가지 이유들을 소개하면 다음과 같다. 즉각적인 판매를 창출하기 위해서, 회사의 이미지를 제고시키기 위해서, 직면한 경쟁에 대처하기 위해서, 신제품이나 새로운 서비스를 소개하기 위해서, 새로운 사업을 알리기 위해서이다.

회사의 이미지를 제고시키기 위한 아이디어 광고

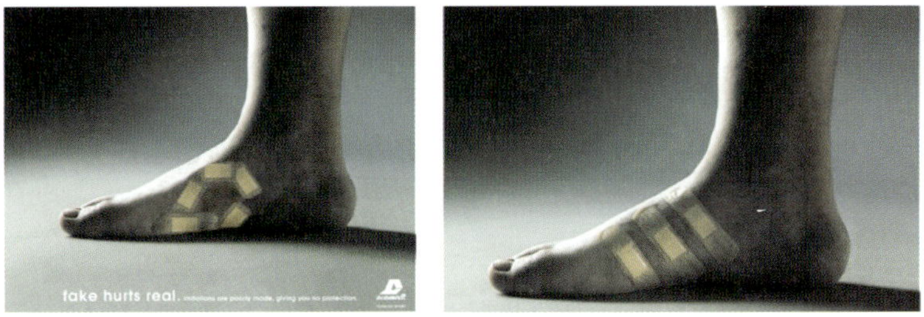

모방광고의 예

독창적인 키워드와 키비주얼을 보여준 광고

대부분의 광고회사들은 빅 아이디어(big idea)를 창출하기 위해 나름대로의 방식을 가지고 있다. 빅 아이디어라 칭할 수 있는 광고의 요건을 꼽으라면 각 사의 입장에서는 좋은 광고를 만드는 지침을 나열하지만 결국 좋은 광고라는 규범적인 요소의 틀을 벗어나진 못하고 있다. 명쾌한 콘셉트와 감동적인 아이디어를 만드는 구체적인 체크사항이 있다 하더라도 훌륭한 광고전략 모델에서 추구하는 것과 다를 수는 없다.

광고의 목적에서 벗어나는 아이디어는 빅 아이디어라 할 수 없기 때문에 크리에이티브 담당자들은 시장이나 제품 및 소비자와 관련시켜 독특한 아이디어를 찾아내야 한다. 그러나 일체의 모방작품은 있을 수 없으며 광고가 가지고 있는 중요한 요건을 충족시킬 수 있는 어떤 독특한 아이디어를 찾아낼 때까지 크리에이티브를 실제작업으로 옮기지 말아야 한다.

광고 아이디어의 발상에 있어서 중요한 요건을 들면 다음과 같다. 첫째, 광고를 통하여 인지도나 선호도를 높이는 것은 물론 궁극적으로는 구매의도나 구매행동이 가시적인 성과로 나타날 수 있는 것이어야 한다.

둘째, 키워드나 키비주얼 등이 충격적이고 독창적이어서 소비자의 가슴이나 머릿속에 강하게 기억되고 어떤 목적이든지 그 이미지를 강하게 심어 광고전략에서 원하는 방향으로 목표고객의 감정을 변화시킬 수 있어야 한다.

셋째, 표현의 콘셉트는 단순하고 간결하면서도 힘이 있어서 어떠한 시장상황의 변화가 있더라도 즉각적으로 변형시켜 운용할 수 있도록 융통성이 있어야 할 뿐만 아니라 경쟁사의 활동에 대해서도 대응할 수 있어야 한다.

3. 광고 아이디어의 발상원칙

(1) 일단 시작하고 나서 써보라!

모든 것을 계속해서 낙서하듯 써보라. 괜찮은 것이 있다면 같이 작업하는 동료들에게도 물어보라. 이것저것 모두 벽에 붙여놓고 그 가운데서 무엇이 괜찮은지 살펴보라. 아이디어들을 벽에 붙여놓고 한동안 살펴보라. 시간적 여유가 있다면 다음날에도 여전히 괜찮은지 생각해 보라. 만약 아이디어가 떠오르지 않으면 브레인스토밍(brain storming) 방법도 생각해 보라.

(2) 중단하지 말고 계속하라!

머릿속에서 창의적인 아이디어가 계속 흘러나온다면 아이디어를 끄집어내라. 운이 좋으면 작업에 가속도가 붙을 것이며 더 좋은 아이디어를 끌어낼 수 있을 뿐 아니라 전체를 위해서도 충분한 아이디어를 도출해 낼 수 있을 것이다.

(3) 흥미로운 아이디어를 만들려고 노력하라!

유머는 강력한 추진력이 된다. 며칠 후에도 이런 아이디어가 사람들을 킬킬거리고 웃게 만든다면 다르게 사용될 수 있는 방안을 찾아보라. 그 아이디어를 우스운 것이 아닌 흥미로운 것으로 만들려고 노력하라. 제품이 무미건조하게 느껴질 때에는 이 말을 마음에 새겨라. 재미없는 제품이란 없다. 다만 재미없는 카피라이터가 있을 뿐이다. 제품에 흥미를 느끼지 못한 상태에서 카피를 쓴 광고는 실패할 가능성이 높다.

(4) 시각적으로 제시해 보라!

시각적으로 보여 준 광고

사진 한 장으로도 수많은 상품을 팔 수 있다. 소비자들의 관심을 끄는 이미지를 찾아라. 그 다음에 그 이미지와 상승작용을 일으킬 수 있는 헤드라인을 개발하되 단순한 설명이 되지 않도록 하라. 비주얼은 글이나 말보다 상품을 더 잘 설명해 준다. 시각을 통하여 소비자는 먼저 제품의 색깔, 크기, 모양, 사물의 운동 및 사물로부터의 거리를 인식한다. 따라서 TV광고든 인쇄광고든 시각은 정보를 받아들이는 창구역할을 한다고 할 수 있다.

(5) 단지 다르게 하기 위해 차별화를 하지 마라!

가끔 아트디렉터들은 창의적인 영감을 만족시키기 위해 이상한 배경이나 이상한 서체에 비중을 두고 열광할 지도 모른다. 그러나 이러한 요소들이 아이디어에 아무것도 도움을 주지 못한다면 하지 않는 것이 좋다.

(6) 목적과 의도를 명확하게 하라!

목적이나 의도가 어정쩡하면 좋은 발상이 나올 수 없다. 일하지 않고 가만히 앉아서도 백만장자가 될 수는 없다. 동쪽으로 가도 좋고 서쪽으로 가도 좋고 잘 안되면 북쪽으로 가는 것도 괜찮다는 식의 애매한 생각을 버려야 한다. 목적과 의도를 명확하게 한다는 것은 되도록 구체적으로 알기 쉽고 분명하게 한다는 것이다. 추상적인 목적일수록 구체적인 발상이 나오기 힘들다. 추상적인 목적을 구체적으로 정리해 나가는 것도 매우 중요한 일에 속한다.

(7) 기본에 충실하라!

기본적인 과제를 게을리 하면서 성공적인 광고를 만들 수 있는 가능성은 극히 희박하다. 때로는 이러한 기본적인 과제들을 게을리 하더라도 아주 가끔은 운이 좋아서 성공적인 광고캠페인을 만들 수 있을지도 모른다. 그러나 머지않아 실패의 맛을 보게 될 것이다. 따라서 광고해야 할 제품을 연구해야 한다. 그 제품에 대해 많이 알면 알수록 그 제품을 팔 수 있는 훌륭한 아이디어를 더 많이 생각해 낼 수 있다.

(8) 좋은 정보를 많이 축적하라!

본래 축적되지 않았던 정보를 아무리 찾은들 나올 리가 없다. 발상이란 머릿속에서 축적된 정보를 목적에 맞게 질이 좋은 새로운 정보로 만들어 내는 것이라고 할 수 있다. 축적된 정보가 풍부하고 질이 좋아야 함은 더 이상 말할 필요가 없다. 질이 좋고 풍부하다는 뜻은 무턱대고 많이 있으면 된다는 뜻은 아니다. 일정한 목적에 맞는 질 좋은 정보들이 충분해야 한다. 즉, 어느 한쪽으로 폭 좁게 편중된 지식정보만이 아니라 학제적인 주변정보를 많이 축적하는 것이야말로 좋은 발상을 위한 조건인 것이다.

(9) 필요한 정보를 적절한 시기에 받아들여라!

잡지나 신문 등의 정보를 스크랩해 둔다든가 발상의 힌트가 될 만한 것들을 카드로 만들어 두는 등의 시사문제나 유행에 대하여 평소에 의도적인 접근과 마음가짐이 필요하다. 특히 하루가 다르게 변해 가는 정보화 사회에서 정보의 타이밍은 정보의 질적 전환이라는 문제를 해결할 수 있는 하나의 방법이 될 수 있다. 인터넷이나 PC 통신 등에 익숙한 네티즌이 되어야 함은 두말할 필요도 없다.

(10) 정보를 효과적으로 결합하라!

축적된 정보가 많이 있다고 하더라도 마음대로 쉽게 꺼낼 수는 없다. 정보를 어떻게 이용해야 좋은 발상을 할 수 있는지에 대하여도 잘 알지 못한다. 그러나 많은 사람들이 지금 이 순간에도 좋은 발상을 해내고 있다. 좋은 발상을 못 해내라는 법은 없다. 문제는 방법이다. 어느 사이엔가 그런 방법을 터득한 사람도 있겠지만 좀처럼 잘 안 되는 사람이 훨씬 더 많다. 똑같은 사람인데도 분명한 차이가 있다는 것은 어떤 비결이 있기 때문이다. 그러한 방법이나 비결은 노력과 훈련을 통해 알아낼 수밖에 없다. 힘들고 어렵겠지만 지속적으로 노력과 훈련을 쌓는다면 적어도 지금보다는 능숙해질 가능성이 높다.

(11) 단순화하라!

핵심 아이디어가 드러나도록 하라. 아무리 좋은 아이디어가 머릿속에 있더라도 무심한 소비자의 눈에 띄지 않으면 무슨 소용인가? 만약 눈에 띄지 않으면 그 아이디어를 설명하기 위해 부제를 달거나 추가로 사진을 넣는다고 해도 도움이 되지 않을 것이다. 간결한 아이디어는 수많은 광고가 한꺼번에 집행되는 상황에서 광고를 눈에 띄게 할 뿐만 아니라 기억시키기도 쉽다.

(12) 광고주의 마음을 추측하지 마라!

이목을 집중시키고 상품을 팔 수 있도록 아이디어를 개발하라. 그런 다음 이것을 광고주에게 어떻게 팔 것인지를 고민하라. 시작하기 전부터 광고주가 무엇을 좋아할 것인가를 고민함으로써 창의성에 족쇄를 채우지 마라.

(13) 파일로 만들어 놓아라!

모든 아이디어가 살아남는 것은 아니며 대부분이 사용되지 않을 수도 있다. 그렇다고 해서 사용되지 않는 아이디어를 사장시켜서는 안 된다. 사용되지 않는 아이디어들 가운데 좋은 아이디어는 챙겨두어야 한다. 나중에 훌륭한 아이디어의 소재가 될 만한 사진이나 기사 등을 스크랩해 두어라.

4. 광고 아이디어의 발상 테크닉

1) 광고 아이디어의 발상 접근법

수많은 법칙과 이론들, 세계적인 광고대행사들의 성공사례, 권위 있는 국내외 광고상을 수상한 작품, 저명한 서적 등을 통해서 광고 아이디어의 발상에 필요한 정보를 공유할 수 있다.

창의적인 광고 아이디어, 즉 빅 아이디어를 끌어내기 위한 방법에는 여러 가지가 있을 수 있다. 사람마다 여러 가지 방법을 적용하여 나름대로 보다 더 좋은 아이디어를 만들어 내려고 부단히 노력하고 있다. 그러나 무엇보다도 제품이나 서비스가 처해 있는 상황을 고려하여 창의적으로 만들려는 마음가짐이 중요하다고 할 수 있다. 창의적인 광고 아이디어의 발상은 간결하거나 정돈된 과정을 통해 이루어지지 않는다.

TIP | 빅 아이디어 발견을 위한 체크 포인트(check point)

아이디어를 처음 보았을 때 놀라서 숨이 막힐 정도였는가?
아이디어를 생각해 낸 사람이 나였으면 하는 바람이 들었는가?
아이디어가 독특한가?
아이디어가 전략에 완벽하게 부합하는가?
아이디어가 최소한 10년 이상은 지속될 수 있는가?

창의적인 광고 아이디어를 끌어내는 데 도움을 줄 수 있는 테크닉을 소개하면 다음과 같다.

(1) 상품을 제시하라!

상품을 통해 브랜드의 정체성(identity)을 확립하고 강화하라. 지겨운 소리로 들

단순히 상품만을 보여줘 명품 브랜드의 정체성을 확립하고 강화시키기 위한 GUCCI의 핸드백 광고

제품에 대한 소비자의 혜택을 강조한 광고

릴 수도 있으나 일부 혁신적인 광고들은 오로지 상품이나 로고만을 보여준다. 그 상품이 주는 혜택을 카피(copy)에 스며들게 하거나 헤드라인(head line)에서 암시할 수도 있다. 아예 언급하지 않을 수도 있다.

때때로 가장 훌륭한 빅 아이디어는 철저하게 단순히 제품만을 보여 준다. 이는 용기가 필요하다. 창의력이 없다는 비난을 받을 수 있기 때문이다. 이렇게 하는 주된 목적은 브랜드의 이미지를 확립하거나 그러한 이미지를 강화하는 것이다. 예를 들어, 포장재의 경우 포장이나 레이블을 보여 주는 것이 헤드라인에서 설명하는 것보다 더 효과적일 수도 있다.

(2) 혜택을 제시하라!

대개의 경우 혜택을 제시하는 방식에는 핵심적인 주요 혜택을 주장하는 직설적인 문장이 포함된다. 이 경우 대체로 소비자들은 콘셉트를 파악하기 위해 고심할 필요가 없다. 때로는 직설적으로 혜택을 제시하는 방식을 우선 고려해 볼 만하다.

그러나 좀 더 창의적인 접근법을 생각해 볼 수도 있다. 직설적인 헤드라인과 함께 강력하고 시선을 집중시키는 그래픽을 결합시킬 필요가 있다. 예를 들어, 청량음료의 경우 헤드라인이 필요 없을지도 모른다. 그러나 캔이나 병을 즐거워하는 사람들의 모습과 함께 보여 줄 수도 있다.

(3) 대안을 제시하라!

그 상품을 사용하지 않을 경우 소비자에게 어떤 일이 일어나는가? 또한 경쟁상품을 사용할 경우 소비자에게 어떤 일이 일어나는가? 이를 고려하여 소비자들에게 적절한 대안을 제시해야 한다.

(4) 비교해 보라!

비교를 이용한 광고

광고하려는 상품을 경쟁상품과 비교해 보라. 경쟁에 직면하여 직접적으로 대응할 때 다음 요인들을 유념할 필요가 있다. 광고상품이 시장에서 선두를 차지하고 있다면 2위 상품과 비교하지 마라. 또한 상품에 대한 주장을 비교할 때에는 정확성을 확인하라.

비교를 할 때 주의해야 할 점으로는 광고를 통해 제시된 주장이 가능한 한 사실적으로 완벽하도록 노력하라. 사전에 사실의 주장을 입증하기 위한 명확한 근거를 수집하도록 노력하라. 성공과 실패의 가능성을 고려하라. 비교를 통해 얼마나 많은 이익을 얻을 것인지 아니면 얼마나 많은 위험을 추가로 감수해야 하는지를 비교하라. 상품에 대한 추가적인 자료에 대하여 설명을 덧붙이라.

(5) 은유법을 활용하라!

초등학교 때부터 작문을 맛깔나게 하기 위해 은유법(metaphors)을 활용해야 한다고 배워왔다. 은유에 대해 알고 있는 바를 적절히 이용하고 이를 광고에 시각적으로 적용하라. 그러나 은유는 의미가 미묘해서 의미를 파악하기 힘들 때도 있다. 어떤 은유법은 의미가 매우 불분명해서 비주얼과 상품을 관련짓는 데 사고의 비약을 요구하기도 한다.

신선한 우유와 미스 유(乳)를 은유적으로 표현한 광고

전기차를 통하여 맑은 공기를 만들어 간다는 은유적 광고

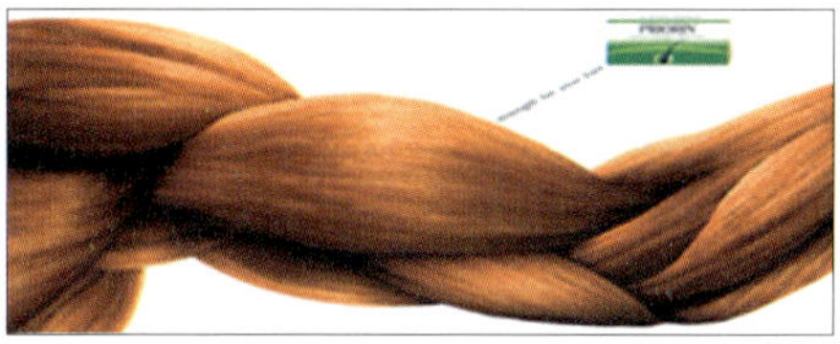

근섬유와 머리카락의 관련성을 이용한 광고

(6) 관련성을 도입하라!

때로는 강조하기 위해 관련이 없어 보이는 것을 활용할 수도 있다. 이것은 비주얼 수수께끼처럼 많은 양의 메시지를 전달하기 위해 비주얼에 의존한다. 그러나 상품의 이름이나 그 상품이 주는 혜택과는 직접적인 연관이 없을 수도 있다. 일반적으로 이러한 접근법은 소비자들의 이목을 집중시키는 그래픽이나 헤드라인을 이용한다. 일단 소비자들이 주목하게 되면 곧바로 카피본문(body copy)으로 끌어들일 수 있다.

(7) 연결고리를 찾아라!

상품과 소비자를 이어주는 연결고리를 발견하라. 성공적인 빅 아이디어를 발견하기 위해서는 상품과 소비자의 모든 측면에 대해 관점을 달리해서 바라볼 수 있는 수평적 사고가 몸에 배어 있어야 한다. 각기 다른 소비자들과 포괄적 개념을 지닌 상품간의 관계를 찾아야 한다. 상품이 가지고 있는 특성과 장점 등을 소비자가 가지고 있는 문제, 고민, 욕구 등의 해결방안으로 연결시키는 노력이 필요하다. 오늘날 소비자들의 욕구는 과거와는 달리 매우 이질적이고 다양하다.

소비자의 고민을 해결하기 위해 상품의 특성과 연결시킨 광고

사용경험을 이용해 주목을 끌기 위한 증언형태의 광고

(8) 증언 및 보증을 제시하라!

증언 및 보증의 형식은 구전의 힘을 광고로 옮기는 것이다. 실제인물이 자신의 직접적인 경험을 토로함으로써 소비자들의 주목을 쉽게 끌 수 있으므로 설득력이 강하다. 거리에서 우연히 만난 사람과 인터뷰하거나 몰래카메라를 가지고 인터뷰하는 형식을 취할 수도 있다. 유명인이든 보통 사람이든 관계없이 다른 사람들의 권유나 그들의 사용경험을 소개하라. 요즈음에도 증언형태나 유명인 보증형태의 광고가 많이 등장하고 있다. 증언형태나 유명인 보증형태의 광고효과를 배가시키기 위해서는 신문의 사설처럼 신뢰성이 있어야 한다.

(9) 시각적으로 생각하라!

인간은 눈으로 보이지 않는 사실을 느낄 수 있다. 단순히 눈에 보이는 실상에 그치지 않고 사물이 처해 있는 상황 즉, 주변적 환경을 포함한 모든 조건에 따라 변화하는 허상까지도 감지한다. 화가는 사물과 사물이 처한 상황을 미적인 감각으로 분별하는 능력이 있어서 그것을 그림으로 표현하는 것이고 음악가나 문학가는 영적인 감각으로 사물을 바라보고 감동적인 소리와 글로 표현한다.

시각적 상상력은 현재를 뛰어넘어 과거와 미래의 불가능한 일들을 경험할 수 있게 하여 현재의 세계를 새로운 질서와 기쁨의 세계로 만들어 준다. 그러나 비주얼

시각적 표현으로 주목을 끌기 위한 선크림 광고

상품을 산으로 이동시킨 광고

은 다분히 감각적이고 회화적인 면이 강하기 때문에 평소에 충분한 훈련이 요구된다. 일단 숙달이 되면 대단히 특이한 발상도 가능하지만 가끔 너무 엉뚱한 발상으로 흐르기 쉬운 위험도 항상 공존하고 있음을 유의해야 한다.

(10) 이동시켜 보라!

광고 아이디어의 발상에 주인공(상품)을 이동시켜 보는 테크닉을 활용하라. 바다 속으로, 히말라야 산으로, 청와대로, 백악관으로, 축구장으로, 고래 배 속으로, 어디라도 좋다. 일단 어디로든지 이동시켜 놓고 생각해 보라. 설사 좋은 결과를 얻지 못하더라도 아이디어 찾기에 찡그려졌던 이마의 주름살을 펴거나 쌓였던 스트레스를 푸는 데는 확실히 도움이 될 것이다. 아이디어의 문제로 머리가 아플 때 한번쯤은 시도해 볼 만하다.

(11) 좁혀 보라!

문제의 핵심을 논리적으로 풀어가며 좁히고 좁혀가는 방법이 가장 확실하게 아이디어를 찾아가는 길이지만 경험이 없는 사람들에게는 힘든 일이다. 예를 들어, 카메라의 조리개를 활짝 열고 포커스를 맞추어 사진을 찍는 원리를 생각해 볼 수 있다. 어떤 문제에 부딪쳤을 때 생각의 범위를 최대한 좁혀보면 이외의 해결책을

'침대는 가구가 아닙니다. 과학입니다'라는 카피로 관점을 바꾼 광고

얻을 수 있을 수 있다. 다만 안이한 포커스 맞추기는 때로는 실패의 원인이 될 수 있으므로 항상 주의해야 한다.

(12) 넓혀 보라!

자유로운 발상은 그 어떤 사고에도 구속됨이 없이 창조적 사고를 무한히 확산시킨다. 이렇게 자유롭게 사고의 폭을 넓혀가는 것은 광고 아이디어를 발상하는 일에도 가장 빈번하게 사용되는 테크닉 중의 하나이다. 생각의 범위를 넓힐 수 있는 대로 넓혀보라.

(13) 관점을 바꾸어 보라!

어떤 문제에 직면했을 때 그 문제를 바라보는 관점을 바꾸어 보면 즉, 입장을 바꿔 생각해 본다면 뜻밖의 아이디어를 얻을 수도 있다. 즉, 바라보는 각도를 바꾸는 발상의 테크닉은 머리의 전환이 요구되는 상황에서 사용하면 효과적일 수 있다.

(14) 생활의 단면 속으로 파고들어라!

생활 속에서 매일 매일 일어나는 작은 일들을 연결고리로 하여 상품을 보여주게 되면 상품과 친근하게 접근할 수 있는 계기가 마련될 수 있다. 가정에서, 학교에

일상생활의 단면을 이용해 공감대를 형성하기 위한 광고

배우 김수현이 수영선수 박태환을 열렬하게 응원하는 광고

서, 사회에서 무심코 지나치는 일상생활의 단면들을 통해 공감대를 끌어낼 수 있다. 예를 들어, 한 모델이 다른 모델과 함께 실생활과 거의 비슷한 장면에서 제품의 장점에 대해 논쟁을 벌이는 경우를 들 수 있다.

(15) 우리만의 정서에 호소하라!

올림픽이나 월드컵 같은 국제경기에서 우리 선수가 시상대에 올라 금메달을 타는 모습을 보고 서서히 올라가는 태극기와 함께 울려 퍼지는 애국가를 들으면 왠지 눈물이 핑 돌고 가슴이 뭉클해진다. 이는 우리나라 사람들끼리 나름대로의 고유한 동질성이 형성되어 있기 때문이다. 사고방식, 행동방식, 표현방식, 생활방식의 모든 구석구석에 독특한 동질성이 스며들어 있다. 그러므로 우리만의 독특한 정서, 감정, 기분에 호소하면 그야말로 우리만이 느낄 수 있고 감동할 수 있는 아이디어가 나올 수 있다.

(16) 콘셉트로 돌아가라!

진실로 우리가 관심을 가져야 할 것은 광고작품의 표면적인 차별화가 아니라 광고해야 할 상품(브랜드)의 차별적 이점이나 소비자가 거부할 수 없는 확실한 약속

사항을 발견하는 일이다. 이것이 바로 상품의 콘셉트를 올바르게 이해하는 것이다. 따라서 상품의 콘셉트를 우선 생각할 필요가 있다.

2) 광고 아이디어의 발상 키워드

일반적으로 통용될 수 있는 광고 아이디어의 발상에 필요한 주요 키워드를 여러 문헌에 기초하여 요약해 제시하면 〈표 7-1〉과 같다.

트럼프 미 대통령이 펼치는 반이민자 정책을 풍자하기 위해 미국 시카고 일러스트레이터, 미치 오코넬(Mitch O'Connell)이 만든 광고

수능 국어 영역에서 지문 읽기에 대한 흐름 읽기를 강조한 아이디어 광고

표 7-1 | 광고 아이디어의 발상 키워드

뒤집어 보라.	차갑게 만들어라.	쉽게 표현하라.
잡아당겨 보라.	향기를 덧붙여라.	날게 만들어라.
색깔을 바꾸어라.	향기를 바꾸어라.	뜨게 만들어라.
좀 더 크게 만들어라.	어린이에게 어필하라.	굴러다니게 만들어라.
좀 더 작게 만들어라.	남성에게 어필하라.	섹스어필을 집어넣어라.
둥글게 만들어라.	가격을 낮추어라.	응축시켜라.
사각형으로 만들어라.	가격을 올려라.	구부려라.
좀 더 길게 만들어라.	성분의 요소를 바꾸어라.	매치시켜라.
좀 더 짧게 만들어라.	새로운 성분을 추가하라.	옆으로 돌려 보아라.
눈에 보이게 만들어라.	뒤틀어 보아라.	좌우 대칭으로 만들어라.
주위환경을 최대한 이용하라.	투명하게 만들어라.	좌우 비대칭으로 만들어라.
가사 속에 집어넣어라.	불투명하게 만들어라.	여성에게 어필하라.
악보 속에 집어넣어라.	다른 백그라운드를 이용하라.	외형을 바꾸어라.
가사와 악보를 결합시켜라.	매혹적으로 만들어라.	별명을 붙여라.
그림과 악보를 결합시켜라.	다른 재료를 사용해 보라.	농축시켜라.
가사를 없애라.	인간적인 관심을 덧붙여라.	고체화하라.
그림을 없애라.	다른 용기에 집어넣어라.	액체화하라.
3차원으로 만들어라.	간결하게 만들어라.	억양을 붙여 말하라.
2차원으로 만들어라.	최소형화 시켜라.	보다 좁게 만들어라.
모양을 바꾸어라.	최대형화 시켜라.	보다 넓게 만들어라.
일부를 바꾸어라.	요약해 보라.	우스꽝스럽게 만들어라.
움직이게 만들어라.	어둡게 만들어라.	풍자적으로 만들어라.
다른 것처럼 보이게 만들어라.	밝게 만들어라.	철자를 오기하라.
낭만적으로 만들어라.	붉은 빛을 내게 만들어라.	짧은 카피를 이용하라.
구식처럼 보이게 하라.	깜빡거리게 만들어라.	긴 카피를 이용하라.
미래처럼 보이게 하라.	불꽃이 튀게 만들어라.	설명서를 첨부시켜라.
다른 일부분으로 만들어라.	환해지게 만들어라.	2차적인 용도를 찾아라.
보다 강하게 만들어라.	형광등의 빛을 내게 하라.	병에 담아라.
아트스타일을 사용하라.	무겁게 만들어라.	캔에 담아라.
사진으로 바꾸어 보라.	가볍게 만들어라.	상자 속에 담아라.
삽화로 바꾸어 보라.	촉진과 결부시켜라.	통 속에 담아라.
활자를 바꾸어 보라.	실제보다 작게 만들어라.	단지 속에 담아라.
사진 제목으로 말해보라.	과장시켜라.	즐거움을 덧붙여라.
새로운 광고매체를 사용하라.	새로운 용도를 발견하라.	달콤하게 만들어라.
새로운 광고매체를 개발하라.	조합을 만들어라.	단순화시켜라.
뜨겁게 만들어라.	요소들을 재배치하라.	시각적으로 제시해 보라.
정보를 많이 축적하라.	은유법을 활용하라.	좁혀보라.
정보를 효과적으로 결합하라.	관련성을 도입하라.	넓혀보라.
상품을 제시하라.	연결고리를 찾아라.	관점을 바꾸어 보라.
혜택을 제시하라.	증언 및 보증을 제시하라.	생활의 단면으로 들어가라.
대안을 제시하라.	시각적으로 생각하라.	우리만의 정서에 호소하라.
비교해 보라.	이동시켜 보라.	콘셉트로 돌아가라.

Summary
요약

광고 아이디어의 발상과정은 발상의 원리와 자발적 사고 및 소비자특성의 파악을 통해서 이루어진다. 발상의 원리는 첫째, 정보를 수집하는 창의적인 사고과정에서부터 시작한다. 둘째, 다음 단계로 분석을 들 수 있다. 셋째, 마지막 단계로써 이 부분이야말로 모든 노력의 결정체 즉, 아이디어를 들 수 있다.

예외 없이 아이디어는 많은 노력과 잘 조직화된 지적 활동의 산물이다. 이른바 아이디어라고 일컬어지고 있는 최종적인 생각은 지적 활동의 결과 외에 다른 것이 아니다. 지적 활동의 논리는 영감을 북돋워 줄지언정 결코 위축시키지 않는다는 점을 명심해야 한다.

자발적 사고를 통해 창의적으로 아이디어를 끌어내기 위해서는 무엇보다도 먼저 본인이 스스로 원해서 해야만 한다. 광고는 창의적인 일이다. 그래서 이 분야에는 능동적인 마음을 지닌 사람들이 몰린다. 창의성은 후천적인 특성이다. 따라서 스스로에 대한 긍정적인 이미지를 지니는 것도 필수적이다.

소비자특성을 파악하기 위해서 광고전문가는 소비자를 잘 알고 있어야 한다. 오늘날 소비자들의 욕구는 과거와는 달리 매우 이질적이고 다양하다. 전문 마케팅 담당자로서 고객의 수입, 사회적 지위, 직업, 가족관계, 교육, 나이, 생활방식, 취미 그리고 광고시장 및 매체에 대한 고객의 활동 등을 잘 알아야 한다.

광고 아이디어의 발상요건은 첫째, 광고를 통하여 인지도나 선호도를 높이는 것은 물론 구매의도나 구매행동이 가시적인 성과로 나타날 수 있는 것이어야 한다. 둘째, 키워드나 키비주얼 등이 충격적이고 독창적이어서 소비자에게 강하게 기억되고 그 이미지를 강하게 심어 광고전략에서 원하는 방향으로 목표고객의 감정을 변화시킬 수 있어야 한다. 셋째, 표현의 콘셉트는 단순하고 간결하면서도 힘이 있어서 어떠한 시장상황의 변화가 있더라도 즉각적으로 변형시켜 운용할 수 있도록 융통성이 있어야 할 뿐만 아니라 경쟁사의 활동에 대해서도 대응할 수 있어야 한다.

광고 아이디어의 발상원칙으로는 일단 시작하고 나서 써보라. 중단하지 말고 계속하라. 흥미로운 아이디어를 만들려고 노력하라. 시각적으로 제시해 보라. 단지 다르게 하기 위해 차별화를 하지 마라. 목적과 의도를 명확하게 하라. 기본에 충실 하라. 좋은 정보를 많이 축적하라. 필요한 정보를 적절한 시기에 받아들여라. 정보를 효과적으로 결합하라. 단순화하라. 광고주의 마음을 추측하지 마라. 파일로 만들어 놓아라.

광고 아이디어의 발상테크닉으로는 상품을 제시하라. 혜택을 제시하라. 대안을 제시하라. 비교해 보라. 은유법을 활용하라. 관련성을 도입하라. 연결고리를 찾아라. 증언 및 보증을 제시하라. 시각적으로 생각하라. 이동시켜 보라. 좁혀 보라. 넓혀 보라. 관점을 바꾸어 보라. 생활의 단면 속으로 파고들어라. 우리만의 정서에 호소하라. 콘셉트로 돌아가라.

Test
기출문제

01 광고 아이디어의 발상과 거리가 가장 먼 것은?
① 광고 아이디어의 발상목적과 의도가 추상적이어야 한다.
② 구매행동이 가시적인 성과로 나타날 수 있는 것이어야 한다.
③ 키워드나 키 비주얼 등이 독창적이어야 한다.
④ 표현 컨셉트는 단순하고 간결하면서도 힘이 있어야 한다.
⑤ 표현의도가 쉽게 수용될 수 있어야 한다.

02 광고 아이디어의 발상목적과 의도가 추상적일수록 구체적인 광고 아이디어의 발상이 나올 수 있다. O|X

03 광고 아이디어에 관한 좋은 발상을 하기 위해서는 어느 한쪽으로 폭 좁게 편중된 지식정보만이 아니라 학제적인 주변정보를 많이 축적할 필요가 있다. O|X

04 광고 아이디어 발상의 원리는 첫째, 정보를 수집하는 창의적인 사고과정에서부터 시작한다. 둘째, 다음 단계로 분석을 들 수 있다. 셋째, 마지막 단계로써 이 부분이야말로 모든 노력의 결정체, 즉 (　　)을(를) 들 수 있다.
빈칸에 들어갈 알 맞는 답을 한글 4자 이내로 쓰시오.

05 자발적 사고를 통해 창의적으로 아이디어를 끌어내기 위해서는 무엇보다도 먼저 본인이 스스로 원해서 해야만 한다. 광고는 창의적인 일이다. 따라서 창의성은 후천적인 특성이라고 하기보다는 선천적인 특성이라고 할 수 있다. O|X

06 광고 아이디어의 발상요건과 거리가 가장 먼 것은?
① 광고를 통하여 인지도나 선호도를 높일 수 있어야 한다.
② 광고를 통하여 구매행동이 가시적인 성과로 나타날 수 있어야 한다.
③ 표현의 콘셉트는 복잡하고 다양하면서도 힘이 있어야 한다.
④ 키워드나 키 비주얼 등이 충격적이고 독창적이어야 한다.
⑤ 광고전략에서 원하는 방향으로 목표고객의 감정을 변화시킬 수 있어야 한다.

07 생활방식(life style)은 생활의식, 가치관, 태도 등이 복합된 소비자들의 독특한 생활양식을 말한다. 이는 사람마다 다르게 나타나며 어떤 특정 상품구매에 대한 개인적 성향을 결정하기도 한다. 보통 활동, 관심, 의견과 관련된 문항으로 측정하기 때문에 (　　) 분석이라고도 한다.
빈칸에 들어갈 알 맞는 답을 영어 대문자 3자 이내로 쓰시오.

08 광고를 하는 이유와 거리가 가장 먼 것은?
① 즉각적인 판매를 창출하기 위해서
② 회사의 이미지를 제고시키기 위해서
③ 직면한 경쟁을 피하기 위해서
④ 신제품이나 새로운 서비스를 소개하기 위해서
⑤ 새로운 사업을 알리기 위해서

[정답]

01 ①	**02** ×	**03** ○	**04** 아이디어
05 ×	**06** ③	**07** AIO	**08** ③

광고 불변의 법칙

주 요 성 공 요 인 을 찾 아 라 !

경쟁사들이 유사제품을 어떻게 광고하는지, 그 광고가 성공적인지, 성공적이라면 어떻게 성공했는지를 알아보아야 한다. 소비자조사를 통해 소비자들이 제품에 대해 어떻게 생각하고, 그것에 대해 이야기할 때 어떤 언어를 사용하며, 그들에게는 제품의 어떤 속성이 중요한지, 그리고 그 제품을 팔기 위해 소비자에게 어떤 약속을 해야 하는지 알아내야 한다. 이 작업은 캠페인의 방향을 제시해 줄 것이다.

CHAPTER 08

광고카피

U n d e r s t a n d i n g o f A d v e r t i s i n g

광고카피의 개념과 정책, AIDA 원칙과 5I 원칙을 살펴보고, 광고카피의 구성요소를 헤드라인, 서브헤드라인, 카피본문, 슬로건, 캐치프레이즈, 캡션의 측면에서 살펴본 다음, 광고카피 포맷의 유형과 광고카피의 특수한 표현방식을 살펴본 후 광고카피라이팅과 카피라이터를 살펴보도록 한다.

Advertising & Copy

"따라하는 건 내 스타일이 아니야"
"쿠키 하나도 특별하게"
"젊은 생활의 욕심"을 슬로건으로 한 삼양의 식품통합브랜드 큐원이 만든 광고로 변정민의 머리 위, 남편쿠키, 아이쿠키 그리고 큐원 제품 위 등에 뜨는 나뭇잎 아이콘의 설정은 브랜드의 기억요소와 CF의 재미요소를 모두 만족시키는 독특한 설정이다.
이는 아이콘을 통해 푸릇푸릇한 나뭇잎하면 젊은 큐원을 연상하도록 한 것으로 소비자와의 인식상의 연결을 시도한 전략적인 의도도 숨어있다.

CHAPTER

08

광고카피

1. 광고카피의 개념과 정책

1) 광고카피의 개념

카피(copy)에 관하여 대부분 사람들은 카피를 복사의 의미로 생각하는 경향이 있다. 저자도 처음 배울 때 카피를 복사의 의미로 이해한 적이 있다. 그러던 어느 날 카피와 복사가 같은 의미를 내포하고 있다는 점을 깨닫게 되었다. 즉, 카피를 만들어 내는 카피라이터(copy writer)는 머릿속에 있는 아이디어나 생각을 말이나 글로 또는 비주얼이나 스토리로 매우 훌륭하게 복사해 내는 사람이라는 걸 깨달았다.

따라서 광고에서 카피는 광고의 골격을 이루는 아이디어나 생각을 언어나 글로 또는 비주얼이나 스토리로 표현한 것을 말한다. 광고카피를 광의로 해석하면 광고물 전체를 의미하지만 협의로는 광고물 중 글자나 언어부분 또는 비주얼이나 스토리를 뜻한다. 인쇄광고에서의 카피는 헤드라인, 서브헤드라인, 카피본문, 슬로건, 캐치프레이즈, 캡션 등을 포함한다. 방송광고에서의 카피는 대본(콘티), 음악(배경음악/CM/jingle), 해설(내레이션), 멘트 등을 포함한다.

2) 광고카피의 정책

카피정책은 카피의 설계도와 같은 것이라고 할 수 있다. 따라서 카피정책이 처음부터 확실히 서 있지 않으면 방향이 빗나간 엉뚱한 광고가 될 수 있다. 그러므로 카피라이터는 여러 가지 자료를 모아 검토하여 카피표현의 충족요소를 갖출 수 있도록 카피정책을 수립해야 할 것이다.

카피정책을 수립할 때 고려해야 할 사항으로는 누구를 대상으로 할 것인가, 어떤 매체를 이용할 것인가, 어떤 목적을 둘 것인가, 어떤 면을 강조할 것인가, 어떤 반응을 유도할 것인가, 기타의 내용으로 광고상품에 관한 정보, 이점과 편익 정도, 가격정책, 경쟁상태, 소비자의 태도 등에 관한 사전검토를 들 수 있다.

2. AIDA 원칙과 5I 원칙

광고카피는 신뢰성이 높고 구체적이어야 하며 쉽고 간결해야 한다. 따라서 광고카피는 소비자들에게 흥미를 일으켜 구매행동으로 연결시켜야 한다. 이러한 목적을 달성하기 위해 광고계에서는 AIDA 원칙과 더불어 5I 원칙이 널리 사용되고 있다. 그러나 이러한 원칙은 지극히 기본적인 원리에 해당되기 때문에 독창성을 발휘하여 효과적인 광고카피를 쓸 수 있어야 한다. AIDA 원칙과 5I 원칙을 도식화하면 [그림 8-1]과 같다.

그림 8-1 | AIDA rule과 5I rule

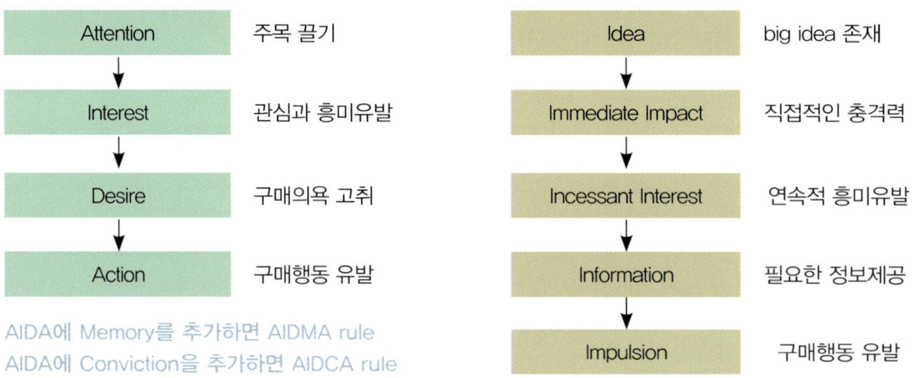

3. 광고카피의 구성요소

1) 헤드라인(headline)

헤드라인은 광고카피의 구성요소 중에서 가장 중요한 부분이다. 광고의 대가 David Ogilvy는 헤드라인이 전체 광고비 중 약 80% 정도의 값어치를 한다고 말한 바 있다. 인쇄광고의 경우 헤드라인은 본문의 내용을 집약적으로 표현한 비교적 큰 활자로 된 짧은 문구이다. 즉, 헤드라인은 주목을 끌기 위해 큰 글자로 쓰여 진 짧은 글로써 인쇄광고에서는 제목과 같은 역할을 한다. 방송광고의 경우 헤드라인은 처음 몇 마디에 속한다.

(1) 헤드라인의 기능

현대는 정보의 홍수시대라고 할 만큼 일반대중에게 수많은 정보가 밀려들고 있다. 그래서 광고카피의 수명도 길어봐야 며칠에 불과하다. 그럼에도 불구하고 세계 광고 역사상 걸작광고의 대다수 광고물은 대부분 헤드라인으로 기억되고 있다.

헤드라인은 소비자의 주목을 끄는 것 외에 카피본문으로 자연스럽게 유도해야 한다. 헤드라인은 흥미를 유발하여 내용을 읽어보게 하고, 잠재고객을 끌어들이며, 내용을 읽지 않는 사람에게도 짧은 메시지를 전달하는 기능을 한다. 헤드라인은 소비자가 정보를 처리할 수 있는 시간이 제한되어 있거나 또는 관심이 적을수록 주목을 끌기 위해 중요하다.

여러 연구에 의하면, 헤드라인을 읽는 사람들이 카피본문을 읽는 사람들보다 약 다섯 배가 많은 것으로 보고되고 있다. 따라서 헤드라인이 제품을 제대로 팔지 못하면 광고비의 약 90%를 낭비하는 셈이 된다. 일반적으로 효과적인 헤드라인은 표백강화, 우수한 연비, 여드름에서 해방, 충치예방 등과 같이 소비자들에게 제품이 주는 편익을 약속하는 것이다. 또한 뉴스를

헤드라인에 표백강화를 강조한 광고

담고 있는 헤드라인은 성공할 가능성이 높다. 뉴스란 신제품을 알릴 수도 있고, 기존제품의 품질향상에 관한 것일 수도 있고, 기존제품의 새로운 사용법에 관한 것일 수도 있다.

(2) 헤드라인의 요건

- 헤드라인은 분명하고 확실하게 알려야 할 뿐만 아니라 즉시 이해가 가능해야 한다. 제품이 무엇인지, 어떤 기능을 하는지 등을 말하지 않는 경우가 있다. 놀라운, 새롭게 선보이는, 이제는, 갑자기 등과 같이 신뢰성이 이미 입증된 단어들을 사용하면 효과적일 수 있다.

- 헤드라인에 브랜드 명을 삽입하라. 브랜드 명을 넣지 않으면 카피본문을 읽지 않는 독자 중 약 80% 정도는 무슨 제품을 광고하고 있는지 모를 것이다. 어떤 헤드라인은 신원불명인 경우가 있다.

- 헤드라인은 특정상황과 상품에 대해 구체적이어야 한다. 예를 들어, 헤드라인에 인용부호를 넣으면 광고의 회상을 향상시킬 수 있다.

- 헤드라인은 주의를 끌고 효과가 즉각적이어야 하며 단서를 제공하여 잠재구매자로 전환해야 한다.

헤드라인에 신뢰성이 입증된 '말도 안되지만' 단어를 사용한 광고

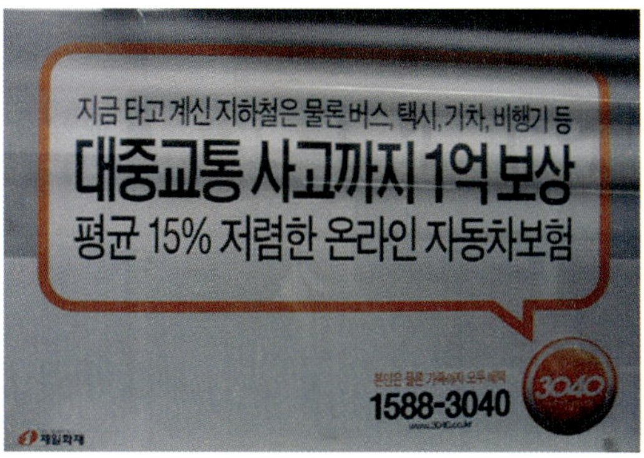

헤드라인에 보상을 약속한 광고

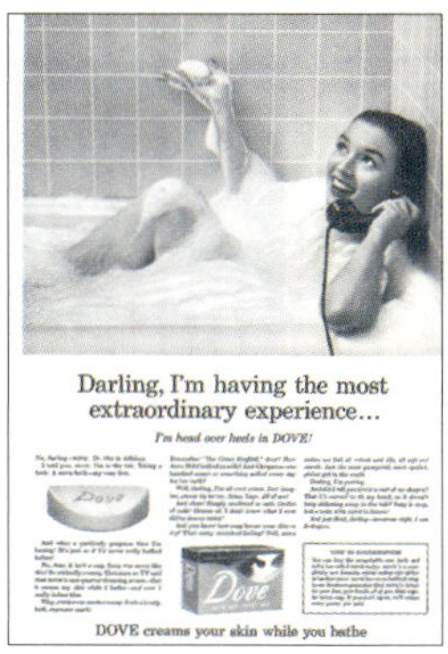

헤드라인에 Darling을 사용한 Dove 광고

- 헤드라인은 보상을 약속하며 소비자의 동기를 유발해야 한다.
- 헤드라인은 상징적 가치가 있으며 진부한 표현을 피해야 한다.
- 헤드라인은 단어선택에 신중을 기해야 한다. 어떤 카피라이터들은 이중의미, 말장난, 애매모호한 표현 등의 교묘한 헤드라인을 사용하기도 한다. 이는 오히려 도움이 되지 않는다. 신문이나 잡지광고의 경우 헤드라인은 상당히 많은 단어가 있다. 독자들은 이러한 광고를 빠르게 스쳐지나 간다. 따라서 헤드라인은 말하고 싶어 하는 바를 속보처럼 알려야 한다.
  미국의 한 심리학자는 스크린에 수백 개의 단어를 하나씩 띄워 보여주고 전자장치를 사용하여 사람들의 정서적인 반응을 측정했다. 그 결과 달링(Darling)이라는 단어에 대한 반응이 가장 높게 나타났다. 이를 고려하여 Dove 광고의 경우 헤드라인에 이 단어를 사용한 적이 있다.

TIP | 헤드라인에 사용 가능한 효과적인 단어

충고(advice)	방법(how to)	원하던(wanted)
발표(announcing)	새로운(new)	어느 쪽(which)
드디어(at last)	지금(now)	그 밖에(else)
무료의(free)	줄어든(reduced)	누가(who)
어떻게(how)	이것(this)	왜(why)

(3) 헤드라인의 체크 리스트(check list)

헤드라인을 최종적으로 선택하기 전에 여러 가지 기준을 바탕으로 검토하는 것이 바람직하다. 만약 이러한 기준을 충족시키지 못한다면 다른 헤드라인을 선택해야 한다. 헤드라인을 선택하기 전에 검토해야 할 사항을 들면 다음과 같다.

- 헤드라인을 한참 동안 지켜보아도 계속 마음에 드는가?

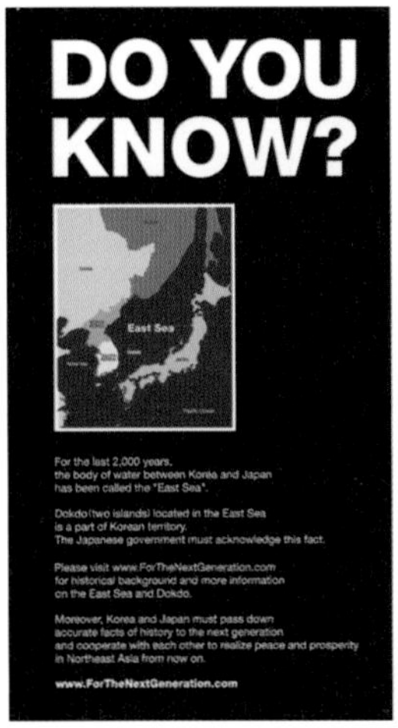

헤드라인을 통해 카피본문을 읽도록 유도한 광고

- 헤드라인이 비주얼과 잘 어울리는가?
- 헤드라인이 중요하게 보이는가?
- 헤드라인은 가독성이 있는가?
- 헤드라인이 이해할 수 있는 콘셉트로 평가되는가?
- 헤드라인이 소비자들의 관심을 자극하는가?
- 헤드라인이 소비자들로 하여금 카피본문을 읽도록 유도하는가?
- 헤드라인이 서브헤드라인보다 허약해 보이는가? 허약한 헤드라인을 보충설명하기 위해 강력한 서브헤드라인을 사용하지 마라. 강력한 헤드라인은 서브헤드라인을 필요로 하지 않는다.
- 말장난에 유의하라. 말장난이 수준 낮은 코미디라고 불리는 데는 이유가 있다. 단지 귀여워지기 위해 귀여워지지 말라. 만약 목적이 있는 말장난이라면 해도 좋다. 그렇지 않다면 다른 현명한 방법을 찾는 것이 더 좋다.

- 헤드라인을 어떻게 계속 유지할 것인가?

(4) 헤드라인의 유형

헤드라인에는 어떠한 유형이 있는가? 엄밀하게 말하자면 헤드라인의 유형은 광고의 수와 같은 정도의 유형이 있다고 할 수 있다. 그러나 많은 사람들이 나름대로의 기준을 내세워 헤드라인의 유형을 분류하고 있기 때문에 헤드라인의 유형은 다양하게 표현되고 있는 실정이다.

헤드라인을 만들 때 간과해서는 안 될 것은 미리 헤드라인의 유형을 정하지 말고 만든 다음 어느 유형에 속하는가라는 정도에 머무르는 것이 좋을 것이다. 왜냐하면 헤드라인에도 개성이 필요하기 때문이다. 헤드라인의 유형은 광고를 완성하는 데 많은 도움을 준다. 일반적으로 널리 알려진 헤드라인의 유형을 살펴보면 다음과 같다.

뉴스처럼 표현한 형식으로 신뢰감을 주기 위한 시도한 광고,
단, 위 광고는 현직 앵커가 직접 광고에 출현하여 논란을 불러 일으켰다.

헤드라인에 혜택을 강조하여 주목을 끌기 위한 광고

① 뉴스형

언론보도처럼 표현하는 형식으로서 신뢰성이 높고 사고전환을 유도하는 데 효과적이다. 또한 신상품, 신규브랜드, 상품의 새로운 특징 등을 소개할 때에도 유용하게 사용될 수 있다. 뉴스를 담고 있는 광고는 평균 이상의 설득력을 갖는 것으로 보고되고 있다. 기존제품의 경우 그 제품의 새로운 사용사례를 발견하여 광고하면 뉴스거리를 만들어 낼 수 있다. 이는 독자의 교육수준이 높고 권위 있는 매체를 사용할 때 적합한 전략이다.

② 혜택형

소비자들이 얻게 되는 혜택이나 효용을 알려주어야 할 때 적합한 방법으로 신상품의 경우 상품혜택에 대한 소비자들의 이해가 불명확하고 관여도가 낮은 상황에서 사용하면 효과적일 수 있다. 이 방법은 헤드라인이 빨리 전달되어야 하는 상황이나 성숙단계에 있는 상품에 대한 추가적인 혜택을 제시하고자 할 때 유용하게 사용될 수 있다.

③ 암시 · 경고형

불이익을 암시 · 경고하는 형식으로 의약품 광고에 적합하다. 그러나 경고가 공포로 인식된다면 역효과를 낼 수도 있다. (예) 장이 튼튼해야 장수할 수 있습니다.

④ 비교형

자사상품을 경쟁상품과 차별화하거나 은유적 방식으로 자사 브랜드를 표현하고자 할 때 유용하다. 다만 비교는 성능이나 기능 및 등급이 같은 것을 비교대상으로 하여야 한다. 또한 객관적인 사실에 근거하여야 할 뿐만 아니라 경쟁사가 객관적인 사실을 요구하면 입증할 수 있어야 한다.

TIP | 비교형을 사용할 때 주의할 점

자사제품과 경쟁제품이 똑같이 훌륭하다면 자사제품이 더 낫다는 식으로 비교해서 이야기하는 것을 피하라. 이때에는 자사제품의 장점만 전달하라. 그리고 그런 장점을 말할 때는 더 똑 부러지고 정직한 태도로 이야기하고 더 유익한 정보를 제공하기 위해 노력하라. 소비자에게 자사제품이 정말 좋다는 확신을 심어줌으로써 마케팅 담당자로 하여금 가장 높은 매출을 올릴 수 있을 것이다.

⑤ 질문형

의문을 제기하여 소비자가 직접 해답을 찾게 하는 형식으로 소비자의 주목과 관심을 끌기 위한 전략이다. 즉, 헤드라인의 질문에 대한 답변을 결국 카피의 본문에서 찾으라는 뜻이다. 이는 광고에 대한 관여도를 높이기 위한 방법으로 신제품 광고에서 많이 사용되고 있다. 그러나 질문이 너무 부정적으로 받아들여지는 경우에는 역효과를 낼 수도 있다.

⑥ 대조형

일반적으로 비교광고를 통해 상품 및 브랜드를 차별화시키기 위해 사용된다. 예를 들면 펩시의 경우 경쟁제품인 코카콜라보다 펩시를 찾는 사람이 많아서 펩시가 놓여 있는 바닥이 더 많이 닳았다는 식으로 비교광고를 실시한 바 있다.

⑦ 논쟁 · 역설형

경쟁사와 상응하는 논쟁을 펼치거나 역설적인 내용을 표현하는 형식으로 문제를

질문형태를 이용한 광고

경쟁제품과 대조를 통해 주목을 끌기 위한 광고

논쟁 · 역설적 표현으로 주목을 끌기 위한 광고

확실한 주장으로 주목을 끌기 위한 광고

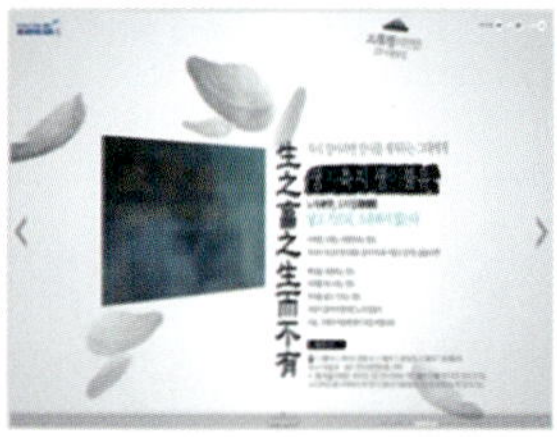
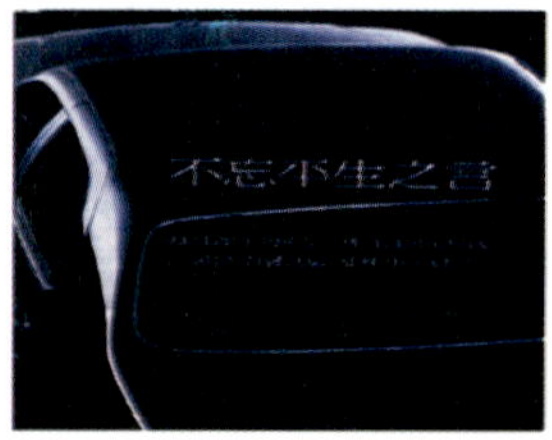
고사성어를 이용한 광고

부각시켜 관심과 호기심을 유발하는 데 효과적이다. 그러나 논쟁이 카피에 비해 과장되게 느껴질 때에는 신뢰성이 떨어질 수도 있다. 따라서 무리한 과장을 피하라. 왜냐하면 과장에 의한 수요는 재 수요를 창출할 수 없기 때문이다.

⑧ 주장 · 제안형

새로운 라이프스타일을 제시하거나 자사상품에 대한 확실한 주장 및 의견 또는 기업의 의견을 표현하는 형식으로 최근 들어 급증하고 있다.

⑨ 고사성어 · 만담형

고사성어와 속담, 만담이 갖고 있는 뜻을 제품의 특성과 연결시키는 형태이다. 이때에는 소비자들이 쉽게 이해할 수 있는 고사성어와 속담, 만담을 이용해야 한다.

⑩ 호기심형

헤드라인에서 호기심을 유발함으로써 광고의 주요 메시지가 담겨 있는 카피본문을 읽게 하려고 할 때 유용하다. 예를 들어, Edy's는 아이스크림 신제품을 소개할

감성적 소구를 이용한 광고

감성적 성격을 띤 커피광고

단정적인 주장을 표현한 광고

때 "여러분은 이것을 기다려 왔습니다"라는 헤드라인으로 초기 인지도와 호기심을 구축한 다음 소비자를 자사 홈페이지의 웹사이트로 유도하였다.

⑪ 정서 · 감정형

이성적 소구(rational appeal)보다는 인간의 감정에 소구하는 감성적 소구(emotional appeal) 형식으로 패션이나 화장품 광고에서 주로 사용되고 있다. 특히 제품에 대한 특징을 말할 것이 없을 때에는 감성적인 호소가 이성적인 호소만큼이나 효과적일 수 있다.

> **TIP | 이성적 소구(rational appeal)와 감성적 소구(emotional appeal)**
>
> 이성적 소구는 소비자들에게 주는 이익이나 혜택을 강조하기 위해 품질, 경제성, 가치, 성능 등에 중점을 두는 반면 감성적 소구는 소비자들의 긍정적 감정을 불러일으키기 위해 사랑, 자부심, 기쁨, 유머 등에 중점을 둔다.

⑫ 단정형

기업이 생각하고 있는 독창적이고 주관적인 주장을 표현하는 형식으로 표현이 단정적일 때 강력한 소구가 될 수 있다.

⑬ 무헤드라인형

광고의 콘셉트를 감성적 · 이미지 중심적으로 전달하기 위해 구체성을 띤 헤드라인을 배제시키는 형식으로 일러스트레이션이 갖는 의미해석을 풍부하게 하고자 할 때 사용된다. 기호품인 고가품, 기술차별이 낮은 제품, 이미지에 의해 판매가 결정되는 제품 등에 주로 이용된다.

헤드라인이 없는 변비약 광고

헤드라인이 없고 제품의 이름만 있는 디올 향수광고

2) 서브헤드라인(sub-headline)

서브헤드라인은 서브헤드라고도 한다. 일반적으로 서브헤드라인은 헤드라인보다는 작은 글씨로 카피본문보다는 큰 글씨로 꾸며진 1~3줄 정도의 짧은 어구에 해당된다. 이러한 서브헤드라인은 카피본문의 바로 앞에서 헤드라인보다 카피본문의 내용을 강조하여 헤드라인을 보완하는 역할을 한다. 특히 카피본문의 내용이 거의 없는 광고에서는 카피본문의 역할을 하기도 한다. 또한 카피본문이 2개 이상인 경우에는 각 카피본문의 포인트를 강조하는 역할을 하기도 한다.

서브헤드라인의 주요 목적으로는 헤드라인을 구체화시킨다. 헤드라인에서 언급된 핵심개념을 강화시킨다. 긴 카피를 단락으로 구분지어 준다. 카피본문을 읽도록 유도한다. 그러나 서브헤드라인은 모든 광고에서 사용되는 것은 아니다.

서브헤드라인을 사용할 경우 다음과 같은 함정에 주의해야 한다. 카피라이터들은 헤드라인을 설명하기 위한 보조수단으로 서브헤드라인을 많이 사용하고 있다.

헤드라인이 너무 약할 경우 직접적인 문장을 서브헤드라인으로 추가하여 소비자가 상품의 혜택에 대하여 오해하는 것을 막고자 한다. 그러나 이는 옳지 않다.

따라서 서브헤드라인을 사용할 때 주의해야 할 점으로는 첫째, 허약한 헤드라인을 쓰고 서브헤드라인으로 이를 보완해서는 안 된다. 강력한 헤드라인을 쓰는 것이 좋다. 둘째, 메시지를 효과적으로 전달하기 위해서는 가능한 몇 개의 단어만 사용해야 한다. 많은 단어를 사용하면 광고 메시지를 분산시킬 수 있다. 셋째, 헤드라인과 동떨어진 새로운 개념을 제시해서는 안 된다. 헤드라인과 관련된 핵심개념을 제시하는 것이 좋다.

3) 카피본문(body copy)

카피본문은 소비자가 헤드라인을 읽고 난 후 구체적인 정보를 얻기 위해 읽는 카피의 몸체부분에 해당한다. 따라서 광고의 본론적인 메시지 전달은 주로 카피본문에서 이루어진다고 할 수 있다. 카피본문에서는 광고소구에 대한 구체적인 내용이나 근거가 전달되어야 하며 소비자들에게 친근감 있게 느껴져야 한다. 그러나 광고에 따라서는 카피본문이 없는 포스터형 광고, 사진과 캡션형 광고, 만화형 광고도 있다.

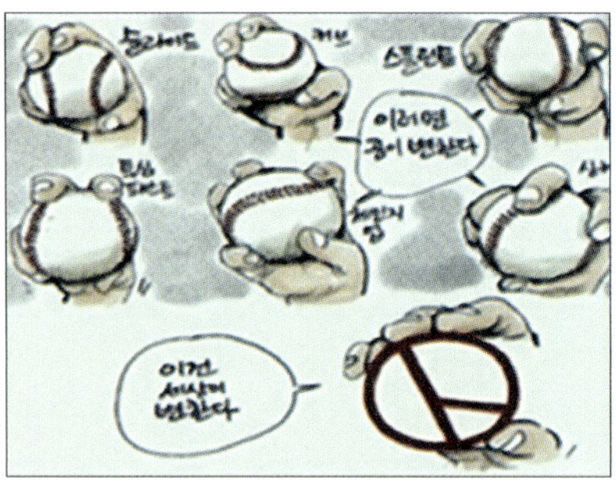

카피가 거의 없는 만화형태의 광고

(1) 카피본문의 구성

카피본문은 어떻게 구성해야 하는가? 카피본문의 구성은 문장의 길고 짧음에 관계없이 일반적으로 서론, 본론, 결론의 세 가지 부분으로 구성된다.

서론 부분에서는 헤드라인과 직접 연결되어 독자의 주목을 끈 상태에서 관심을 더욱 유발시킬 수 있어야 한다. 보통 서론에서는 주제를 결정하고 상품에 대한 약속을 하며 헤드라인과 같은 내용으로서 광고의 기반을 다져야 한다. 카피본문의 전체 길이가 짧은 광고일수록 서론부분의 역할이 크다고 할 수 있다.

본론 부분에서는 광고의 콘셉트를 소구하기 위해 사실을 명시해야 하며 상품에 대한 욕망과 신뢰성을 환기시켜야 한다. 본론은 주로 판매용 문구로서 왜 이 상품이나 서비스를 고려해야 하는지에 대한 이유를 제시해야 한다. 광고소구에 대한 근거를 설득적으로 제시하기 위하여 연구결과, 시험, 사용 또는 보증 등을 사용할 수 있다.

결론 부분에서는 구매희망이나 구매의도 및 구매행동을 유발시켜야 한다. 결론은 전체내용의 요약으로써 소비자가 왜 구매를 고려해야 하는지에 대한 이유를 제시해야 한다. 또한 소비자의 구매행동을 유발해야 한다. 즉, 판매요점을 다시 한 번 강조하여 구매하도록 권유해야 한다. 그러나 어떤 경우에는 헤드라인에 대한 반복 내지 질문형 헤드라인에 대한 답변이 효과적일 수도 있다.

(2) 카피본문의 요건

보다 효과적인 카피본문을 만들기 위해서는 일정한 요건을 갖추지 않으면 안 된다. 일반적으로 일정한 요건에는 관심, 흥미, 통일성, 간결성, 강조성, 설득성을 들 수 있다. 이런 요소들이 잘 어우러져 조화될 때 독자들의 구매의욕을 높여 태도변화를 기대할 수 있을 것이다.

TIP | 태도변화

태도가 형성되면 태도를 변화시키기란 매우 어려운 일이다. 그러나 자사제품에 대한 태도가 원하지 않는 방향으로 형성되었을 경우에는 태도를 변화시키기 위한 전략을 구사해야 한다. 태도변화는 광고, 판매원, 판촉물, 포장 등의 설득을 통하여 일으킬 수 있다.

- 광고의 메시지에 대하여 긍정적(호의적)으로 반응을 일으키면 호의적인 방향으로 태도변화가 일어나며, 부정적(비호의적)으로 반응을 일으키면 비호의적인 방향으로 태도변화가 일어난다. 이럴 경우 소비자들의 태도변화는 메시지 대한 긍정적 반응에 달려있다고 할 수 있다.
- 제품의 문제점에 대한 신념을 변화시켜 태도를 변화시킬 수 있다. 예를 들어, 자동차의 안전성에 대한 신념에 문제가 있으면 안전도의 실험결과를 제시하여 태도를 변화시킬 수 있다.
- 새로운 속성의 중요성을 부각시키거나 자사제품의 우수성을 강조하여 태도를 변화시킬 수 있다.
  (예) LG전자 트롬스타일러
- 소비자들이 생각하고 있는 이상점(ideal point)을 변화시켜 태도를 변화시킬 수 있다.
- 소비자가 갖고 있는 속성의 우선순위를 변화시켜 태도를 변화시킬 수 있다. 즉, 특정한 제품속성의 중요성을 부각시켜 태도를 변화시킬 수 있다. 예를 들어, 가격이 비싼 반면에 성능이 우수하다면 성능의 중요성을 부각시켜야 한다.

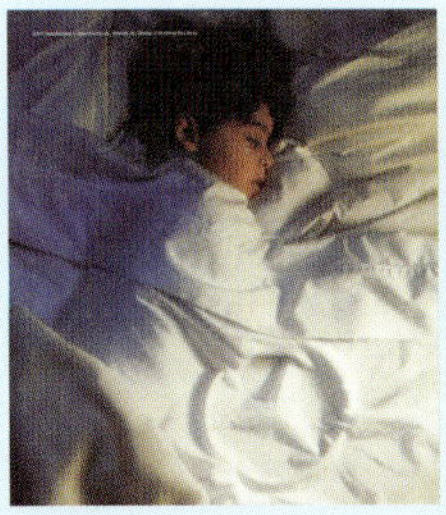

제품의 안전성(벤츠는 안전해서 편안하게 잠을 잘 수 있다)을 강조한 광고

제품의 우수한 성능을 강조한 광고

하이트 맥주는 맥주의 가장 맛있는 온도를 4℃로 설정하고 병의 온도에 따라 색깔이 변하는 종이온도계를 부착하여 맥주 맛의 이상점을 인식시켰다.

(3) 카피본문의 체크 리스트(check list)

카피본문을 끝까지 자세히 읽는 사람은 거의 없다. 사실일까? 이는 다음 두 가지에 달려있다. 첫째, 얼마나 많은 사람들이 광고하는 제품에 관심이 있는가 하는 점이다. 둘째, 광고의 헤드라인과 일러스트레이션이 얼마나 많은 사람들을 유인하는가 하는 점이다. 잡지광고의 경우 카피본문의 평균 열독률은 약 5% 정도로 알려져 있다. 그러나 《리더스 다이제스트》 독자의 5%가 약 150만 명에 이른다는 것을 생각하기 전에는 5%라는 수치가 별로 높게 느껴지지 않을 것이다.

따라서 카피본문을 끝까지 읽게 하기 위해서는 다음과 같은 사항을 고려하여 작성되어야 한다. 즉, 카피본문을 작성할 때 지켜야 할 일반적인 지침을 제시하면 다음과 같다.

- 경기장에 모여 있는 사람들에게 연설하는 것처럼 독자들에게 말하지 말라.
  사람들이 카피를 읽을 때 그들은 혼자이다. 광고주를 대신해서 독자들에게 편지를 쓰고 있다고 가정하라.

- 다양한 특징들을 포함시켜라.
  사례를 입증하기 위해서는 카피본문에서 보다 많은 사실들을 나열해야 할 때가 있다. 어떤 경우에는 하나보다 더 많은 것을 전달해야 할 때도 있다. 이런 경우 하나의 핵심에서 시작한 다음 상품의 설득력을 더해 주는 다른 중요한 혜택을 열거해 주면 된다.

- 핵심 포인트를 꿰는 방법을 찾아라.
  한 가지의 특징만을 말하는 광고를 만드는 경우를 제외하고는 여러 가지 핵심 포인트들을 꿰는 방법을 찾을 수 있어야 한다.

- 흥미를 끌고 재미있어야 한다.
  물건을 팔려면 독자를 지루하게 만들어서는 안 된다. 되도록이면 짧은 문장과 짧은 단락을 사용하는 것이 좋다. 제품이 무미건조하게 느껴질 때 이 말을 마음에 새겨라. 재미없는 제품이란 없다. 재미없는 카피라이터가 있을 뿐이다. 제품에 흥미를 느끼지 못한 상태에서 카피를 쓴 광고는 실패할 가능성이 높다.

- 에세이를 쓰듯이 하지 마라.
  제품이 구매자들을 위해 무엇을 하는지에 대해 이야기하라.

- 어려운 단어를 피하라.
  카피는 사람들이 일상생활에서 사용하는 언어로 써야 한다.

- 고객의 기억 속에 한 가지 단어만 심어라.

- 이야기 형태로 카피를 쓰라.

- 유추를 사용하지 마라.

- 최상급 표현도 자제하라.
  이것은 아무에게도 확신을 주지 못 한다.

4) 슬로건(slogan)

이미지 광고의 성격을 갖는 슬로건

슬로건이란 말은 원래 게릭어의 Slaugh Gaimm에서 유래되었으며 스코틀랜드의 고원지대에 사는 변방민족이 위급할 때 소리치던 함성을 뜻하는 단어였다. 그러나 오늘날 슬로건의 개념은 기업의 생각이나 주장 또는 상품의 특성 등을 일정기간이나 장기간에 반복적으로 사용하여 좋은 인상을 유지, 누적, 정착시키기 위해 사용되고 있다.

슬로건은 일반적으로 광고하단이나 로고타입 위에 위치하여 헤드라인이나 카피 본문의 결말과 중복되는 기능을 하며 슬로건 자체가 기억에 남도록 요약적 · 반복적으로 사용되는 이미지 광고에 해당된다고 할 수 있다.

슬로건은 상품과 브랜드의 인지도 및 이해도를 향상시켜 준다. 슬로건의 가장 기

슬로건을 통해 유행어를 만들어낸 광고

내 손안에 TV홈쇼핑 롯데홈쇼핑 기업 슬로건

유한킴벌리의 우리강산 푸르게 푸르게! 캠페인 슬로건

레미안의 다시 살아도 레미안입니다! 브랜드 슬로건

본적인 목적은 상품과 브랜드의 이름을 정립하거나 강화시키는 데 있다. 이와 같은 목적을 달성하기 위해 슬로건이 갖추어야 할 요건을 들면 다음과 같다.

첫째, 캠페인의 연속성에 기여해야 한다. 슬로건은 다양한 이미지들을 전달하는 캠페인 간의 연결고리 역할을 하기도 한다. 훌륭한 슬로건은 캠페인 전략의 변화에도 불구하고 대부분의 경우에 적용될 수 있다.

둘째, 상품과 브랜드에 관련시켜 한마디로 구체화시켜야 한다. 브랜드의 확고한 위치를 내세우고 브랜드에 대한 추상적인 태도를 가질 것을 암시하여야 한다. 우리나라의 경우 유행의 확산이 비교적 빠르고 민감한 편이기 때문에 광고에서 슬로건을 통해 유행어를 창출하여 상당한 인기를 끈 경우를 볼 수 있다. 예를 들어, 사랑해요 밀키스!, 갈증해소음료!, 산소 같은 여자!, 형님 먼저 아우 먼저! 등을 들 수 있다.

좋은 슬로건을 만들기 위해서는 어떻게 해야 하는가? 짧고 간결해야 한다. 운율 · 리듬감이 있어야 한다. 따라 하기 쉬워야 한다. 단어의 구성이 적절해야 한다. 독창적이고 차별적이어야 한다. 호기심을 끌어야 한다. 기억하기 쉬워야 한다. 의미가 명확해야 한다. 적시성을 가져야 한다.

슬로건의 종류는 어떻게 나눌 수 있는가? 기업 슬로건(내 손안에 TV홈쇼핑), 캠페인 슬로건(유한킴벌리의 우리강산 푸르게 푸르게!), 브랜드 슬로건(레미안의 다시 살아도 레미안입니다!) 등으로 나눌 수 있다.

5) 캐치프레이즈(catch phrase)

캐치프레이즈는 앞서 설명한 슬로건과 매우 흡사하지만 엄연히 다른 독자적 속성과 기능을 가지고 있다. 넓은 의미에서 캐치프레이즈는 이벤트에 사용되는 구호를 포함하며 좁게는 인쇄홍보물의 돌출카피를 의미하기도 한다. 따라서 캐치프레이즈는 의견이나 주장 및 논쟁의 결론을 나타내는 문장으로도 사용되며 사회적 이슈에 대한 의사표시의 수단으로도 통용되고 있다.

캐치프레이즈는 대체로 대중문화에 영향을 미치기도 한다. 캐치프레이즈의 예를 들면 다음과 같다. '내가 바뀌면 한국이 바뀝니다.'(2001년 청와대 · 국정홍보처가 공모한 화합과 개혁 캐치프레이즈 수상작). '젊은 양심이 있기에 대한민국이 자랑스럽습니다.'(2002년 부패방지위원회가 공모한 부패방지 캐치프레이즈 수상작), '문화가 숨쉬는 대한민국.'(2018년 문화체육관광부의 캐치 프레이즈).

6) 캡션(caption)

캡션이란 카피본문과는 별도로 일러스트레이션이나 사진 주위에 작은 활자로 된 짧은 글을 말한다. 즉, 광고에서 삽화나 사진을 설명한 문구를 말한다. 캡션은 신문광고나 잡지광고에서 자주 이용되고 있으며 주제를 서술하거나 설명하는 역할을 한다.

캡션은 시각적 표현에 대한 자의적이고 주관적인 해석을 배제시켜 줄 뿐만 아니라 시각적 표현으로 이루어 낼 수 없는 부분을 언어적 표현으로 완성시켜 주기 때문에 광고에서 캡션이 갖는 의미는 매우 중요하다. 대부분의 경우 카피본문보다는 캡션을 더 많이 읽는 경향이 있다. 따라서 캡션이 없는 일러스트레이션은 사용하지 말라. 캡션은 소비자에게 주고자 하는 약속이 포함되어야 한다.

4. 광고카피 포맷의 유형

많은 사람들이 나름대로 기준을 내세워 광고카피 포맷의 유형을 분류하고 있기 때문에 그 유형을 정형화시켜 말하기에는 어려움이 있다. 따라서 일반적으로 널리 알려진 광고카피 포맷의 유형을 정리해 보면 다음과 같다.

(1) 단도직입형

광고 메시지를 직접적으로 표현할 뿐만 아니라 상품의 매력 포인트를 조목조목 열거하는 형태이다. 이 형태는 일반적으로 다른 형태와 혼합하여 사용된다.

(2) 대화형

둘 이상의 사람이 대화하며 소구하는 형식이다. 따라서 의사와 환자, 이용자와 비이용자, 부모와 자식, 교사와 학생, 남편과 아내, 세일즈맨과 고객 등의 대화를 중심으로 카피를 구성한다.

(3) 만화 · 트레이드 캐릭터형

만화형은 만화의 형태로 카피를 구성하는 것으로 유머를 이용하면 효과적인 수

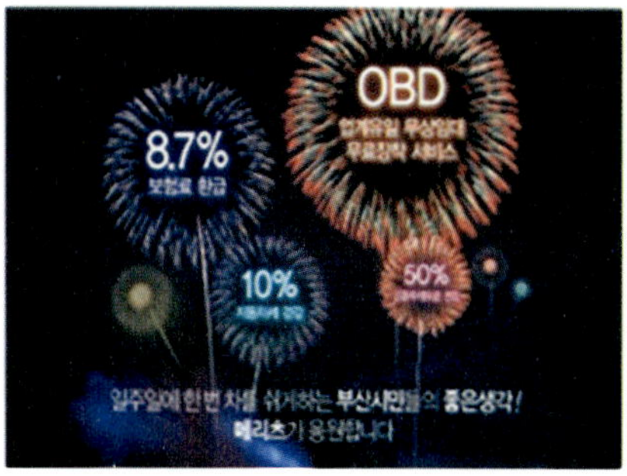

광고 메시지를 직접적으로 조목조목 열거한 단도직 입형 광고

최근 AI제품을 중심으로 시각장애인의 일상을 대화형 카피로 구성한 형태의 광고

어린이를 대상으로 한 만화형태의 광고

캐릭터 형태의 광고

있다. 특히 만화형태는 어린이들에게 유용하게 사용될 수 있다. 트레이드 캐릭터형은 캐릭터의 입에서 카피가 흘러나오게 하는 형태이다.

(4) 스트립형

일러스트레이션에다 그것에 수반되는 설명문으로 구성한다. 일러스트레이션(illustration)이란 손으로 그리거나 컴퓨터로 제작된 광고의 삽화를 말한다.

(5) 징글형

노래나 징글 형식으로 카피를 만드는 형태이다. 이 형태는 광고저항을 둔화시키고 소구 메시지를 기억시키는 데 이점이 있다.

일러스트레이션에 수반되는 설명문으로 구성된 스트립형 광고

'Advertorial section'라는 기사형 광고 지면이라는 표시를 작게하고 만든 기사형 광고

일상 생활속에서 일어날 수 있는 내용을 단편·드라마 시리즈로 만들어 캠페인을 하고 있는 '소방관 편'의 SK 텔레콤

증언 · 실증형태의 광고

(6) 기사형

카피내용을 신문의 기사처럼 만드는 형태로써 인쇄광고에서 가끔 사용된다. 이러한 형식은 고관여 제품광고에서 신뢰성을 높이기 위해 사용되고 있다.

(7) 드라마형

드라마, 영화, 연극의 장면과 같이 드라마틱하게 표현한 형태이다. 드라마에서 인기가 높은 연예인을 모델로 하여 드라마 상황 그대로 재현하는 형식을 띤다. 이 형식은 드라마에 출연한 극중 인물의 이미지를 빌어 소비자들에게 광고 메시지를 쉽게 전달하는데 목적이 있다.

(8) 증언 · 실증형

전문가 및 경험자의 증언이나 실증을 표현한 형식으로 신뢰성을 높이는 데 효과적이다. 이 방법은 실제인물이 자신의 직접적인 경험 등을 토로함으로써 소비자들의 주목을 쉽게 끌 수 있을 뿐만 아니라 설득력도 강하다고 할 수 있다.

(9) 유머형

광고에 대한 관여도를 높이기 위한 방법으로 저관여 제품광고에서 많이 사용되고 있다. 유머가 있는 광고는 재미가 있기 때문에 소비자의 주목과 광고에 대한 기억을 높여 주고 광고에 대한 소비자들의 태도를 긍정적으로 만드는 요인이 될 수 있다.

그러나 유머광고를 사용할 때 소비자를 즐겁게만 하고 어떤 메시지도 전달하지 못하거나 의도하는 메시지의 전달을 방해하는 경우를 주의해야 할 필요가 있다. 따라서 많은 정보를 필요로 하는 고관여 상품광고에서는 가급적 피하는 것이 바람직하다

(10) 청유(권유)형

소비자에게 권유하거나 공감대를 형성하여 행동을 유발하는 형태이다.

(예) 엄마, 아빠! 다시 연인이 되세요.

(11) 아이러니형

기존의 상식적인 개념을 깨고 표면에 반대되는 역설적인 내용을 내세워 긍정을 유도하는 형태로써 소비자의 주목을 끄는데 효과적이다.

(예) '씹어 먹는 주스', 장미 35송이를 받고 울긴 왜 울어?

스타벅스와 커피빈을 겨냥해 은유형태를 사용한 맥카페 광고

무생물체인 자동차에 인격을 부여한 인격화 광고

개조식형 광고

(12) 직유 · 은유형

소비자들에게 상품이나 기업의 이미지를 알려 주기 위하여 연상되는 것을 조합하는 형태이다.

(13) 활유형

무생물체에 생명을 불어넣어 공감대를 형성하는 기법으로 친근감을 주는데 적절하다. 이는 무생물체인 제품에 인격을 부여하는 인격화 광고와 같은 의미로 사용되고 있다.

(예) 자동차 광고의 경우 '지금 들리세요? 당신 차의 행복한 웃음소리가…'

(14) 개조식형

중요한 포인트만을 나열하는 형태이다. 특히 말해야 할 한 마디를 생각해 낼 수 없거나 전달해야 할 특징들이 너무 많은 경우에는 더욱 그러하다. 판매에 도움이 되는 특징의 우선순위를 매긴 다음 가장 중요한 것을 제일 먼저 쓰고 나머지를 차례로 열거하는 것이 일반적이다.

그러나 카피라이터와 광고주는 우선순위를 결정하지 못하고 그저 모든 특징들을 나열한 뒤 소비자가 스스로 마음에 드는 것을 찾아낼 수 있을 것으로 기대하는 경우가 많이 있다. 이는 주로 지역신문, 비즈니스 잡지, 직접우편 광고에서 많이 나타나고 있다. 이러한 유형은 자칫 촌스러운 이미지를 전달할 수 있기 때문에 고급 상품이나 브랜드 이미지 홍보에는 적합하지 못하다.

(15) 생활단면형

생활 속에서 일어나는 작은 일들을 상품과 연결시킨 명인제약 생활단면형 광고

생활 속에서 매일 매일 일어나는 작은 일들을 연결고리로 하여 상품을 보여 주는 형태이다. 가정에서, 학교에서, 사회에서 무심코 지나치는 일상생활의 단면(slice of life)을 통해 공감대를 끌어낼 수 있다.

주로 약품광고, 식품광고, 생활용품광고, 여행사광고, 은행광고 등에서 사용하고 있다. 이러한 형태를 통해서 상품과 친근하게 접근할 수 있는 계기가 마련될 수 있으므로 잘만 이용하면 현실감으로 인해 매출에 도움이 될 수 있다.

(16) 포스트모던형

카피의 논리와 서술적 구조를 해체하고 기호화하여 정신적 공황상태를 일으키는 형태를 말한다. 포스트모던형 광고란 탈모던이즘 현상을 광고에 접목시킨 것으로 기존의 질서를 벗어난 새로운 광고문법을 추구하는 광고를 의미한다. 이러한 것으로는 비주얼이나 언어가 없는, 즉 카피가 없는 광고가 있을 수 있다.

5. 광고카피의 특수한 표현

(1) 벌룬(balloon)

벌룬이란 인쇄광고의 메시지 중 인물의 입에서 흘러나오는 것 같이 처리된 카피를 말한다. 일반적으로 만화형 카피형태에서 주로 사용된다.

(2) 박스 및 패널(box or panel)

박스 또는 패널이란 소비자에게 쿠폰 제공, 콘테스트 규정, 프리미엄 제공과 같은 조건을 명기할 때 쓰이는 요소로써 괘선으로 둘러싼 설명문을 말한다. 박스나 패널은 소비자의 주목을 끌기 위해 주로 사용된다.

(3) 로고타입(logo type) 및 심벌마크(symbol mark)

로고타입은 기업의 이미지나 제품의 특성을 나타내기 위하여 디자인된 문자의

그림 8-2 | 로고타입 및 심벌마크의 예시

결합체를 말한다. 소비자들은 자극을 완전하고 통일된 형태로 통합하여 지각하려는 경향이 있다. 따라서 기업의 이미지는 광고, 로고, 디자인 등의 개별적인 자극이 통합된 형태로 지각된다. 이들은 대부분 등록되어 법적 보호를 받고 있다.

로고타입은 사실상 문자로 표현되기 때문에 언어적 표현이라고 할 수 있다. 그러나 서체가 독특해서 고유의 위상을 갖게 된다. 반면 심벌마크는 상징적인 표현으로써 시각적인 효과를 얻을 수 있다. 로고타입 및 심벌마크의 예시를 들면 [그림 8-2]와 같다.

6. 광고 카피라이팅

1) 광고 카피라이팅의 금기사항

- 상투적인 광고언어를 지양하라!
  소비자들이 말하는 방식 그대로 써라. 상투적인 어구나 문구를 제거하라.

- 의미 없는 나열을 피하라!
  소비자들에게 내세울 명백한 증거가 없는 특징들을 나열하지 말라.

- 문법적 실수를 줄여라!
  형편없는 문법은 오히려 웃음거리가 될 수 있다.

- 힘없는 단어는 선택하지 마라!
  강한 단어와 함께 짧고 간결한 문장을 사용하라.

- 저급한 취향을 버려라!
  성차별, 인종차별, 또는 불쾌한 언어나 기호사용을 조심하라.

• 쓸데없는 반복을 피하라!
불필요하게 반복되는 단어나 구절을 삭제하라.

• 평범한 혜택을 피하라!
소비자가 이해할 수 있는 혜택을 제시하라.

2) 힘 있는 광고카피 쓰기

• 축약하라!
카피는 짧은 게 생명이다. 대부분의 경우 짧은 문장이 효과적일 수 있다. 간략히 말하는 방법을 익혀라. 소비자들의 시간을 빼앗지 말라. 소비자들을 설득하기 위해 카피를 쓰는 것이지 소비자들이 얼마나 많은 단어를 알고 있는지를 자랑하기 위해 카피를 쓰는 것이 아니다. 그렇다고 모든 문장을 짧게 써야만 하는 것은 아니다. 상황에 따라 길게 카피를 써야 할 때도 있다.

• 소비자들이 말하는 방식 그대로 카피를 써라!
많은 사람들은 모순된 형태로 말하기도 하며 불완전한 형태의 문장을 사용하기도 한다. 마치 친구와 이야기하듯이 카피를 써보라. 소리 내어 읽어보라. 카피가 보통 사람들에게 이야기하는 것처럼 들리는지 아니면 수십 년 전 게임쇼 진행자가 하는 말처럼 들리는지 확인해 보라.

• 상품분위기에 카피스타일이 어울리는지 확인하라!
상품이 정교할수록 격식을 차린 말투가 필요하다. 기술적 상품에는 어느 정도의 기술적인 설명이 뒤따라야 한다. 하지만 대부분의 소비자들이 사용하는 상품에는 구어체로 대화하는 방식의 스타일이 최적이다.

• 능동태와 긍정적인 태도로 접근하라!
혜택을 전달할 때 소극적인 접근은 좋지 않다. 바로 요점을 말하라. 능동태를

운율과 리듬을 사용한 광고

사용해서 상품에 대한 정보를 전달해야 한다. 그렇다고 모든 문장에 적용하라는 것은 아니다. 적어도 카피를 능동적으로 만들고자 하는 노력이 필요하다.

- 두운법과 리듬 그리고 운율을 사용하라!

이렇게 쓰면 카피를 빛나게 해준다. 하지만 이는 주의해서 사용해야 한다.

3) 광고카피 체크 리스트(check list)

제품개념을 농축시킨 세탁세제 광고

- 도입부분에 인상적으로 써라!

첫 번째 줄이 헤드라인이 될 만큼 잘 쓰였는가? 소비자들의 마음을 완벽하게 끌어당기는가? 뚜렷한 인식(인상)을 주어라. 마케팅은 제품보다 인식(인상)의 싸움이다. 최고의 제품이란 없다. 고객의 마음속에 있는 인식(인상)이 바로 실체이다. 고객들은 한 가지 속성으로 전체적인 상황을 일반화시키는 경향이 있다. 즉, 한 가지 깊은 인상에 의해 모든 면을 좋아하거나 싫어하는 후광효과(halo effect)가 있다.

- 읽기 쉽게 써라!

메시지가 명료한가? 카피가 최소한의 단어, 꼭 필요한 단어로만 구성되어 있는가? 소비자들은 관심이 있는 경우에만 긴 카피를 읽어 본다.

- 제품개념을 농축시켜라!

가능성이 있는 아이디어를 제품개념으로 정교화 시켜야 한다. 제품개념은 아이디어를 좀 더 구체적으로 소비자들에게 의미 있는 언어로 전환시킨 것을 말한다. 예를 들면, LG생활건강의 한스푼은 '적게 써도 세척력이 탁월하고 기존 제품을 농축하여 사용 및 보관이 간편한 세탁세제'로 제품개념을 잡았다.

- 핵심 아이디어를 뚜렷하게 제시하라!

광고를 읽고 난 뒤 과연 소비자들에게 전달하고자 했던 핵심 포인트가 남아 있는가? 혹시 카피가 뒤섞인 메시지를 전달하고 있지는 않는가? 카피플랫폼으로 돌아가 체크해 보라.

- 가장 강점이 되는 판매요점부터 말하라!

언제나 가장 핵심적인 판매요점으로 시작해야 한다. 만약 요점이 다른 부분에 묻혀 있다면 소비자들은 그 부분까지 읽어보지는 않을 것이다.

- 확실하게 정보를 전달하라!

정보가 설득력 있고 논리적이고 순차대로 전달되고 있는가? 핵심 아이디어를 지원해 주고 있는가?

- 능동태의 문장을 구사하라!

수동태가 아닌 능동태의 문장을 사용하고 있는가? 불필요한 단어들은 과감히 잘라내라. 죽은 가지처럼 쓸데없이 반복되는 말들도 쳐내고 전염병 같은 상투적인 어구들도 피하라.

- 소비자의 시점에서 호소하라!

왜 내가 이 상품 혹은 서비스를 사용해야 하는 것일까? 고객들의 각 개인 관심사에 초점을 맞춰라. 그들에게 무엇이 이득이 될 것인가?

- 행동하게 하라!

  소비자들이 원하는 것이 무엇인가? 그들이 더 많은 정보를 얻을 수 있는 곳은 어디인가? 그들이 상품을 구매하려면 어디로 가야 하는가? 소비재의 경우 굳이 소비자들을 행동하게 만들 필요는 없다. 하지만 소매점을 위해서는 필수적이다. 기술적 상품이나 심사숙고하는 상품의 경우 좀 더 상세한 정보를 통해 연결점을 알려주어야 한다.

7. 카피라이터

광고의 내용적 요소와 개념을 글로 표현하는 사람을 카피라이터(copy writer)라고 한다. 카피라이터는 광고대행사 내부에서 눈에 잘 띄지는 않지만 가장 중요한 일을 하는 사람들이다. 카피라이터는 광고의 기획단계에서부터 크리에이티브 개념을 문자화하고 구현해야 할 뿐만 아니라 광고이론 및 광고의 전술 · 전략에 정통해야 한다. 따라서 카피만을 쓸 줄 아는 카피라이터는 진정한 의미에서 카피라이터라고 볼 수 없다.

1) 카피라이터의 특징

- 제품이나 사람, 광고에 대해 열정적인 호기심을 보인다.
- 유머 감각이 있다.
- 감각이 예리하다.
- 아이디어가 풍부하다.
- 리더십이 탁월하다.
- 설득력이 강하다.

- 자신감이 충만하다.
- 책임감과 협동심이 강하다.
- 건강하고 인내력이 있다.
- 힘든 일에 익숙하다.
- 시각적으로 사고할 수 있다.
- 그 누구보다도 훌륭한 카피를 쓰겠다는 야심이 있다.

2) 카피라이터의 요건

- 소비자들이 추구하는 가치관이나 시대의 흐름에 정통해야 한다.
- 소비자를 잘 알고 있어야 한다.
  오늘날 소비자들의 욕구는 과거와는 달리 매우 이질적이고 다양하다.
- 광고이론, 광고기획, 광고전략에 정통해야 한다.
- 모든 방면에 뛰어난 잡학 박사이어야 한다.
- 전략적 사고와 아트감각이 있어야 한다.
- 디자이너의 능력을 겸비해야 한다.
- 아트디렉터, 거래처 등과 협동정신을 발휘할 수 있어야 한다.
- 소비자의 언어를 구사할 줄 알아야 한다.
- 아이디어가 풍부해야 한다.
- 유머와 센스가 있어야 한다.
- 감각이 예리해야 한다.
- 철저한 직업의식과 자신감이 있어야 한다.
- 좋은 광고를 만들려는 야심이 있어야 한다.
- 건강하고 인내력이 있어야 한다.

3) 카피라이터의 필요충분조건

- 매일 매일 경제신문을 읽어라!
  경제를 알아야 마케팅도 알고 세상 돌아가는 것도 안다.

- 매일 매일 일간지의 사설을 정독하라!
  문장력과 논리향상에 유익하다.

- 자료실을 안방 드나들 듯 하라!
  자료실에는 궁금해 하는 자료가 많이 있다.

- 아트감각과 스토리 구성능력을 배양시켜라!
  카피만 보아도 영상이 금방 떠오르게 써야 한다.

- 시대의 첨병이 되라!
  유행도 알고 시대정신도 파악해야 한다.

- 메모하는 습관을 길러라!
  메모한 것을 체계적으로 정리해서 필요할 때면 언제나 쉽게 찾아볼 수 있어야 한다.

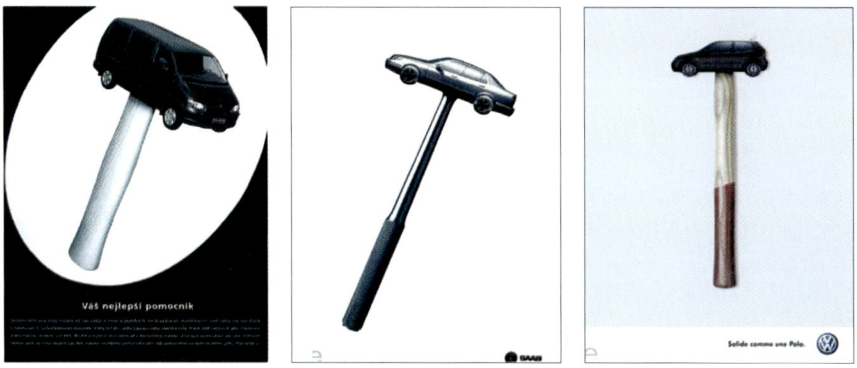

모방광고의 예

- 카피내용을 공개하고 의견을 물어라!
  광고효과를 높일 수 있도록 광고관련 담당자들과 의논하고 점검할 필요가 있다.

- 외국광고를 모방하지 마라!
  외국의 유명한 광고를 연구하는 것과 모방은 전혀 다르다.

4) 카피라이터가 갖추어야 할 능력

- 컴퓨터 활용능력(Adobe in Design, Adobe Photoshop, Adobe Illustrator, MS Office, HWP 등)
- 인터넷에 대한 지식과 활용능력
- 광고용어에 대한 이해
- 광고회사의 구조 및 광고주와의 관계, 광고산업에 대한 이해
- 기본적 마케팅원리에 대한 이해
- 정확한 문법과 철자법 등을 포함한 완벽한 언어구사 능력
- 창의적 아이디어의 발상능력
- 근거를 제공하는 조사결과를 찾아내고 정리하며 조직할 수 있는 능력
- 핵심 포인트의 구별과 논리적 카피플랫폼을 개발할 수 있는 능력
- 주의를 집중시키는 헤드라인을 만들어낼 수 있는 능력
- 헤드라인과 그래픽을 하나의 아이디어로 묶어내는 능력
- 확신과 열정을 갖고 아이디어를 발표할 수 있는 능력
- 비평을 받아들이고 이를 개선의 계기로 삼을 수 있는 능력
- 탁월한 리더십과 그 누구에게도 먹힐 수 있는 설득력

Summary
요약

- 광고에서 카피는 광고의 골격을 이루는 아이디어나 생각을 언어나 글로 또는 비주얼이나 스토리로 표현한 것을 말한다. 인쇄광고에서의 카피는 헤드라인, 서브헤드라인, 카피본문, 슬로건, 캐치프레이즈, 캡션 등을 포함한다. 방송광고에서의 카피는 대본(콘티), 음악(배경음악/CM/jingle), 해설(내레이션), 멘트 등을 포함한다.

- 카피정책은 카피의 설계도와 같은 것이라고 할 수 있다. 따라서 카피정책이 처음부터 확실히 서 있지 않으면 방향이 빗나간 엉뚱한 광고가 될 수 있다. 그러므로 카피라이터는 여러 가지 자료를 모아 검토하여 카피표현의 충족요소를 갖출 수 있도록 카피정책을 수립해야 할 것이다.

- 광고카피는 소비자들에게 흥미를 일으켜 구매행동으로 연결시켜야 한다. 이러한 목적을 달성하기 위해 광고계에서는 AIDA 원칙과 더불어 5I 원칙이 널리 사용되고 있다. 그러나 이러한 원칙은 지극히 기본적인 원리에 해당되기 때문에 독창성을 발휘하여 효과적인 광고카피를 쓸 수 있어야 한다.

- 광고카피의 구성요소에는 헤드라인, 서브헤드라인, 카피본문, 슬로건, 캐치프레이즈, 캡션을 들 수 있다. 이 중에서도 헤드라인이 가장 중요한 부분이다. 인쇄광고의 경우 헤드라인은 본문의 내용을 집약적으로 표현한 비교적 큰 활자의 짧은 문구이다. 즉, 헤드라인은 주목을 끌기 위해 큰 글자로 쓰여 진 짧은 글로써 인쇄광고에서는 제목과 같은 역할을 한다. 방송광고의 경우 헤드라인은 처음 몇 마디에 속한다.

- 헤드라인은 소비자의 주목을 끄는 것 외에 카피본문으로 자연스럽게 유도해야 한다. 헤드라인은 흥미를 유발하여 내용을 읽어보게 하고, 잠재고객을 끌어들이며, 내용을 읽지 않는 사람에게도 짧은 메시지를 전달하는 기능을 한다. 헤드라인은 소비자가 정보를 처리할 수 있는 시간이 제한되어 있거나 또는 관심이 적을수록 주목을 끌기 위해 중요하다.

- 헤드라인의 유형은 광고의 수와 같은 정도의 유형이 있다고 할 수 있다. 그러나 많은 사람들이 나름대로의 기준을 내세워 헤드라인의 유형을 분류하고 있기 때문에 헤드라인의 유형은 다양하게 표현되고 있다. 헤드라인을 만들 때 간과해서는 안 될 것은 미리 헤드라인의 유형을 정하지 말고 만든 다음 어느 유형에 속하는가라는 정도에 머무르는 것이 좋을 것이다.

- 일반적으로 널리 알려진 헤드라인의 유형으로는 뉴스형, 혜택형, 암시경고형, 비교형, 질문형, 대조형, 논쟁역설형, 주장제안형, 고사성어 만담형, 호기심형, 정서감정형, 단정형, 무헤드라인형을 들 수 있다.

- 서브헤드라인은 헤드라인보다는 작은 글씨로 카피본문보다는 큰 글씨로 꾸며진 1~3줄 정도의 짧은 어구에 해당된다. 이러한 서브헤드라인은 카피본문의 바로 앞에서 헤드라인보다 카피본문의 내용을 강조하여 헤드라인을 보완하는 역할을 한다.

- 카피본문은 소비자가 헤드라인을 읽고 난 후 구체적인 정보를 얻기 위해 읽는 카피의 몸체부분에 해당한다. 따라서 광고의 본론적인 메시지 전달은 주로 카피본문에서 이루어진다고 할 수 있다. 카피본문에서는 광고소구에 대한 구체적인 내용이나 근거가 전달되어야 하며 소비자들에게 친근감 있게 느껴져야 한다. 그러나 광고에 따라서는 카피본문이 없는 포스터형 광고, 사진과 캡션형 광고, 만화형 광고도 있다.

- 슬로건의 개념은 기업의 생각이나 주장 또는 상품의 특성 등을 일정기간이나 장기간에 반복적으로 사용하여 좋은 인상을 유지, 누적, 정착시키기 위해 사용되고 있다. 슬로건은 일반적으로 광고 하단이나 로고타입 위에 위치하여 헤드라인이나 카피본문의 결말과 중복되는 기능을 한다. 따라서 슬로건은 기억에 오래 남도록 요약적 · 반복적으로 사용되는 이미지 광고에 해당된다고 할 수 있다.

- 캐치프레이즈는 슬로건과 매우 흡사하지만 엄연히 다른 독자적 속성과 기능을 가지고 있다. 넓은 의미에서 캐치프레이즈는 이벤트에 사용되는 구호를 포함하며 좁게는 인쇄홍보물의 돌출카피를 의미하기도 한다. 따라서 캐치프레이즈는 의견이나 주장 및 논쟁의 결론을 나타내는 문장으로도 사용되며 사회적 이슈에 대한 의사표시의 수단으로도 통용되고 있다. 캐치프레이즈는 대체로 대중문화에 영향을 미치기도 한다.

- 캡션은 카피본문과는 별도로 일러스트레이션이나 사진 주위에 작은 활자로 된 짧은 글을 말한다. 즉, 광고에서 삽화나 사진을 설명한 문구를 말한다. 캡션은 신문광고나 잡지광고에서 자주 이용되고 있으며 주제를 서술하거나 설명하는 역할을 한다. 대부분의 경우 카피본문보다는 캡션을 더 많이 읽는 경향이 있다.

- 일반적으로 널리 알려진 광고카피 포맷의 유형에는 단도직입형, 대화형, 만화 · 트레이드 캐릭터형, 스트립형, 징글형, 기사형, 드라마형, 증언 · 실증형, 유머형, 청유(권유)형, 아이러니형, 직유 · 은유형, 활유형, 개조식형, 생활단면형, 포스트모던형 등이 있다.

- 단도직입형은 광고 메시지를 직접적으로 표현할 뿐만 아니라 상품의 매력 포인트를 조목조목 열거하는 형태를 말한다. 대화형은 둘 이상의 사람이 대화하며 소구하는 형를 말한다. 만화형은 만화의 형태로 카피를 구성하는 것이며, 트레이드 캐릭터형은 캐릭터의 입에서 카피가 흘러나오게 하는 형태를 말한다. 스트립형은 일러스트레이션에다 그것에 수반되는 설명문으로 구성한 형태를 말한다.

- 징글형은 노래나 징글 형식으로 카피를 만드는 형태를 말한다. 기사형은 카피내용을 신문의 기사처럼 만드는 형태를 말한다. 드라마형은 드라마, 영화, 연극의 장면과 같이 드라마틱하게 표현한 형태를 말한다. 증언 · 실증형은 전문가 및 경험자의 증언이나 실증을 표현한 형태를 말한다. 유머형은 유머를 이용하여 광고에 대한 관여도를 높이기 위한 형태를 말한다.

- 청유(권유)형은 소비자에게 권유하거나 공감대를 형성하여 행동을 유발하는 형태를 말한다. 아이러니형은 기존의 상식적인 개념을 깨고 표면에 반대되는 역설적인 내용을 내세워 긍정을 유도하는 형태를 말한다. 직유 · 은유형은 소비자들에게 상품이나 기업의 이미지를 알려 주기 위하여 연상되는 것을 조합하는 형태를 말한다. 활유형은 무생물체에 생명을 불어넣어 공감대를 형성하는 기법을 말한다.

- 개조식형은 중요한 포인트만을 나열하는 형태를 말한다. 생활단면형은 생활 속에서 매일 매일 일어나는 작은 일들을 연결고리로 하여 상품을 보여주는 형태를 말한다. 포스트모던형은 카피의 논리와 서술적 구조를 해체하고 기호화하여 정신적 공황상태를 일으키는 형태를 말한다.

- 광고카피의 특수한 표현방식에는 벌룬, 박스 및 패널, 로고타입 및 심벌마크가 있다. 벌룬은 인쇄광고의 메시지 중 인물의 입에서 흘러나오는 것 같이 처리된 카피를 말한다. 박스 또는 패널은 소비자에게 쿠폰 제공, 콘테스트 규정, 프리미엄 제공과 같은 조건을 명기할 때 쓰이는 요소로써 괘선으로 둘러싼 설명문을 말한다. 로고타입은 언어적 표현이라고 할 수 있으며, 심벌마크는 시각적 표현이라고 할 수 있다.

- 광고카피를 쓸 때 금기사항으로는 상투적인 광고언어를 지양하라! 의미 없는 나열을 피하라! 문법적 실수를 줄여라! 힘없는 단어는 선택하지 마라! 저급한 취향을 버려라! 쓸데없는 반복을 피하라! 평범한 혜택을 피하라!

- 힘 있는 광고카피를 쓰기 위해서는 축약하라! 소비자들이 말하는 방식 그대로 카피를 써라! 상품분위기에 카피스타일이 어울리는지 확인하라! 능동태와 긍정적인 태도로 접근하라! 두운법과 리듬 그리고 운율을 사용하라!

- 광고카피를 쓸 때 체크 리스트(check list) 사항으로는 도입부분에 인상적으로 써라! 읽기 쉽게 써라! 제품개념을 농축시켜라! 핵심 아이디어를 뚜렷하게 제시하라! 가장 강점이 되는 판매요점부터 말하라! 확실하게 정보를 전달하라! 능동태의 문장을 구사하라! 소비자의 시점에서 호소하라! 행동하게 하라!

- 광고의 내용적 요소와 개념을 글로 표현하는 사람을 카피라이터라고 한다. 카피라이터는 광고대행사 내부에서 눈에 잘 띄지는 않지만 가장 중요한 일을 하는 사람들이다. 카피라이터는 광고의 기획단계에서부터 크리에이티브 개념을 문자화하고 구현해야 할 뿐만 아니라 광고이론 및 광고의 전술 · 전략에 정통해야 한다. 따라서 카피만을 쓸 줄 아는 카피라이터는 진정한 의미에서 카피라이터라고 볼 수 없다.

01 인쇄광고에서 카피의 구성요소와 거리가 가장 먼 것은?

① 캡션 ② 슬로건 ③ 내레이션(해설)
④ 서브헤드라인 ⑤ 캐치프레이즈

02 5I rule의 순서가 바르게 나열된 것은?

① Idea→Immediate Impact→Information→Incessant Interest→Impulsion
② Idea→Immediate Interest→Incessant Impact→Information→Impulsion
③ Idea→Incessant Interest→Immediate Impact→Information→Impulsion
④ Idea→Immediate Impact→Incessant Interest→Information→Impulsion
⑤ Idea→Immediate Impact→Information→Impulsion→Incessant Interest

03 AIDA rule에서 Action은 5I rule에서의 무엇과 가장 가까운가? 정답을 영어 소문자로 쓰시오.

04 일반적으로 알려진 헤드라인의 형식과 거리가 가장 먼 것은?

① 무헤드라인형 ② 논설 · 입증형 ③ 소비자혜택형
④ 암시 · 경고형 ⑤ 단정형

05 이상적인 헤드라인의 요건과 거리가 가장 먼 것은?

① 상징적 가치가 있어야 한다.
② 진부한 표현을 피해야 한다.
③ 특정 상황과 상품에 대해 추상적이어야 한다.
④ 헤드라인은 보상을 약속하며 소비자의 동기를 유발해야 한다.
⑤ 효과가 즉각적이어야 한다.

06 헤드라인의 형식 중 무헤드라인형은 광고의 컨셉트를 감성적 · 이미지 중심적으로 전달하기 위해 구체성을 띤 헤드라인을 배제시키는 형식으로 일러스트레이션이 갖는 의미해석을 풍부하게 하고자 할 때 사용된다. 기호품인 고가품, 기술차별이 낮은 제품, 이미지에 의해 판매가 결정되는 제품 등에 주로 이용된다. O X

07 서브 헤드라인은 일반적으로 카피본문 바로 뒤에서 카피본문의 내용을 강조하여 헤드라인을 보완하는 역할을 한다. OX

08 효과적인 카피본문을 만들기 위한 일반적인 요건과 거리가 가장 먼 것은?
① 간결성 ② 설득성 ③ 복잡성
④ 관심 ⑤ 강조성

09 오늘날 슬로건의 개념은 기업의 생각이나 주장 또는 상품의 특성 등을 일정기간이나 장기간에 반복적으로 사용하여 좋은 인상을 유지, 누적, 정착시키기 위해 사용되고 있다. 슬로건은 일반적으로 광고하단이나 로고타입 위에 위치하여 헤드라인이나 카피본문의 결말과 중복되는 기능을 하며 슬로건 자체가 기억에 남도록 요약적 · 반복적으로 사용되는 이미지 광고라고 할 수 있다. 예를 들어, '갈증해소를 위한 음료-게토레이'라는 슬로건은 ( ) 슬로건에 해당된다고 할 수 있다. 빈칸에 알 맞는 답을 한글 3자 이내로 쓰시오.

10 슬로건은 일반적으로 광고하단이나 로고타입 위에 위치하여 헤드라인이나 카피본문의 결말과 중복되는 기능을 한다. OX

11 캡션은 시각적 표현으로 이루어낼 수 없는 부분을 언어적 표현으로 완성시켜 주는 역할을 한다. OX

12 다음 중 광고카피 포맷의 유형과 거리가 가장 먼 것은?
① 단도직입형 ② 트레이드 캐릭터형 ③ 스트립형
④ 아이디어형 ⑤ 기사형

13 카피포맷의 유형에서 (a)형은 소비자에게 권유하거나 공감대를 형성하여 행동을 유발하는 형태를 말하며, (b)형은 상품 및 상표를 차별화시키기 위해 비교광고를 통해 주로 사용되는 형태를 말한다.
빈칸 (a)에 알 맞는 답을 한글 2자 이내로 쓰시오.

14 '씹어 먹는 주스'와 같이 기존의 상식적인 개념을 깨고 표면에 반대되는 역설적인 내용을 내세워 긍정을 유도하는 광고카피 포맷을 (　　)형 이라고 한다.
빈칸에 알 맞는 답을 한글 4자 이내로 쓰시오.

15 카피포맷의 유형에서 활유형은 생물체에 생명을 불어넣어 공감대를 형성하는 형태를 말한다. O|X

16 카피포맷의 유형 중 두운형은 상표이름을 조기에 고지시키기 위해 사용하는 기법을 말하며, 스트립형은 일러스트레이션에다 그것에 수반되는 설명문으로 구성하는 기법을 말한다. 또한 아이러니형은 기존의 상식적인 개념을 깨고 표면에 반대되는 내용을 내세워 긍정을 유도하는 형태로써 소비자의 주목을 끄는데 효과적이라고 할 수 있다. O|X

17 카피포맷의 유형 중 포스트 모던형은 카피의 논리와 서술적 구조를 해체하고 기호화하여 정신적 공황상태를 일으키는 형태를 말하며, 단도직입형은 광고메시지를 직접적으로 표현할 뿐만 아니라 상품의 매력 포인트를 조목조목 열거하는 형태를 말한다. 또한 유머형은 광고에 대한 관여도를 높이기 위한 방법으로 저 관여 제품광고에서 많이 사용되고 있으며, 질문형도 광고에 대한 관여도를 높이기 위한 방법으로 신제품 광고에서 많이 사용되고 있다. O|X

18 광고카피 포맷의 유형 중 (　　)형은 카피의 논리와 서술적 구조를 해체하고 기호화하여 정신적 공황상태를 일으키는 형태를 말한다.
빈칸에 알 맞는 답을 한글 5자 이내로 쓰시오.

19 박스 또는 패널은 소비자에게 쿠폰제공, 콘테스트 규정, 프레미엄 제공과 같은 조건을 명기할 때 쓰이는 요소를 말하며, (　　)은(는) 인쇄광고의 메시지 중 인물의 입에서 흘러나오는 것 같이 처리된 카피를 말한다. 이것은 일반적으로 만화형 카피형태에서 주로 사용된다.
빈칸에 알 맞는 답을 영어 소문자로 쓰시오.

20 카피라이터가 갖추어야 할 요건과 거리가 가장 먼 것은?

① 감각이 예리해야 한다.
② 소비자의 언어를 구사할 줄 알아야 한다.
③ 좋은 광고를 만들려는 야심이 있어야 한다.
④ 한쪽 방면에 뛰어난 전문가이어야 한다.
⑤ 유머와 센스가 있어야 한다.

21 오늘날 슬로건의 개념은 기업의 생각이나 주장 또는 상품의 특성 등을 일정기간이나 장기간에 반복적으로 사용하여 좋은 인상을 유지, 누적, 정착시키기 위해 사용되고 있다. 슬로건은 일반적으로 광고하단이나 로고타입 위에 위치하여 헤드라인이나 카피본문의 결말과 중복되는 기능을 한다. 따라서 슬로건은 기억에 오래 남도록 요약적, 반복적으로 사용되는 (　　) 광고에 해당된다고 할 수 있다.
빈칸에 들어갈 알 맞는 답을 한글 3자 이내로 쓰시오.

22 광고카피의 특수한 표현방식 중 (　　)은(는) 기업의 이미지나 제품의 특성을 나타내기 위하여 디자인된 문자의 결합체를 말한다. (　　)은(는) 사실상 문자로 표현되기 때문에 언어적 표현이라고 할 수 있다. 그러나 서체가 독특해서 고유의 위상을 갖게 된다.
빈칸에 공통적으로 들어갈 알맞은 답을 한글 4자 이내로 쓰시오.

[정답]

01 ③	**02** ④	**03** impulsion	**04** ②	**05** ③	**06** ○	**07** ×	**08** ③
09 이미지	**10** ○	**11** ○	**12** ④	**13** 청유	**14** 아이러니	**15** ×	**16** ○
17 ○	**18** 포스트모던		**19** balloon	**20** ④	**21** 이미지	**22** 로고타입	

광고 불변의 법칙

제품을 주인공으로 만들어라!

가능하다면 제품을 항상 광고의 주인공으로 만들어라.
제품이 무미건조하게 느껴질 때 이 말을 마음에 새겨라.
재미없는 제품이란 없다.
재미없는 카피라이터가 있을 뿐이다.
제품에 흥미를 느끼지 못한 상태에서 카피를 쓴 광고는 실패할 가능성이 높다.
대부분의 제조업자가 비슷한 기술을 사용하고, 마케팅담당자 또한 동일한 리서치로 소비자가 좋아하는 색깔, 크기, 디자인, 맛 등을 파악한다.
이렇듯 제품 간에 질적인 차이가 별로 없을 때에는 광고하는 제품의 장점을 경쟁사보다 더욱 설득력 있게 전달하려고 노력하라.
새로운 광고로 차별화를 시도하는 것은 여러분이 해야 할 일이다.

CHAPTER 09

광고카피의 논리와 아트디렉션

Understanding of Advertising

광고카피의 논리에 대한 필요성을 살펴보고, 광고카피의 논리를 구성하는 방법으로 추론, 증명, 명제, 논증을 살펴본 다음, 인쇄광고의 아트디렉션과 방송광고의 아트디렉션을 살펴보도록 한다.

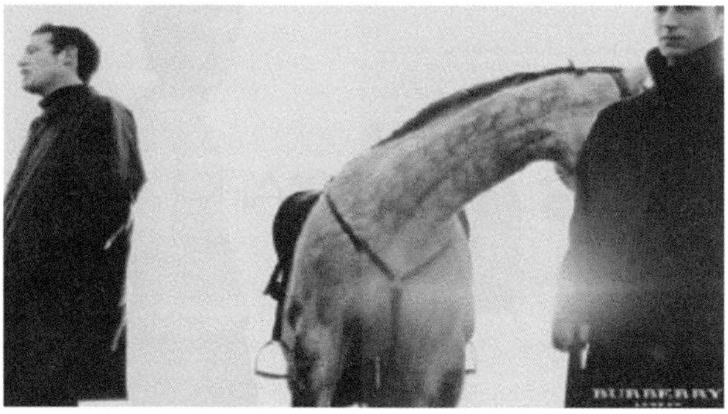

Advertising & Copy

인상적인 공간구성으로 신선한 느낌을 준 버버리 광고.
좌우의 인물과 머리가 가려진 말의 몸체가
분할된 흑백의 공간과 그 사이를 파고드는 빛이
시공을 초월한 느낌을 전달한다.
사진언어의 이미지 구성력을 보여준 사례.

CHAPTER

09

광고카피의 논리와 아트디렉션

1. 광고카피의 논리

광고에서 카피는 논리를 기반으로 작성될 때 가장 큰 위력을 발휘할 수 있다. 따라서 논리적으로 구성된 카피는 소비자로 하여금 쉬운 이해와 함께 강력한 설득력을 가지게 되며 소비자를 정서적으로 감동시켜 주는 힘을 갖는다. 그러나 카피가 논리적이지 못할 때에는 요점을 파악하는데 힘들어서 다 읽지 못할 뿐만 아니라 읽는 것을 포기하게 만들 수도 있다. 따라서 안 읽혀지는 카피는 아무런 존재가치가 없는 카피에 불과하다.

광고에서 카피의 논리성은 헤드라인보다 카피본문에서 더욱 필요성이 크다고 할 수 있다. 따라서 논리적으로 쓰여 진 카피본문은 소비자를 설득시킬 뿐만 아니라 그 광고를 오래 기억하게 만드는 역할을 하기도 한다. 또한 논리적인 내용은 소비자의 이해를 도와 제품에 대한 관여도를 높여줌으로써 구매로 연결되게 만드는 촉매역할을 하기도 한다.

논리를 구성하는 방법으로는 추론, 증명, 명제 및 논증을 들 수 있다. 광고에서 이 네 가지 방법들이 어떻게 쓰일 수 있는지 살펴보면 다음과 같다.

1) 추론(inference, reasoning)

추론이란 일정한 자료나 증거로부터 출발하여 결론에 다다르는 과정을 의미한다. 우리가 살아가는 동안 많은 경험을 하게 되는데 이런 경험 속에서 어떤 규칙성을 발견하고 추론을 하게 된다. 그러므로 인생은 추론의 방법을 배우는 오랜 교육 기간이라고도 할 수 있다. 추론의 방법에는 귀납법과 연역법이 있다.

(1) 귀납법(induction)

귀납법은 구체적인 사실이나 사례에서 출발하여 일반적인 결론을 유도해 내는 것이라고 할 수 있다. 예를 들면 〈표 9-1〉과 같다.

표 9-1 | 귀납법의 예

구체적인 사실	서울은 사람이 많이 살고 있으며 교통이 복잡하다. 베이징은 인구가 1천만 명이 넘으며 교통이 복잡하다. 방콕은 인구가 무척 많으며 교통이 복잡하다. 뉴욕은 많은 사람이 살고 있으며 교통이 복잡하다.
일반적인 결론	그러므로 인구가 많은 대도시는 교통이 복잡하다.

위에서 구체적인 사실로부터 발견할 수 있는 공통점은 서울, 베이징, 방콕, 그리고 뉴욕과 같은 대도시에는 인구가 많고 교통이 복잡하다는 사실이다. 그러므로 인구가 많은 대도시는 교통이 복잡하다는 결론을 도출해 낼 수 있다. 이렇게 낱낱의 구체적인 사실로부터 공통점을 구하여 거기서 일반적인 법칙을 찾아내는 추론방법이 바로 귀납법이라고 할 수 있다.

(2) 연역법(deduction)

연역법은 일반적인 진리에서 출발하여 특수한 진리를 끌어내는 것이라고 할 수 있다. 이미 알고 있는 어떤 진리에 근거하여 바르고 참된 논리적 인식에 도달하는 방법이며 주로 삼단논법(syllogism)의 형태로 이루어진다.

일반적으로 삼단논법이라 함은 대전제가 있고 그것과 연관 있는 소전제를 대입하게 되며 그것의 상관성으로부터 결론을 도출해 내는 논리적 방법이다. 예를 들면

〈표 9-2〉와 같다.

표 9-2 | 연역법의 예

대전제	모든 인간은 죽는다.
소전제	윤봉길 의사도 인간이다.
결 론	그러므로 윤봉길 의사도 죽는다(죽었다).

2) 증명(demonstration)

논리의 두 번째 방법으로 증명이라는 것이 있다. 사람이 특정 이슈에 대해 어떤 주장을 하게 될 경우 어떤 객관적인 사실을 토대로 증거(논거)하게 되면 그 사람은 자신의 주장에 대하여 논리적 타당성을 인정받게 된다.

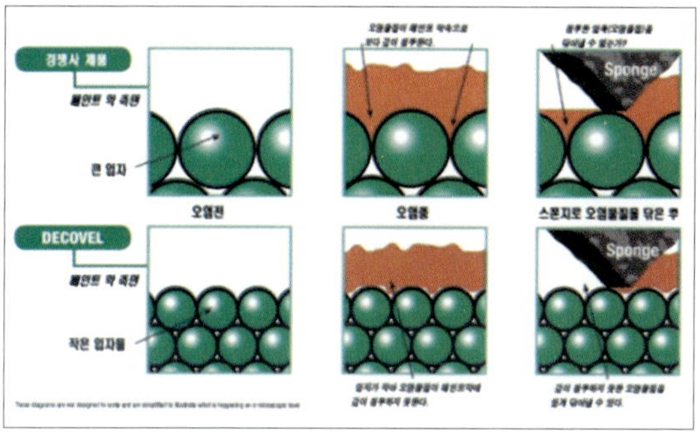

경쟁제품과 비교실험을 통해 증명해 보인 광고

객관적인 사실이나 통계자료 및 과학적인 실험자료 등을 통한 증명은 사람의 논리를 세워 주는 중요한 방법이 될 수 있다. 따라서 소비자에게 제품이나 기업에 대한 신뢰감을 주기 위한 하나의 방편으로 구체적인 자료제시에 의한 증명방법을 사용하면 효과적일 수 있다.

3) 명제(thesis)

명제는 논리의 세 번째 방법으로 논리적으로 진술된 의견으로 정의될 수 있다. 즉, 어떤 판단에 대한 언급으로도 설명될 수 있다. 명제는 사실명제와 당위명제 그리고 대립명제와 동의명제로 구분된다.

사실명제는 "사실이 ○○하다."라는 형태로 구성된 명제를 말하며, 당위명제는

"○○해야 한다." 또는 "○○해서는 안 된다."라는 형태의 명제를 말한다. 대립명제는 처음명제와 상반되는 내용을 지닌 명제를 말하며, 동의명제는 처음명제를 뒷받침해 주는 명제를 말한다. 동의명제는 앞에 나온 대립명제를 소멸시킬 정도로 강력하고도 논리적이어서 커뮤니케이터가 의도한 결론에 도달하도록 만드는 기능을 갖기도 한다.

4) 논증(argument)

마지막 논리방법인 논증은 상호충돌과 의문이 생겼을 때 이성에 호소하여 증명하는 방법을 말한다. 논증이 성립하기 위해서는 공통의 관심사를 충족해야 하고 취향을 조정해야 한다. 일반적으로 논증방법은 주로 역설적인 표현을 통해서 이루어지고 있다. 따라서 상대방과의 논리적 싸움을 통해 주장의 명확성과 논리성을 얻고자 할 때 사용될 수 있다.

여기서 주목해야 할 것은 논증방법이 일반 증명방법과 다르다는 점이다. 일반 증명방법은 객관적 · 과학적 자료를 가지고 증명하는데 반해 논증방법은 다소 주관적인 주장들에 의해 뒷받침되고 있다는 사실이다. 그러므로 논증이라는 표현을 사용하는 것이다. 따라서 역설적인 주장에 대해 다른 사람이 다른 주관적 주장을 함으로써 얼마든지 논리적 다툼으로 발전할 소지가 있다.

2. 아트디렉션

아트디렉션(art direction)은 광고를 그림이나 사진을 통하여 시각적으로 표현하는 방법을 말한다. 특히 인쇄광고에서 아트디렉션은 그림이나 사진뿐만 아니라 전체적인 구조 및 위치 선정에 관련된 사항까지를 포함하고 있다.

레이아웃의 순서를 보여준 광고

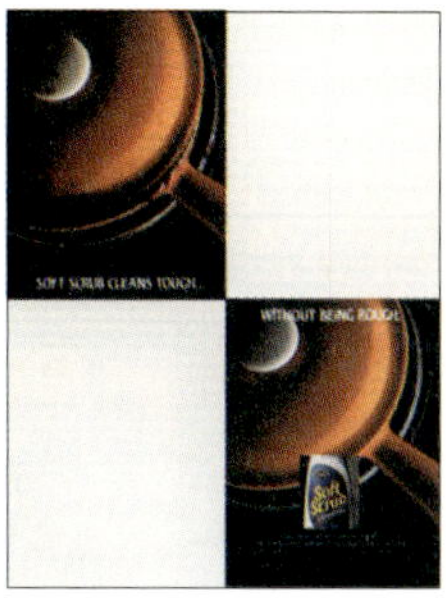

균형을 이용해 시각적 안정감을 보여 준 광고

대조를 이용해 주목을 끌기 위한 광고

아트(art)는 예술을 뜻하고 있기 때문에 미적 감각을 관리하는 항목까지 고려해야 한다. 그러나 미적 평가는 광고카피 이상으로 문화에 따라 다르기 때문에 담당자의 주관이 개입될 소지가 있다. 아트디렉션을 인쇄광고와 방송광고의 측면에서 살펴보면 다음과 같다.

1) 인쇄광고의 아트디렉션

인쇄광고의 대표적인 것으로는 신문광고와 잡지광고가 있다. 인쇄광고의 아트디렉션으로는 일반적으로 레이아웃, 일러스트레이션, 사진, 활판인쇄술, 로고타입 및 심벌마크를 들 수 있다.

(1) 레이아웃

레이아웃(layout)은 광고업계의 전문용어로서 인쇄광고의 구성요소에 대한 배열 · 배치를 뜻한다. 즉, 인쇄광고의 사진이나 그림, 헤드라인, 카피본문, 일러스트레이션, 로고타입 및 심벌마크 등의 구성과 배열 및 배치에 관한 의사결정을 말한다.

레이아웃에 따라 광고에 대한 주목, 기억, 그리고 효과 등이 달라질 수 있다. 예를 들어, 맨 먼저 일러스트레이션을 보고 다음에 헤드라인을 본 후 마지막에 카피를 읽는 경향이 있다면 이러한 순서에 따라 구성요소를 배치해야 한다.

여백을 이용해 주목을 끌기 위한 광고

인쇄광고에서 레이아웃의 요소는 구성, 균형, 비율, 이동, 대조, 여백 등이 있다. 여기서 구성은 여러 요소의 포함여부, 위치 선정, 크기 등을 결정하는 것을 말한다. 균형은 시각적 영향을 고려한 광고요소들의 배열, 즉 디자인 측면에서의 전체적인 광고의 시각적 안정감을 말한다. 이는 대칭과 같은 의미로 사용되기도 한다.

비율은 레이아웃의 중앙에 놓여 있는 사진이나 배경의 정확한 위치와 비율을 말한다. 이동은 광고를 순서에 따라 보도록 만드는 방법을 말한다. 즉, 레이아웃의 헤드라인, 일러스트레이션, 카피와 브랜드 등이 나열된 광고를 논리적으로 주목하게 하는 순서를 뜻한다. 대조는 크기, 서체, 무게감, 색상, 지질, 여백 등의 대조를 통해서 특정요소에 대한 수용자의 주목을 끄는 것을 말한다. 여백은 다른 요소들에 의해 점유되지 않은 부분을 말한다.

(2) 일러스트레이션

일러스트레이션(illustration)은 손으로 그리거나 컴퓨터로 제작된 광고 삽화를 말한다. 이를 구현하기 위해서는 전문성이 있는 화가나 그래픽 디자이너가 필요하다. 일러스트레이션은 주목을 신속히 끌 수 있을 뿐만 아니라 커뮤니케이션을 보다 즉각적으로 가능하게 해 준다. 또한 카피에 대한 주목을 유도할 수 있고 신뢰성을 높일 수 있다.

일러스트레이션은 사진과는 다른 효과를 제공한다. 특정 개념이나 과거 및 미래의 사건은 사진으로 나타내기 어려우므로 그림으로 제품을 더 잘 묘사하고 적당한 분위기를 창출할 수 있다.

일러스트레이션을 이용한 광고

(3) 일러스트레이션의 효과적 사용여건

- 다른 방법으로 보여 줄 수 없을 때 사용될 수 있다.

- 무드를 조성하기 위해 사용될 수 있다.
  일러스트레이션은 공감을 불러일으키기도 한다. 때로는 사진에서 얻지 못하는 감성을 끌어내기 위해 그림이나 드로잉이 필요하다.

- 극적인 효과를 끌어내기 위해 사용될 수 있다.
  실제보다 더 커보이게 하거나 상품 사용에서 얻게 되는 효용을 더 크게 나타내기 위해 사용할 수 있다. 이런 시각적 표현은 실제 사진보다 아트워크를 통해 잘 표현될 수 있다.

- 유명한 예술작품을 패러디(parody)할 때 사용될 수 있다.
  모나리자 얼굴에 콧수염을 그리고 싶은가? 그렇다면 실제 그림의 복사본과 사용 허락이 필요할 것이다.

TIP | 패러디

패러디란 유명작품의 내용이나 사진, 그림, 문체, 운율 등을 교묘하게 모방하여 과장 또는 풍자적으로 작품을 만드는 것을 말한다. 따라서 패러디가 표절이냐 창작이냐에 관하여는 논쟁이 계속되고 있다. 하지만 이런 논란에도 불구하고 패러디의 광고형태는 계속해서 등장하고 있다. 중요한 것은 사용하는 목적에 얼마나 맞게 패러디 하느냐가 광고의 성패를 좌우한다고 볼 수 있다

이탈리아 산드로 보티첼리의 작품(1487) '비너스의 탄생'을 패러디한 드비어스 광고

(4) 일러스트레이션 제작 시 고려사항

- 호기심을 불러일으켜야 한다.
- 독자들을 사로잡아야 한다.
- 궁금증을 유발하여 카피를 읽게 해야 한다.
- 특별히 할 이야기가 없을 때에는 제품 패키지를 일러스트레이션의 테마로 하는 것도 좋은 방법이다.
- 제품을 사용하고 난 후의 결과를 그림으로 표현해 보여 주는 것도 도움이 된다. 사용 전후의 그림은 독자들의 시선을 사로잡는다.

제품 패키지를 일러스트레이션의 테마로 사용한 광고

캐릭터가 버거킹에 가서 주문하고 있는 장면을 표현한 맥도날드 광고

- 광고에 대한 회상을 높일 수 있는 방안을 찾아야 한다.
  광고내용을 보다 효과적으로 회상시키기 위해서는 구매시점에서 연상단서(associative cue)를 제시할 필요가 있다. 연상단서는 연상기억에 도움을 주는 브랜드나 로고 등의 특징적인 자극물을 말한다. 동일 제품의 경우 텔레비전광고를 통해서 이미 알려진 캐릭터를 인쇄광고에 사용하면 효과적일 수 있다.

선화 및 컴퓨터그래픽을 이용한 광고

- 최대한 간결하게 표현해야 한다.

- 사람의 얼굴을 실제 크기보다 크게 보이게 하지 말아야 한다.
  독자들에게 불쾌감을 줄 수도 있기 때문이다.

인쇄광고에서 일러스트레이션을 표현하는 기법에는 선화, 컴퓨터그래픽, 스크래치보드 등이 있다. 선화는 선으로 이미지를 묘사하는 것을 말한다. 선화는 비용이 저렴하고 제작시간이 짧다. 컴퓨터그래픽은 말 그대로 컴퓨터를 이용하여 그림을 그리는 것을 말한다. 컴퓨터그래픽의 가장 큰 특징은 일러스트레이션과 사진의 기능을 모두 합친 것 같은 효과를 낼 수 있다는 것이다. 스크래치보드는 부드러운 흰색의 특수종이에 검은 잉크를 입힌 다음 철필 같은 것으로 검은 잉크를 긁어내는 것을 말한다. 이 기법은 작업시간이 오래 걸린다는 단점이 있다.

(5) 사진

사진은 1853년에 이르러 처음으로 광고에 사용되기 시작하였다. 이후 20세기에 접어들면서 사진이 점차 일러스트레이션을 대체하기 시작하여 오늘날에는 대다수의 광고에서 일반화되고 있다. 최근에는 포토샵의 조작 덕분에 일러스트레이션으

아름다운 사진을 이용한 광고

로만 가능했던 놀라운 효과를 사진을 통하여 얻고 있다. 광고에서 훌륭한 사진은 다음과 같이 중요한 기능을 수행한다.

첫째, 사실성을 제공한다. 실제로 사진은 어느 정도 조작이 가능하지만 소비자들은 사진조작에 대한 선입관을 별로 가지고 있지 않아 소비자의 신뢰성을 확보하는데 유용하다. 사진의 세부적인 묘사는 광고에 사실감을 부여한다. 멋진 칼라사진은 광고수용자에게 하이테크 제품의 근접 모습에서부터 멋진 풍경의 원거리 모습에 이르기까지 사실적이며 감동적인 모습을 보여 준다.

둘째, 무드, 아름다움, 민감성을 제공한다. 셋째, 확대, 축소, 부분삭제 등을 통해 크기변경과 재구성이 가능하기 때문에 일러스트레이션에 비해 융통성이 크다. 그러나 사진을 광고에서 사용하고자 할 때 이미 존재하는 사진은 사진작가에게 사용료를 지불해야 한다. 새로 사진을 제작할 때에는 모델의 사용료를 지불해야 하므로 광고제작에 따른 비용도 충분히 고려해야 한다.

활자의 색, 크기, 모양 등을 이용한 광고

(6) 활판인쇄술

활판인쇄술(typography)은 활자에 관련된 인쇄기술로 활자선택이나 글씨체, 크기, 배치, 색상 등의 디자인적 요소를 고려한 인쇄문자의 배열을 의미한다. 좋은 활판술은 카피를 잘 읽을 수 있게 도와주는 반면 나쁜 활판술은 도리어 카피를 읽는 데 방해가 된다.

활판술은 오늘날 컴퓨터의 발달로 인해 과거보다 관리가 쉬어지고 처리비용도 절감되었다. 활판술에서는 그 무엇보다도 서체의 선택이 중요하다. 서체의 선택에 따라 헤드라인과 카피본문을 읽는 데 쉬울 수도 있으며 광고의 이미지도 좌우될 수 있기 때문이다. 광고에서 활자선택 시에 고려해야 할 사항을 들면 다음과 같다.

첫째, 읽기 쉬워야 한다. 활자 선택에서 가장 중요하게 고려해야 할 것은 읽기 쉬운 서체를 선택하는 것이다. 읽기 쉽도록 하기 위해서는 서체, 굵기, 크기, 색상, 모양, 단어 길이, 줄 간격 등을 고려해야 한다.

TIP | 활자 크기의 중요성

광고에서 활자의 크기는 매우 중요하다. 활자의 크기는 식역(threshold)을 고려하여 만들어져야 한다. 식역은 어떤 감각을 가져올 수 있는 최소 자극의 양을 말한다. 즉, 인간이 알아차릴 수 있는 가장 낮은 수준의 자극 점을 말한다. 예를 들어, 옥외광고의 경우 아무리 좋은 카피와 아트디렉션을 가지고 있다 하더라도 글자가 너무 작아서 지나다니는 사람들이 알아볼 수 없다면 이는 낭비광고에 속한다.

둘째, 활자와 제품 간의 연결이 자연스러워야 한다. 활자의 크기를 활용하여 광고메시지의 내용과는 별도의 무드와 느낌을 광고수용자에게 전달할 수 있어야 한다. 예를 들면, 고풍스러운 느낌을 줄 수 있는 서체를 하이테크 제품에 사용하는 것은 적절하지 못하므로 그에 맞는 서체를 찾아야 할 것이다.

핵심이 되는 단어를 굵은 서체로 표현한 광고

기호를 활용하여 열독률을 높이기 위한 광고

셋째, 균형을 이루어야 한다. 서체는 광고의 다른 요소들, 즉 일러스트레이션이나 레이아웃과 균형을 이루어야 한다.

넷째, 서체의 비교를 통해 강조할 수 있어야 한다. 하나의 서체만을 사용하는 것보다는 여러 서체와 활자의 크기를 조절하여 메시지를 강조할 수 있어야 한다. 예를 들어, 핵심이 되는 단어나 문장은 굵은 서체나 이탤릭체로 할 수도 있으며 화살표, 굵은 점, 별표, 난외 기호 등을 사용함으로써 열독률을 높일 수도 있다.

(7) 로고타입 및 심벌마크

레이아웃 하단에 주로 위치하고 있는 시각적 전달수단에는 [그림 9-1]과 같이 로고타입(logotype)과 심벌마크(symbol mark)가 있다. 로고타입은 사실상 문자로 표현되기 때문에 언어적인 표현이라고 할 수 있다. 그러나 서체가 독특해서 고유의 위상을 갖게 된다. 반면에 심벌마크는 상징적인 표현으로서 순수한 시각적인 효과를 얻을 수 있다.

이 두 가지가 광고의 레이아웃에 적절히 사용이 될 때 광고의 균형이 높아지고 또한 친근감도 생겨 광고의 효과가 지속될 수 있다. 특히 장기캠페인에 있어서는 로고타입과 심벌마크의 중요성이 크다고 할 수 있다.

그림 9-1 | 로고타입 및 심벌마크의 예시

2) 방송광고의 아트디렉션

방송광고의 아트디렉션 상당 부분은 앞서 살펴본 광고카피의 내용에 포함되어 있기 때문에 중복되는 것을 제외하고 추가할 수 있는 내용 몇 가지만 살펴보기로 한다.

(1) 애니메이션

애니메이션(animation)은 실물이 아닌 동화상 기법을 말한다. 이는 어려운 메시지를 전달할 때나 어린이들과 같이 특별한 시장에 도달하는 데 매우 효과적인 방법이라고 할 수 있다. 애니메이션은 노동집약적이어서 비용이 많이 드는 측면이 있다. 하지만 최근에는 컴퓨터그래픽 기술이 발달하여 애니메이션도 점차 다양해지고 있다.

광고 소구가 현실적으로 전달되기 어려울 때에는 애니메이션을 사용하면 효과적일 수 있다. 하지만 성인을 대상으로 제품을 광고할 때에는 애니메이션이 인위적이

만화 형태로 제작된 게임 애니메이션 광고

캐릭터를 이용한 애니메이션 광고

캐릭터를 이용한 애니메이션 광고

벚꽃 길에서 촬영한 로케이션 광고

고 진부하게 느껴질 수 있으므로 주의해야 한다. 전통적으로 사용되어 온 애니메이션 기법으로는 만화, 애완동물, 사진 등의 애니메이션을 들 수 있다.

(2) 특수 효과

특수 효과는 전혀 예상하지 못한 극적인 음악이나, 음향, 사진효과를 이용한 기법을 말한다. 특수 효과는 광고 수용자에게 유쾌한 감정을 불러일으킬 수 있어야 한다. 그러나 광고 수용자가 특수 효과에만 관심을 기울이고 광고 메시지나 제품에 주의를 기울이지 않을 수 있다는 점을 간과해서는 안 된다.

환상적 분위기를 연출하기 위해 특수 효과를 낼 때 환상은 제품의 주장과 직접적으로 연결되어야 할 뿐만 아니라 반복된 주장을 통해서 제품을 주지시켜야 한다. 특히 특수 효과에서 주의해야 할 점으로는 실감나게 처리해야 한다. 많은 경우에 가짜로 인식하는 경향이 있기 때문이다. 따라서 훌륭하게 처리하면 시청자의 주목을 끌 수 있다.

(3) 로케이션

에베레스트에서 촬영한 FILA OUTDOOR 로케이션 광고

로케이션(location)은 현지촬영을 의미한다. 우리나라에서뿐만 아니라 외국에서도 현지촬영에 대한 관심과 노력을 많이 기울이고 있다. 현지촬영 장소는 광고의 배경과 같은 역할을 한다.

따라서 환상적인 분위기를 나타내고자 할 때에는 현지촬영의 효과가 크다. 또한 감정적인 무드광고의 경우에도 현지촬영을 통해 표현하면 더 높은 효과를 끌어낼 수 있다. 예를 들어, 화장품이나 의류제품처럼 감정적인 무드광고의 경우 현지촬영을 통해 추가적인 효과를 창출할 수도 있다.

그러나 현지촬영은 제반 비용이 많이 들 뿐만 아니라 촬영장소의 사용허가 등이 필요하다는 어려움을 가지고 있다. 그러므로 경치나 분위기 등의 감정적인 면에 소구하기보다 광고 메시지에 중점을 두는 광고라면 촬영장소는 그다지 중요하지 않다. 스튜디오 안에서도 다양하게 표현할 수 있기 때문이다.

(4) 음성 및 음악(음향) 효과

음성처리는 그 동안 주로 전문 성우에 의해 수행되어 왔다. 과거에는 성우나 아나운서의 훈련을 받은 사람으로만 폭이 제한되었으나 요즘은 그 폭이 상당히 넓어지고 있다. 특히 앞에서 소개된 유머형의 실현을 위해서는 다양한 성격의 음성이 요구된다고 할 수 있다.

음성 및 음악(음향) 효과는 라디오광고에서 매우 중요하다. 이는 시각적 표현이 어려운 환경을 청각적으로 반영해야 하기 때문이다. 청각은 음악에 의하여 무드를 유도할 수 있기 때문에 실제 상황에서 효과적으로 사용될 수 있다. 예를 들어, 쇼핑상황에서 안락함을 증가시키기 위해서는 청각환경을 부드럽게 유지할 필요가 있다.

재미있고 친숙한 음악이 광고내용과 조화를 이룬다면 광고 수용자로 하여금 제품의 연상에 도움을 주고 친근감을 줄 수도 있다. 그러나 음악이 소음으로 인식되어 구매에 부정적 영향을 미치는 것을 경계해야 한다. 일반적으로 젊은 층은 록음악을 선호하는 반면 중년층은 잔잔한 음악을 선호하는 경향이 있다. 또한 백화점과 재래시장에서 음악은 구매에 다르게 영향을 미칠 수도 있다.

라디오 음악은 주로 배경음악(background music)이나 CM 노래(commercial music, jingle)를 통해 전달되고 있다. 반면 인쇄광고에서는 배경음악이 배경과 같은 역할을 하며 CM 노래는 레이아웃과 같은 역할을 한다. 따라서 배경음악은 감성광고에서 정서적 반응을 일으키는 데 효과적으로 사용될 수 있다.

Summary 요약

- 광고에서 카피는 논리를 기반으로 작성될 때 가장 큰 위력을 발휘할 수 있다. 광고에서 카피의 논리성은 헤드라인보다 카피본문에서 더욱 필요성이 크다고 할 수 있다. 따라서 논리적으로 쓰여진 카피본문은 소비자를 설득시킬 뿐만 아니라 그 광고를 오래 기억하게 만드는 역할을 하기도 한다. 논리를 구성하는 방법에는 추론, 증명, 명제 및 논증이 있다.

- 추론은 일정한 자료나 증거로부터 출발하여 결론에 다다르는 과정을 의미한다. 추론의 방법에는 귀납법과 연역법이 있다. 귀납법은 구체적인 사실이나 사례에서 출발하여 일반적인 결론을 유도해 내는 것이라고 할 수 있다. 연역법은 일반적인 진리에서 출발하여 특수한 진리를 끌어내는 것이라고 할 수 있다.

- 증명은 사람이 특정 이슈에 대해 어떤 주장을 하게 될 경우 어떤 객관적인 사실을 토대로 증거(논거)하게 되면 그 사람은 자신의 주장에 대하여 논리적 타당성을 인정받게 된다. 따라서 객관적인 사실이나 통계자료 및 과학적인 실험자료 등을 통한 증명은 사람의 논리를 세워 주는 중요한 방법이 될 수 있다.

- 명제는 논리적으로 진술된 의견으로서 사실명제와 당위명제, 대립명제와 동의명제로 구분된다. 사실명제는 "사실이 ㅇㅇ하다."라는 형태로 구성된 명제를 말하며, 당위명제는 "ㅇㅇ해야 한다." 또는 "ㅇㅇ해서는 안 된다."라는 형태의 명제를 말한다. 대립명제는 처음명제와 상반되는 내용을 지닌 명제를 말하며, 동의명제는 처음명제를 뒷받침해 주는 명제를 말한다.

- 논증은 상호충돌과 의문이 생겼을 때 이성에 호소하여 증명하는 방법을 말한다. 논증이 성립하기 위해서는 공통의 관심사를 충족해야 하고 취향을 조정해야 한다. 일반적으로 논증방법은 주로 역설적인 표현을 통해서 이루어지고 있다. 따라서 상대방과의 논리적 싸움을 통해 주장의 명확성과 논리성을 얻고자 할 때 사용될 수 있다.

- 아트디렉션은 광고를 그림이나 사진을 통하여 시각적으로 표현하는 방법을 말한다. 특히 인쇄광고에서 아트디렉션은 그림이나 사진뿐만 아니라 전체적인 구조 및 위치 선정에 관련된 사항까지를 포함하고 있다. 인쇄광고의 아트디렉션은 일반적으로 레이아웃, 일러스트레이션, 사진, 활판인쇄술, 로고타입 및 심벌마크를 들 수 있다.

- 레이아웃은 인쇄광고의 구성요소에 대한 배열 · 배치를 뜻한다. 즉, 인쇄광고의 사진이나 그림, 헤드라인, 카피본문, 일러스트레이션, 로고타입 및 심벌마크 등의 구성과 배열 및 배치에 관한 의사결정을 말한다. 일러스트레이션은 손으로 그리거나 컴퓨터로 제작된 광고 삽화를 말한다.

- 사진은 점차 일러스트레이션을 대체하기 시작하여 오늘날 대다수의 광고에서 일반화되고 있다. 활판인쇄술은 활자에 관련된 인쇄기술로서 활자 선택이나 글씨체, 크기, 배치, 색상 등의 디자인적 요소를 고려한 인쇄문자의 배열을 의미한다. 로고타입은 사실상 문자로 표현되기 때문에 언어적인 표현이라고 할 수 있는 반면 심벌마크는 상징적인 표현으로서 순수한 시각적인 효과를 얻을 수 있다.

애니메이션은 실물이 아닌 동화상 기법으로서 어린이들과 같이 특별한 시장에 도달하는데 매우 효과적인 방법이다. 특수 효과는 전혀 예상하지 못한 극적인 음악이나 음향, 사진효과를 이용한 기법을 말한다. 로케이션은 현지촬영을 의미하며 촬영장소는 광고의 배경과 같은 역할을 한다. 음성 및 음악(음향) 효과는 라디오광고에서 매우 중요하다. 이는 시각적 표현이 어려운 환경을 청각적으로 반영해야 하기 때문이다.

Test 기출문제

01 카피의 논리성은 헤드라인에서보다 카피본문에서 더욱 필요성이 크다고 할 수 있기 때문에 high involvement product 광고에서 논리적인 카피를 사용하면 효과적일 수 있다. O X

02 구체적인 사실로부터 공통점을 구하여 거기서 일반적인 법칙을 찾아내는 추론방법을 귀납법이라고 한다. 반면 연역법은 이미 알고 있는 어떤 진리에 근거하여 바르고 참된 논리적인 인식에 도달하는 방법이라고 할 수 있다. O X

03 광고에서 논리를 구성하는 방법 중 증명은 사람이 특정 이슈에 대해 어떤 주장을 하게 될 경우 어떤 주관적인 사실을 토대로 증거 하게 되면 그 사람은 자신의 주장에 대하여 논리적 타당성을 인정받게 된다. 따라서 주관적 사실이나 통계자료 및 과학적 실험자료 등을 통한 증명은 사람의 논리를 세워 주는 중요한 방법이 될 수 있다. O X

04 명제의 종류와 거리가 가장 먼 것은?

① 사실명제　② 당위명제　③ 동의명제
④ 차별명제　⑤ 대립명제

05 광고에서 논리를 구성하는 방법으로는 추론, 증명, 명제 및 논증을 들 수 있다. 이 중에서 논증방법은 상호충돌과 의문이 생겼을 때 이성에 호소하여 증명하는 것이라고 할 수 있다. 이 논증이 성립하기 위해서는 공통의 관심사를 충족해야 하고 취향을 조정해야 한다. 이 논증방법은 일반적으로 역설적 표현을 통해서 주로 이루어지게 되며 상대방과의 논리적 싸움을 통해서 주장의 명확성과 논리성을 얻고자 할 때 주로 사용되는 논리방법이라고 할 수 있다. O X

06 광고에서 논리를 구성하는 방법으로는 추론, 증명, 명제 및 논증을 들 수 있다. 이 중에서 (　　)방법은 상호충돌과 의문이 생겼을 때 이성에 호소하여 증명하는 것이라고 할 수 있다. 이 (　　)(이)가 성립하기 위해서는 공통의 관심사를 충족해야 하고 취향을 조정해야 한다. 이 (　　)방법은 일반적으로 역설적 표현을 통해서 주로 이루어지게 되며 상대방과의 논리적 싸움을 통해서 주장의 명확성과 논리성을 얻고자 할 때 주로 사용되는 논리방법이라고 할 수 있다.
빈칸에 공통적으로 들어갈 알 맞는 답을 한글 2자로 쓰시오.

07 인쇄광고에서 아트디렉션의 요소와 거리가 가장 먼 것은?

① 심벌마크 ② 사진
③ 로고타입 ④ 음향효과
⑤ 일러스트레이션

08 레이아웃의 요소와 거리가 가장 먼 것은?

① 구상 ② 여백
③ 이동 ④ 비율
⑤ 균형

09 일러스트레이션에 사용되는 기법 중 선화(line drawing)는 선으로 이미지를 묘사하기 때문에 스크래치보드(scratch board)보다 일반적으로 제작시간이 길다. O X

10 일러스트레이션에 사용되는 기법 중 선화(line drawing)는 선으로 이미지를 묘사하기 때문에 스크래치보드(scratch board)보다 일반적으로 제작시간이 짧다. O X

11 광고에서 사진은 확대, 축소, 부분삭제 등을 통하여 크기변경과 붓이나 에어 페인팅을 통한 재구성이 가능하므로 일러스트레이션에 비해 융통성이 크다고 할 수 있을 뿐만 아니라 소비자들은 사진조작에 대한 선입관을 별로 가지고 있지 않기 때문에 소비자들의 신뢰성을 확보하는 데 유용하다고 할 수 있다. O X

12 광고에서 활자를 선택할 때 활자와 제품 간의 연결이 자연스러워야 할 필요가 있다. 예를 들어, 고풍스러운 느낌을 줄 수 있는 서체를 하이테크 제품에 사용하면 효과적일 수 있다. O X

13 로고타입은 사실상 문자로 표현되기 때문에 언어적인 표현이라고 생각할 수 있다. 반면에 상징마크는 상징적인 표현으로써 순수한 시각적인 효과를 얻을 수 있다. 이 두 가지가 광고의 레이아웃에 적절히 사용이 될 때 광고의 균형은 높아지고 또한 친근감도 생겨 광고의 효과는 지속될 수 있다. 특히 장기캠페인에 있어 로고타입이나 상징마크의 중요성이 크다고 할 수 있다. O X

14 (　　)은(는) 사실상 문자로 표현되기 때문에 언어적인 표현이라고 생각할 수 있다. 반면에 상징마크는 상징적인 표현으로서 순수한 시각적인 효과를 얻을 수 있다. 이 두 가지가 광고의 레이아웃에 적절히 사용이 될 때 광고의 균형은 높아지고 또한 친근감도 생겨 광고의 효과는 지속될 수 있다.
빈칸에 알 맞는 답을 영어 소문자 8자 이내로 쓰시오.

15 (　　)은(는) 어려운 메시지를 전달할 때나 아이들과 같이 특별한 시장에 도달하는데 매우 효과적인 방법이다. 이것은 노동집약적이어서 비용이 많이 드는 방법이기는 하나 최근에는 컴퓨터그래픽 기술이 발달하여 점차 다양해지고 있다. 이러한 기술발달의 일환으로서 실물영상과 (　　)을(를) 같은 필름에 처리할 수 있는 기술도 생겼다. 그러나 실물영상은 광고에 현실감을 줄 수는 있지만 (　　)기법이나 특수효과를 이용한 광고에 비해 독특한 면을 제공하지 못하는 단점이 있다. 그러므로 광고 소구가 현실적으로 전달되기 어려울 때에 (　　)을(를) 사용하면 효과적일 수 있다. 다만 성인을 대상으로 하는 제품을 광고할 때는 (　　)이(가) 인위적이고 진부하게 느껴질 수 있으므로 주의해야 한다.
빈칸에 공통적으로 들어갈 알 맞는 답을 영어 소문자 9자 이내로 쓰시오.

16 방송광고에서 촬영장소는 광고의 배경역할을 하기 때문에 감정적 광고보다 이성적 광고에서 더 중요하다고 할 수 있다. O X

17 방송광고에서 환상적인 분위기를 특수효과로 처리할 때 환상을 제품의 주장과 직접적으로 연결시키면 효과적일 수 있다. O X

[정답]

01 ○　**02** ○　**03** ×　**04** ④　**05** ○　**06** 논증　**07** ④　**08** ①
09 ×　**10** ○　**11** ○　**12** ×　**13** ○　**14** logotype　**15** animation
16 ×　**17** ○

광고 불변의 법칙

브 랜 드 이 미 지 를 심 어 라 !

제품에 어떤 이미지를 부여할지 결정해야 한다.

이미지는 곧 개성이다.

사람과 마찬가지로 제품에도 개성이 있으며 이러한 제품의 개성은 시장의 성패를 좌우할 만큼 중요한 역할을 한다.

한 제품의 개성은 그 제품의 이름, 포장, 가격, 광고, 그리고 무엇보다도 제품자체의 고유한 성질 등이 하나로 통합될 때 살아난다.

모든 광고는 브랜드 이미지를 쌓는 데 중요한 역할을 한다.

따라서 제품광고는 해가 바뀌어도 지속적으로 동일한 이미지를 보여 주어야 한다.

그러나 광고대행사가 바뀌거나 자신의 발자취를 남기고 싶어 하는 마케팅담당자가 새로 오거나 하면 광고를 바꾸어야 한다는 주장이 제기되기 마련이므로 동일한 이미지를 유지하기가 어려워진다.

CHAPTER 10

매체별 광고카피 전략

Understanding of Advertising

인쇄광고의 카피전략을 살펴보고, 방송광고의 카피전략을 텔레비전광고의 카피전략과 라디오광고의 카피전략으로 구분하여 살펴본 다음, 인터넷광고의 카피전략을 살펴보도록 한다.

Advertising & Copy

배스킨라빈스는 "31"이라는 숫자를 사용하여
서른 한가지의 제품의 수를 소비자들에게 각인시켰고,
31일, 즉 한 달 내내 새로운 맛을 소비자들에게 경험하게 해주겠다
는 뜻 또한 가지고 있기도 하다.

CHAPTER

10

매체별 광고카피 전략

1. 인쇄광고의 카피 전략

인쇄광고의 대표적인 것으로는 신문광고와 잡지광고를 들 수 있다. 오늘날 신문은 거의 잡지만큼이나 많은 색상을 사용하고 있다. 그럼에도 불구하고 신문의 구독률은 현저히 떨어지고 있다. 불행 중 다행인 것은 매체별 광고비 지출 순위에서 여전히 신문이 텔레비전에 이어 두 번째를 기록하고 있다는 점이다.

지금 이 시각에도 수많은 인쇄광고가 독자들에게 읽혀지지도 않은 채 휴지통에 버려지고 있다는 사실을 생각해 보면 광고카피의 중요성을 아무리 강조한다고 해도 지나치지 않다. 하지만 독자들에게 잊혀 지지도 않고 또한 버림받지도 않으며 오래 오래 기억될 수 있는 성공적인 광고카피를 만들기란 결코 쉬운 일이 아니다.

성공적인 인쇄광고의 카피 전략에 필요한 체크 포인트(check point)를 제시하면 다음과 같다.

- 독특하고 간단 · 명료해야 한다.

  타 상품에 비해 독특하게 내세울 수 있는 그 무엇이 있어야 한다. 이를 일컬어 상품고유의 판매명제, 즉 상품고유의 독특성(Unique Selling Proposition: USP)이라고 한다. 따라서 카피라이터는 그 상품이 갖고 있는 가장 큰 차별적인 특성, 즉 USP를 파악하여 부각시켜야 한다.

- 창의력을 발휘할 수 있어야 한다.

  잡지광고의 경우 크기, 형태, 페이지 간의 결합 등으로 창의력을 발휘할 수 있

소금성분의 독특성을 강조한 핑크솔트치약 광고

숫자를 이용해 쉽게 인식하고 회상할 수 있도록 표현한 삼성 갤럭시 S9의 광고

다. 이외에도 잡지광고는 포트폴리오를 채우기에 완벽한 크기와 형태로 만들 수 있다. 어떤 곳에서는 작게 만들 수도 있으며 어떤 곳에서는 디자인을 통해 메시지를 전달할 만큼 크게 만들 수도 있다.

- 소비자를 자극하고 흥분시켜라.

광고카피뿐만 아니라 광고 비주얼까지도 구상할 줄 알아야 소비자를 자극하고 흥분시킬 수 있다. Smith & Kaplan의 연구에 의하면, 단어와 숫자가 제시될 때 일어나는 흥분 정도는 시간이 지나면서 회상할 수 있는 기억율과 상관관계를 갖는 것으로 나타났다.

- 하위개념의 단어를 사용해라.

상위개념의 언어보다 하위개념의 언어가 설득시키는 데 용이하다.
(예) 새보다 까마귀가 더 빨리 연상된다.

- 콘셉트를 드라마틱하게 써라.

드라마틱한 능력을 키우기 위해서는 영화, 연극, 비디오 등을 관람할 필요가 있다.

- 운율과 리듬을 살려라.

운율과 리듬은 기억에 효과적이며 어린이를 대상으로 한 광고에 활용하면 효과적일 수 있다.

운율과 리듬을 이용한 걸그룹 모모랜드 멤버 주이의 음료 광고

- 구체적이고 객관적으로 써라.

  특히 소매광고에서는 브랜드화된 상품들을 구체적으로 표시하여야 한다. Holbrook의 연구에 의하면, 메시지가 주관적일 때보다 객관적일 때 브랜드에 대한 신뢰도와 태도가 더 긍정적인 것으로 나타났다.

- 형용사와 부사를 자제하라.

  멋지게 쓰는 것보다는 무엇을 쓰느냐가 중요하다.

- 중요한 것은 반복하라.

  키워드와 주요 콘셉트는 반복이 필요하다. Ebbinghns의 연구에 의하면, 메시지 노출 횟수와 장기기억 간에 체계적인 연관관계가 있음을 밝혀냈다.

- 참여의식을 높일 수 있도록 질문을 사용하라.

  Berlyne의 연구에 의하면, 질문이 호기심을 불러일으키며 회상도와 참여도를 높이는데 효과가 있다고 하였다.

- 알기 쉽고 재미있게 써라.

  단순한 레이아웃을 이용하면 된다. 경우에 따라서 미세한 디자인들은 잘 드러나지 않는다.

- 머리에 바로 떠오르고 가슴에 바로 와닿도록 표현하라.

  오각으로 느낄 수 있는 언어로 표현할 수 있어야 한다.

질문을 이용하여 주목을 끌기 위한 기업광고

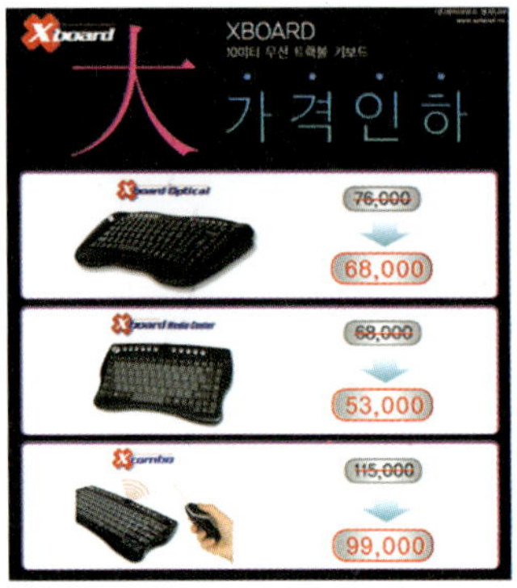

가격의 범위를 언급한 광고

- 바로 행동하도록 유도해라.
  특히 소매광고에서는 독자들이 지금 당장 구매하도록 유도하여야 한다.
- 가격 혹은 가격의 범위를 언급하라.
  특히 소매광고에서 더욱 그러해야 한다.

2. 방송광고의 카피 전략

방송광고의 대표적인 것으로는 텔레비전광고와 라디오광고를 들 수 있다. 그러나 최근에 등장하여 급성장 추세를 보이고 있는 뉴미디어 광고에 해당하는 케이블 TV 광고와 PC 통신 광고에서도 일부 방송광고를 수행하고 있다. 이 중에서 텔레비전광고와 라디오광고를 중심으로 카피 전략을 살펴보면 다음과 같다.

1) 텔레비전광고의 카피 전략

텔레비전광고는 광고매체 중에서 그 비중이 가장 크고 시간이 지날수록 성장추세가 가속화되고 있으며 실로 막강한 영향력을 지니고 있다. 텔레비전광고 캠페인은 수백만 명의 사람들이 시청하고 수년에 걸쳐 대중문화를 형성한다.

텔레비전광고는 하룻밤 사이에도 브랜드를 키우고 죽일 수 있는 강력한 영향력을 발휘하기도 한다. 그래서 오늘날 기업들은 이렇게 막강하고 강력한 텔레비전광고에 판매의 사활은 물론 기업의 사활까지도 걸고 있다.

하지만 시청자의 눈을 사로잡고 귀를 번득이게 하며 마음을 움직이게 하지 않으면 텔레비전광고에 주의를 기울이지 않는다. 그러므로 텔레비전광고는 재미있고 감동적이어야 한다. 텔레비전광고에서 카피를 어떻게 써야 무관심한 시청자를 잡을 수 있는지 그 내용을 살펴보면 다음과 같다.

- 꼭 할 말만 간결하게 하라.

  시청자들은 들리는 것보다 주로 보여 지는 것을 기억한다. 하나의 핵심 아이디어에 집착하라. 그리고 단순하게 하라. 10초당 2~3개 장면 이상을 채워 넣으려 하지 말라. 만약 광고 삽화를 이용할 경우에는 예외적으로 그 이상의 장면들을 필요로 할 수 있다.

- 재미있고 흥미 있게 써라.

  결말부를 위해 모든 요소를 아껴두지 말라. 광고 전체에 걸쳐 흥미를 유지해야 한다. 지루하게 전개해 나가는 것을 피하라. 드라마처럼, 만화처럼, 코미디처럼 재미있고 흥미진진하게 써야 한다.

- 소비자의 특성을 알고 그들이 쓰는 언어를 구사하라.

  광고전문가는 소비자를 잘 알고 있어야 한다. 전문 마케팅담당자로서 고객의 수입, 사회적 지위, 직업, 가족관계, 교육, 나이, 생활방식, 취미 그리고 광고시장 및 매체에 대한 고객의 활동 등을 알아야 한다. 현장의 소리나 느낌으로

이 광고는 BMW에 놀란 제규어가 등을 돌리고 있는 모습을 보여주고 있다. 따라서 전반적인 면에서 BMW가 제규어보다 우월함을 시각적으로 보여줘 시선을 끈 광고로 볼 수 있다.

전하면 시청자와의 심리적 거리가 좁혀질 수 있다.

• 워밍업을 하지 마라.

광고에서 주어진 시간은 짧다. 첫 화면에서 시각적 충격으로 시선을 끈다면 시청자들을 사로잡을 가능성이 커진다. 텔레비전광고에서는 처음 5초가 중요하다. 처음 5초 동안에 갖는 흥미와 관심이 결국 전체를 지배한다.

• 선점하라.

제품의 확실한 특징이나 경쟁제품에 비해 비교우위가 있다면 또는 새로운 가치를 내세울 필요가 있을 때에는 선점하는 게 좋다. 그러나 경쟁사에 대한 철저한 분석이 이루어져야 한다.

Lever사의 경우 Signal이라는 구강청정제를 개발하여 마늘과 양파를 먹은 후 입 냄새를 제거하는 제품으로 포지셔닝하기로 결정하고 시장조사를 실시하였다. 그러나 시장조사 과정에서 너무 오래 지체하는 동안 P&G사가 Scope를 먼저 출시하고 광고를 통해 Signal과 동일한 제품혜택을 강조하여 선점하였다.

• 시각적으로 생각하라.

텔레비전광고에서는 처음 5초가 중요하다. 처음 2초 정도를 시각적으로 흥미있고 재미있게 만들어라. 한 장면에서의 움직임, 장면의 전환, 장면들의 변화에 대해 원하는 바를 고려하라.

• 브랜드 명을 명확히 제시하라.

수많은 사람들이 광고는 기억하지만 그 브랜드 명을 기억하는 사람은 그리 많지 않다. 때로는 안타깝게도 다른 경쟁사의 브랜드로 착각하는 경우도 많이 있다. 따라서 처음 10초 내에 브랜드 명을 제시하라. 특히 신제품을 광고할 경우에는 더더욱 그러하다.

시각적으로 나타낸 한 여성 집업 래쉬가드 광고

브랜드 명을 명확하게 제시한 HOT 6 광고

인텔리전트 디스플레이를 나타낸 초대형 TV

- 제품의 개성을 만들어서 클로즈업하라.

  제품에도 개성이 있어야 기억하기 쉽다. 광고에서 핵심이 제품일 때에는 클로즈업하여 보여주는 것이 필요하다.

- 과장과 트릭을 쓰지 마라.

  진실하게 써라. 소비자는 깨어 있다. 따라서 무리한 과장을 피하라. 왜냐하면 과장에 의한 수요는 재수요를 창출할 수 없기 때문이다. 대화를 사실적인 수준으로 유지하라. 광고 속의 대사는 강요가 아닌 자연스러운 모습으로 표현되어야 한다.

- 비주얼과 음악을 적절히 배합하라.

  비주얼 설명에 그치는 카피는 쓰지 마라. 만약 말할 거리가 없으면 음악을 적절히 사용하라. 많은 사람들은 음악을 배경요소로 사용한다. 음악은 간단하게 감성을 전달할 수 있는 수단이다. 시청자에게 영상이 노출되었을 때 느끼는 심리적 상태나 욕구 등을 파악하라.

- 능동형과 긍정형으로, 3인칭보다 2인칭으로 말하라.

  능동형은 수동형보다 간결하고 강하며 긍정형은 부정형보다 판매효과가 높다. 3인칭보다 2인칭으로 말하면 듣기도 좋고 달콤하다.

핵심사항을 강조하기 위해 자막을 사용한 옥션 광고

먹음직스럽게 먹는 모습을 보여줘 구매를 유도한 광고

- 꼭 전달하고 싶은 것은 반복하라.

  중요한 내용은 반복해서 기억시켜라. 그러나 반복광고의 경우 계속적으로 반복하여 광고를 하면 식역이 낮아지므로 식역을 유지하기 위해서는 광고내용을 바꾸기 위한 캠페인이 필요할 것이다.

- 자막을 덧붙어라.

  핵심사항을 강조하기 위해 자막을 사용하라. 메시지를 전달할 때 화면에 자막을 덧붙이면 메시지를 강화시키는데 도움이 된다. 그러나 시청자들이 광고를 읽고 있다고 느낄 만큼 많이 사용해서는 안 된다.

- 음식에는 움직임을 주어라.

  식품광고의 경우 먹음직스럽게 먹는 모습을 보여 줄수록 더 잘 팔린다. 음식에 동작을 부여하면 더욱 먹음직스럽게 보일 것이다.

- 미각을 자극하라.

  특히 음식의 경우 미각을 자극하면 선호도와 구매의욕을 높일 수 있다. 빨간색은 신맛이나 매운맛을, 푸른색은 단맛을 연상시킬 수 있다.

- 시각적인 여운을 남겨라.

  광고의 대부분은 시청자들에게 아무런 기억도 남기지 못하고 잊혀 진다. 시청

동물을 이용해 미각을 자극시키기 위한 코카콜라 광고

제품사용 장면을 보여줘 구매를 유도한 광고

자들에게 생각할 여지를 주어라. 과도하게 설명하지 말고 스스로 생각할 여지를 남겨 두어라. 그렇게 하였을 때 그들은 광고를 더 잘 기억할 것이다.

- 제품을 사용하는 장면을 보여 주어라.
  실제로 제품을 사용하는 장면을 보여 주는 것이 좋다. 가능하다면 사용한 결과가 어떻게 되는지도 말해줄 필요가 있다.

- 훌륭한 텔레비전광고들을 연구하라.
  그들의 스타일, 카메라 앵글, 편집 테크닉 등을 분석하라. 그리고 무엇이 그들을 위대한 광고로 만들었는지 파악하라.

(1) 텔레비전광고의 체크 리스트(check list)

- 영상은 오디오 없이도 스토리를 잘 전달하는가?
- 모든 필요한 사항들이 구체화 되었는가?
- 오디오와 영상은 상호보완적이며 시간적으로 적절히 배치되었는가?
- 너무 많은 장면들이 삽입되지는 않았는가? 아니면 더 많은 장면들이 필요한가?
- 상품을 잘 구분하여 묘사하였는가?
- 빠른 시간 안에 주목을 끌 수 있으며 소비자 혜택을 약속하고 있는가?
- 시청자의 기억 속에 지워지지 않을 강력한 시각적 장치가 포함되어 있는가?
- 경쟁 브랜드로 쉽게 대체되고 있지는 않는가?

- 믿을 만한가?
- 자부심을 가질 수 있는가?

2) 라디오광고의 카피 전략

라디오 시대는 이미 한물간 옛 추억쯤으로 생각하는 경향이 농후하다. 드라마와 화려한 쇼는 텔레비전에 빼앗겼고 뉴스와 정보는 신문과 잡지에 빼앗겼다. 환상적인 사진도 없고 심금을 울려 주는 일러스트레이션도 없다. 분명한 것은 텔레비전의 출현과 함께 위축은 되었지만 아직도 누군가가 라디오를 청취하고 있다는 사실이다.

오늘날 라디오 카피를 쓰는 카피라이터들은 큰 장벽에 부딪혀 있다. 그중에서도 가장 큰 어려움은 많은 사람들이 라디오를 듣지 않는다는 점이다. 따라서 이러한 현상을 극복하기 위해서는 획기적인 해결책이 강구되어야만 한다. 라디오광고에서 카피를 어떻게 써야 무관심한 청취자들의 심금을 울리 수 있는지 그 내용을 살펴보면 다음과 같다.

- 짧고 명쾌하게 말하라.
  최대한 카피를 짧게 만들고 발음하기 어려운 단어들은 되도록이면 피하라. 광고에는 하나의 핵심 아이디어만이 존재해야 한다. 형용사나 부사를 배제하고 주술관계를 분명히 하라.

- 최대한 빨리 요점을 말하라.
  드라마든 코미디든 음악이든 처음 5초가 중요하다. 특히 도입단계에서는 반드시 브랜드를 밝히고 소비자들에게 줄 수 있는 제품의 편익을 약속하라.

- 동경심을 유발하고 마음을 움직여라.
  움직임을 나타낼 때에는 동사를 사용하라. 사랑이나 우정을 소재로 하여 동경심을 유발시킬 수도 있다.

- 시각적 언어를 구사하라.

  귀나 마음의 눈을 통해 제품에 대한 그림을 떠올릴 수 있도록 유도하라. 음악, 목소리, 효과음을 사용해 비주얼을 창조하라. 나이든 여자의 부드럽고 상냥한 목소리는 정겨운 할머니의 이미지를 연상시킨다. 그러나 똑같은 목소리가 거칠게 표현되면 마녀를 연상케 한다.

- 효과음을 창의적으로 활용하라.

  천둥번개 소리, 헉헉대는 소리, 핸드폰 소리, 물소리, 바람소리 등은 현실감을 더해 준다. 그렇다고 효과음을 남용하지는 말라. 효과음의 사용을 배제하는 것도 고려해 보라. 성우의 역량에 따라 목소리만으로도 위압적인 효과를 낼 수도 있다.

- 분위기를 환기시키기 위한 수단으로 리듬을 사용하라.

  공감하고 있는 리듬에 맞게 작성하라.

- 광고주의 이름을 반복하라.

  적어도 세 번은 언급되어야 하며 소매상의 경우 이보다 더 자주 언급하는 것이 좋다. 브랜드나 점포의 이름을 반복적으로 언급할 때 자연스러운 흐름 속에서 이루어지도록 하라.

- 배경음악이 적합한지 확인하라.

  대상이 젊은 층일 경우 배경음악으로 고전음악을 사용하면 부정적인 효과를 유발할 수 있다.

- 숫자 사용을 피하라.

  특히 전화번호나 거리 명의 경우에는 더욱 그러하다. 대신에 더 많은 내용을 전달할 수 있는 웹사이트를 알려주어라.

- 다른 브랜드의 이름을 언급하지 말라.

  비교광고가 아닌 이상 광고주의 브랜드 명을 기억하는 것만으로도 힘들다.

3. 인터넷광고의 카피 전략

최근 들어 TV, 라디오, 신문, 잡지 등의 전통적 매스미디어를 이용한 광고의 비중이 점점 줄어들고 있는 추세에 있다. 반면에 인터넷광고는 그 비중이 점점 늘어나면서 웹사이트(web site)의 상업화와 더불어 닷컴(.com)의 혁명이 도래하였다.

인터넷광고는 시간 제약을 받지 않으면서 쌍방향 커뮤니케이션의 장점과 맞춤형 광고, 효과측정의 용이성, 입 소문 가능성, 정보제공의 무한성, 멀티미디어적 요소 제공, 갱신이 용이하면서도 빠르게 광고를 상품구매로 연결 가능하다는 장점을 갖고 있다. 이러한 장점 때문에 오늘날 많은 기업들은 인터넷광고에 주목하고 있으며 인터넷광고시장은 꾸준히 성장세를 지속할 것으로 보인다. 인터넷광고시장의 지속적 성장세에 대한 이유 및 배경을 들면 다음과 같다.

- 광고주들은 인터넷광고의 결과에 대해 어느 정도 믿음을 가지고 있다.
- 인터넷 사용이 급증하고 있으며 그 수가 계속 증가하고 있다.
- 인터넷의 발달은 콘텐츠를 더욱 실용적이고 풍요롭게 해준다.
- 인터넷과 텔레비전은 상호보완적이며 오락과 정보의 매체로 변모하고 있다.
- 광고주들은 인터넷을 통합적 마케팅커뮤니케이션의 구성요소로 인정하고 있다.
- 인터넷을 통해 협력자 간 상호협력과 프로모션의 기회를 가질 수 있다.
- 인터넷은 24시간 내내 오락과 정보를 세계 어디든지 공급한다.
- 인터넷은 가장 개인적인 매체에 해당된다.
- 인터넷은 역동적이며 강력한 영향력을 갖는다.

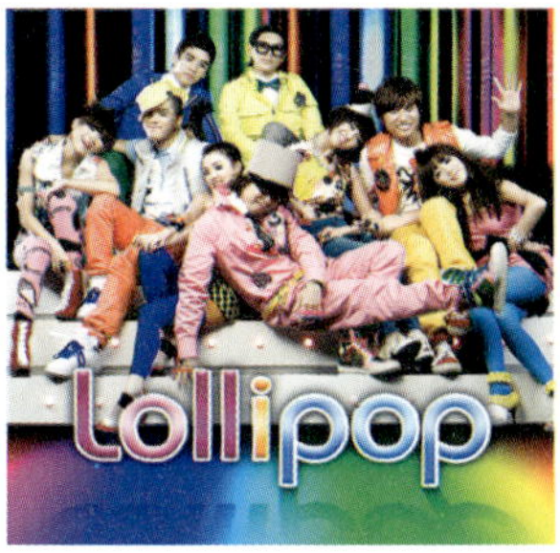

화려한 색깔로 키워드를 클로즈업하여 주목을 끌기 위한 광고

서브헤드라인을 통해 카피본문으로 연결시키기 위한 IBM 코리아 홈페이지 광고

- 인터넷은 데이터의 보고이다.
- 인터넷은 모든 사람들과 연결될 수 있다.

그러나 대부분 사람들은 인터넷에서 정보를 검색하는 데 많은 시간을 보내고 있지만 정작 인터넷광고에 대해서는 주목하려 들지 않는데 문제가 있다. 따라서 굵은 헤드라인과 그림을 넣어 그들의 눈을 사로잡고 광고카피에 빠져들게 만들어야 한다. 인터넷광고에서 카피를 어떻게 써야 그들의 눈을 사로잡고 광고카피에 빠져들 수 있게 할 수 있는지 그 내용을 살펴보면 다음과 같다.

- 키워드를 클로즈업 하라.

  굵은 글씨체와 색깔을 중요하다고 생각되는 키워드에 사용하라. 그러나 너무 많이 클로즈업하면 산만해 보일 수 있다.

- 카피본문을 읽게 만드는 서브헤드라인을 사용하라.

  람들은 자세히 읽기보다 대충 훑어보기 때문에 카피본문과 관련 있는 서브헤드라인을 확실하게 해야 한다. 그러나 서브헤드라인을 너무 흥미위주로 써서 카피의 핵심을 놓치게 해서는 안 된다.

- 단순화하라.

  카피내용을 단락별로 구분하되 하나의 일관된 아이디어를 유지하라.

단락마다 강조점을 만든 유니클로 홈페이지 광고

주요 내용을 웹사이트로 연결시킨 나이키 스포츠 홈페이지 광고

- 단락마다 강조점을 만들어라.
  이것은 여러 가지 특징이나 혜택을 제공할 때 특히 효과적이다. 카피의 키포인트를 눈에 띄게 만들어라.

- 주요 내용은 연결시켜라.
  웹사이트의 아름다움은 사이트 내의 방향성과 다른 사이트로 이동하는 능력에 있다. 그러나 너무 많이 연결시키면 메시지의 전달에 방해가 될 뿐만 아니라 다른 웹사이트로 들어갈 가능성이 있다.

- 키 메시지를 통해 주의를 끌고 끝까지 유지하라.
  키 메시지를 가장 위쪽에 배치하고 점차 상세하게 보충하는 메시지를 덧붙여라. 특히 도입단계에서는 독자를 유인하여 메시지 전체를 다운로드하게 만들 수 있어야 한다.

- 짧게 하라.
  인터넷광고를 읽는 속도는 인쇄물을 읽는 속도보다 훨씬 느리다.

- 스크롤을 피하라.
  가급적 스크롤을 내릴 필요가 없게 하라. 사람들은 온라인으로 읽는 것을 좋아하지 않을 뿐만 아니라 더 많은 카피내용을 읽기 위해 특별히 노력을 기울이지 않는다.

- 큰 광고 사이즈를 사용하라.
- 브랜드 로고를 최대한 키우라.
- 로고와 상품사진을 첫 프레임에 넣어라.
- 계속 업데이트하라.

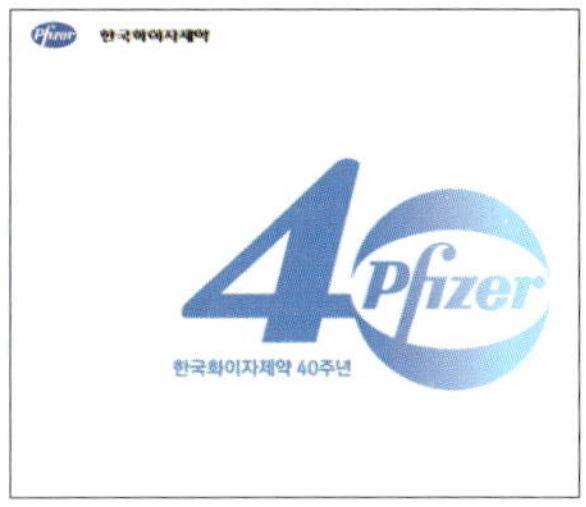

브랜드 로고를 크게 보여줘 주목을 끌기 위한 한국화이자제약 홈페이지 광고

Summary 요약

- 인쇄광고의 대표적인 것으로는 신문광고와 잡지광고를 들 수 있다. 지금 이 시각에도 수많은 인쇄광고가 독자들에게 읽혀지지도 않은 채 휴지통에 버려지고 있다는 사실을 생각해 보면 광고카피의 중요성을 아무리 강조한다고 해도 지나치지 않다. 하지만 독자들에게 잊혀 지지도 않고 또한 버림받지도 않으며 오래 오래 기억될 수 있는 성공적인 광고카피를 만들기란 결코 쉬운 일이 아니다.

- 인쇄광고에서 성공적 카피 전략에 필요한 Check Point로는 독특하고 간단 · 명료해야 한다. 소비자를 자극하고 흥분시켜야 한다. 창의력을 발휘할 수 있어야 한다. 하위개념의 단어를 사용해야 한다. 콘셉트를 드라마틱하게 써야 한다. 운율과 리듬을 살려야 한다. 구체적이고 객관적으로 써야 한다. 형용사와 부사를 자제해야 한다. 중요한 것은 반복해야 한다. 참여의식을 높일 수 있도록 질문을 사용하라. 알기 쉽고 재미있게 써라. 머리에 바로 떠오르고 가슴에 바로 와 닿도록 표현하라. 바로 행동하도록 유도해라. 가격 혹은 가격의 범위를 언급하라.

- 방송광고의 대표적인 것으로는 텔레비전광고와 라디오광고를 들 수 있다. 그러나 최근에 등장하여 급성장 추세를 보이고 있는 케이블TV광고와 PC통신광고에서도 일부 방송광고를 수행하고 있다. 텔레비전광고는 광고매체 중에서 그 비중이 가장 크고 시간이 지날수록 성장추세가 가속화되고 있으며 실로 막강한 영향력을 지니고 있다. 그래서 오늘날 기업들은 이렇게 막강하고 강력한 텔레비전광고에 판매의 사활은 물론 기업의 사활까지도 걸고 있다.

- 텔레비전광고에서 카피를 어떻게 써야 무관심한 시청자를 잡을 수 있는지 그 내용으로는 꼭 할 말만 간결하게 하라. 재미있고 흥미 있게 써라. 소비자의 특성을 알고 그들이 쓰는 언어를 구사하라. 워밍업을 하지 마라. 선점하라. 시각적으로 생각하라. 브랜드 명을 명확히 제시하라. 제품의 개성을 만들어서 클로즈업하라. 비주얼과 음악을 적절히 배합하라. 과장과 트릭을 쓰지 마라. 능동형과 긍정형으로, 3인칭보다 2인칭으로 말하라. 꼭 전달하고 싶은 것은 반복하라. 자막을 덧붙어라. 음식에는 움직임을 주어라. 미각을 자극하라. 시각적인 여운을 남겨라. 제품을 사용하는 장면을 보여 주어라. 훌륭한 텔레비전광고들을 연구하라.

- 라디오광고는 이미 한물간 옛 추억쯤으로 생각하는 경향이 농후하다. 분명한 것은 텔레비전의 출현과 함께 위축은 되었지만 아직도 누군가가 라디오를 청취하고 있다는 사실이다. 오늘날 라디오카피를 쓰는 카피라이터들은 큰 장벽에 부딪혀 있다. 그중에서도 가장 큰 어려움은 많은 사람들이 라디오를 듣지 않는다는 점이다. 따라서 이러한 현상을 극복하기 위해서는 획기적인 해결책이 강구되어야만 한다.

- 라디오광고에서 카피를 어떻게 써야 무관심한 청취자들의 심금을 울리 수 있는지 그 내용으로는 짧고 명쾌하게 말하라. 최대한 빨리 요점을 말하라. 동경심을 유발하고 마음을 움직여라. 시각적 언어를 구사하라. 효과음을 창의적으로 활용하라. 광고주의 이름을 반복하라. 분위기를 환기시키기 위한 수단으로 리듬을 사용하라. 배경음악이 적합한지 확인하라. 숫자 사용을 피하라. 다른 브랜드의 이름을 언급하지 말라.

- 최근 들어 TV, 라디오, 신문, 잡지 등의 전통적 매스미디어를 이용한 광고의 비중이 점점 줄어들고 있는 추세에 있다. 반면에 인터넷광고는 그 비중이 점점 늘어나면서 웹사이트의 상업화와 더불어 닷컴의 혁명이 도래하였다. 오늘날 많은 기업들은 인터넷광고에 주목하고 있으며 인터넷광고시장은 꾸준히 성장세를 지속할 것으로 보인다.

- 인터넷광고에서 카피를 어떻게 써야 그들의 눈을 사로잡고 광고카피에 빠져들 수 있게 할 수 있는지 그 내용으로는 키워드를 클로즈업 하라. 카피본문을 읽게 만드는 서브헤드라인을 사용하라. 단순화 하라. 단락마다 강조점을 만들어라. 주요 내용은 연결시켜라. 키 메시지를 통해 주의를 끌고 끝까지 유지하라. 짧게 하라. 스크롤을 피하라. 큰 광고 사이즈를 사용하라. 브랜드 로고를 최대한 키우라. 로고와 상품사진을 첫 프레임에 넣어라. 계속 업데이트하라.

Test
기출문제

01 인쇄광고의 카피 전략과 거리가 가장 먼 것은?
① 상위개념의 단어를 사용하라.
② 소비자를 자극하고 흥분시켜라.
③ 형용사와 부사를 자제하라.
④ 참여의식을 높일 수 있도록 질문을 사용하라.
⑤ 바로 행동할 수 있도록 유도하라.

02 타 상품에 비해 독특하게 내세울 수 있는 그 무엇이 있어야 한다. 이를 일컬어 상품고유의 판매명제, 즉 상품고유의 독특성(　　)이라고 한다. 따라서 카피라이터는 그 상품이 갖고 있는 가장 큰 차별적인 특성, 즉 (　　)를 파악하여 부각시켜야 한다.
빈칸에 공통적으로 들어갈 알 맞는 답을 영어 약자 대문자 3자 이내로 쓰시오.

03 Holbrook의 연구결과, 메시지가 객관적일 때보다 주관적일 때 브랜드에 대한 신뢰도와 태도가 더 긍정적인 것으로 나타났다. 또한 Ebbinghns는 메시지 노출 횟수와 단기기억 간에 체계적인 연관관계가 있음을 밝혀냈다. O|X

04 TV광고의 카피 전략과 거리가 가장 가까운 것은?
① 비주얼 설명에 그치는 카피만을 써라.
② 제품의 개성을 만들지 말라.
③ 과장과 트릭을 써라.
④ 2인칭보다 3인칭으로 말하라.
⑤ 소비자의 언어를 구사하라.

05 TV광고에서는 처음 5초가 중요하다. 처음 5초 동안에 갖는 흥미와 관심이 결국 전체를 지배한다. 따라서 제품의 확실한 특징이나 경쟁제품에 비해 비교우위 포인트가 있거나 또는 새로운 가치를 내세울 필요가 있을 때에는 선점하는 게 좋다. 따라서 TV광고에서는 가급적 워밍업을 하지 말아야 한다. 또한 현장의 소리나 느낌으로 전하면 시청자와의 심리적 거리가 좁아지기 때문에 TV광고에서는 가급적이면 소비자의 언어를 구사하는 것이 바람직하다. O|X

06 라디오광고의 카피 전략과 거리가 가장 먼 것은?

① 리듬감을 살려라.

② 형용사나 부사를 배제하라.

③ 비주얼 언어를 구사하라.

④ 문어체를 사용하라.

⑤ 최대한 빨리 요점을 말하라.

07 인터넷광고의 카피 전략과 거리가 가장 먼 것은?

① 키워드를 클로즈업 하라.

② 카피본문을 읽게 만드는 서브헤드라인을 사용하라.

③ 로고와 상품사진을 중간 프레임에 넣어라.

④ 키 메시지를 통해 주의를 끌고 끝까지 유지하라.

⑤ 스크롤을 피하라.

[정답]

01 ① **02** USP **03** × **04** ⑤ **05** ○ **06** ④ **07** ③

광고 불변의 법칙

광 고 에 성 을 연 관 시 켜

성의 상품화보다 성적 욕구를 해소시켜 줄 수 있는 방법을 제시하라.

승화된 섹스어필은 강력한 힘이 있다.

인간의 근본적 욕구인 성(sex)에 대한 관심을 상품에 연관시키는 것이 중요하다.

우리나라의 경우 규제가 많이 완화되면서 특히 잡지광고에서 성적 소구가 늘어나고 있다.

이러한 성적 소구는 주로 향수광고, 주류광고, 의류광고, 미용광고 등에서 많이 등장하고 있다.

CHAPTER 11

대상별 광고카피 전략

U n d e r s t a n d i n g o f A d v e r t i s i n g

여자의 마음을 움직이는 카피 전략과 남자의 마음을 움직이는 카피 전략을 살펴본 다음, 청소년의 마음을 움직이는 카피 전략과 노년층의 마음을 움직이는 카피 전략을 살펴보도록 한다.

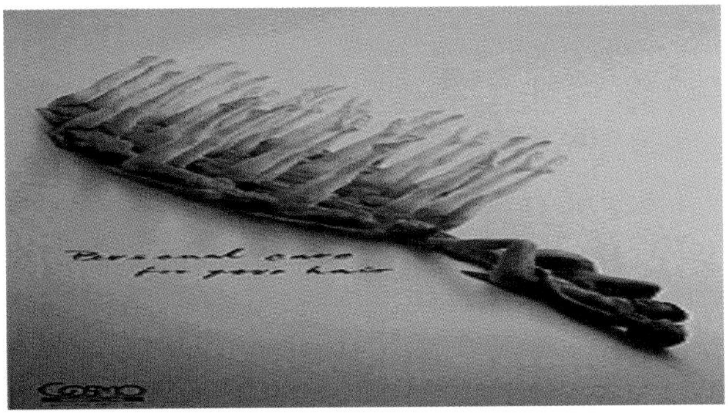

Advertising & Copy

'당신의 머리 결을 직접적으로 돌봐드립니다.'
여러 명의 벌거벗은 누드들이 빗의 형태로 엉켜있다.
마치 온몸을 다해서라도
고객께 최대의 서비스를 다 하겠다는 것을 표현한 것이다.
이것은 사물의 의인화와는 정반대의 인간의 사물화에 해당한다.

CHAPTER

11

대상별 광고카피 전략

1. 여자의 마음을 움직이는 카피 전략

오늘날 여자들은 교육수준의 향상과 더불어 사회참여가 눈에 띄게 높아졌으며 그 역할과 위상도 대단하다. 가정에서도 사회에서도 그들은 구매의사결정에 막강한 영향력을 미치고 있으며 적극적인 사회활동과 경제활동으로 소비패턴과 구매패턴을 엄청나게 변화시켜 놓고 있다.

또한 직장여성(working wives)의 증가로 인하여 여자의 역할이 다양화되고 있다. 따라서 광고인들은 이와 같이 막강하게 변신한 여자를 주목하지 않으면 안 되게 되었다. 하지만 변화무쌍한 여자의 마음을 알아내기란 결코 쉬운 일이 아니다. 그래서 카피라이터는 모름지기 여자를 잘 아는 박사가 되어야 한다. 여자를 모르는 카피라이터는 이미 카피라이터가 아니다. 그러나 여자는 남자와는 달리 여자만의 독특한 특성을 지니고 있다. 남자와 비교해서 여자만이 가지고 있는 특성을 들면 다음과 같다.

TIP | 아내와 남편의 영향력 구조(부부의 역할)

– 전통적 견해
아내: 표현적 역할(expressive role), 가족 구성원의 통합, 긴장완화(gate keeper)
남편: 도구적 역할(instrumented role), 가족의 균형유지, 경제적 가치추구

– 최근의 견해
working wives 증가로 인한 역할의 변화(women's dual role)
"The quiet revolution" ——— by Bartos

여자만이 가지고 있는 특성(선물)을 이용한 나나스비 화장품 광고

신데렐라 콤플렉스를 자극 시키기 위한 광고

질투를 부르는 입술 퓨어 칼라 엔비 립스틱 광고

- 여자는 관계에 초점을 두는 반면 남자는 경쟁에 높은 가치를 둔다.
- 여자는 사람들과 가족에 의해 움직이지만 남자는 활동이나 성과에 따라 움직인다.
- 여자는 스트레스를 받을 때 해소시키려고 노력하지만 남자는 대응을 생각한다.
- 여자는 남자보다 구매를 결정을 하는 데 더 많은 시간이 걸린다.
- 남자에 비해 여자의 경제력이 취약하다.
- 여자는 남자에 비해 자존심, 칭찬, 유행, 무드, 비극, 아부, 겁, 선물, 드라마에 약하다.

그러면 어떻게 여자의 마음을 사로잡을 수 있을까? 무엇으로 여자의 마음을 움직일 수 있을까? 이에 대한 해답을 얻기 위해 여자의 마음을 사로잡고 그들을 움직일 수 있는 카피전략을 살펴보면 다음과 같다.

- 신데렐라 콤플렉스를 자극하라.
  여자는 나이를 불문하고 백마 타고 오는 기사를 기다린다.

- 여자의 질투심을 불러 일으켜라.
  여자만이 느끼는 질투심과 경쟁심리를 이용하라.

여성 배우가 10년 동안 피부를 지켜왔다는 화장품의 품질을 추천하는 광고

나의 행운, 나의 운명, 나와 항상 함께하는 샤넬 넘버5 광고

'패션'이라는 키워드를 클로즈업하여 유행에 앞서 가는 방법을 제시한 11번가 광고

섹스어필을 통하여 여성성을 강조한 속옷 광고

- 여자의 말을 들어라.
  기대하지 않았던 많은 이야기를 해줄 것이다.

- 디테일한 것을 주어라.
  여자는 조그마한 것에도 신경을 많이 쓴다.

- 애인에게 속삭이듯이 말해라.
  연인에게 사랑을 속삭이듯이 친근감 있게 말하라.

- 유행에 앞서 가는 방법을 제시하라.
  여자는 유행에 뒤떨어지면 불안감을 느낀다.

- 필요하면 섹스어필 하라.
  승화된 섹스어필은 강력한 힘이 있다.

- 한 편의 드라마를 연출하라.
  여자는 드라마에 약하다.

가족을 위해 구매하도록 자극시킨 광고

여성층을 대상으로 향기의 후각적 변신을 겨냥한 GUCCI의 향수 광고

- 재미있고 쉽게 써라.
  재미있고 쉬워야 설득하는데 유리하다.

- 화끈하게 아부하라.
  여자에게 잘 통하는 아부는 나이, 아름다움, 행복, 아이 등이 있다.

- 바라보면 꽃이 되는 여자라고 말하라.
  여자라면 누구나 주인공이 되기를 원한다.

- 여자가 가지고 있는 고정관념을 바꿔라.
  관습을 타파하여 생각하라.

- 여자의 라이프스타일에 맞추어라.
  여자는 변덕이 심하다. 브랜드를 여자의 라이프스타일에 맞추면 여자에게 다가갈 수 있다.

- 여자의 지성을 믿는다고 칭찬하라.
  여자는 칭찬에 약하다.

- 아름다운 희생의 주인공으로 만들어라.
  남편이나 가족 등을 위해 구매할 수 있게 하라.

- 이 세상에 유일한 사람이라고 말하라.
  여자는 소유(욕)에 약하다.

- 소프트 세일을 하라.
  무드를 팔고 이미지로 승부하라.

- 3차원적 세계를 보여 주어라.
  1차원적 세계는 누구나 알 수 있다.

- 진실을 말하라.
  만약 그렇지 않으면 금방 알아차릴 것이다. 솔직함은 상대방으로 하여금 경계심을 풀도록 만든다.

- 행동에 대한 책임을 지라고 말하라.
  책임을 회피하는 것은 수치스러운 것이다.

2. 남자의 마음을 움직이는 카피 전략

남자는 과연 무엇으로 살까? 고상한 것을 추구하는 남자가 있는가 하면 부를 목적으로 돈을 따라 다니는 남자, 권력을 잡기 위해 권모술수를 부리는 남자, 여자의 환심을 사기 위해 자존심을 버리는 남자도 있다. 그러나 남자는 사회활동을 주로 하고 거기서 자신의 존재를 확인하려고 노력한다.

따라서 남자는 여자와는 달리 라이프스타일도 다르고 관심사항도 다르다. 그런데도 아직 남자와 여자를 구별하지 못하는 광고를 많이 볼 수 있다. 분명한 것은 남자는 여자와 달리 남자만의 독특한 특성을 지니고 있다. 여자와 비교해서 남자만이 가지고 있는 특성을 들면 다음과 같다.

남자의 권위와 명성을 강조한 광고

꽃미남, 피부미남의 추세에 따른 관심을 증폭시키기 위한 화장품 광고

- 남자는 경쟁에 높은 가치를 두는 반면 여자는 관계에 초점을 둔다.
- 남자는 활동이나 성과에 따라 움직이지만 여자는 사람들과 가족에 의해 움직인다.
- 남자는 스트레스를 받을 때 대응을 생각하지만 여자는 해소시키려고 노력한다.
- 남자는 여자보다 구매를 결정을 하는 데 시간이 덜 걸린다.
- 여자에 비해 남자가 경제력이 더 높다.
- 남자는 여자에 비해 야망이 높으며, 신분, 권위, 명성, 재산, 명분, 섹스, 연인, 아내, 우정, 의리, 용기 등에 약하다.
- 최근 들어 남자도 여자 못지않게 기능성 제품에 관심을 보이고 있다. 특히 화장품의 경우 여자만의 전유물에서 점차 남자도 관심을 보이기 시작하였다. ‘꽃미남’, ‘피부미남’이라는 신조어를 만들어 내면서 경기침체에도 불구하고 남자를 대상으로 한 화장품 광고가 봇물을 이루고 있으며 시장의 성장세도 가속화되고 있다.

그러면 어떻게 남자의 마음을 사로잡을 수 있을까? 무엇으로 남자의 마음을 움직일 수 있을까? 이에 대한 해답을 얻기 위해 남자의 마음을 사로잡고 그들을 움직일 수 있는 카피전략을 살펴보면 다음과 같다.

남자의 신분과 권위를 내세운 그랜저 광고

성(sex)을 럭셔리 매트리스에 연관시킨 섹스어필 광고

연인, 아내, 가족에 대한 사랑을 주제로 사용한 광고

위 전문 발효유 불가리스 광고

- 야망과 성공을 불러 일으켜라.
  남자는 신분, 권위, 명성, 재산, 권력 등에 약하다.

- 남자가 갖추어야 할 덕목을 활용하라.
  남자는 우정, 의리, 용기 등에 약하다.

- 남자의 속물근성에 어필하라.
  승화된 섹스어필은 강력한 힘이 있다.

- 연인, 아내, 가족에 대한 사랑을 얘기하라.
  여자는 이상형의 남자를 좋아 한다.

- 위기의 남자임을 강조하라.
  위기의식을 느끼게 하라. 특히 의약품이나 건강보조 식품에 효과적으로 사용될 수 있다.

관심사항에 대한 정보를 제공하여 주목을 끌기 위한 Canon DSLR 광고

"같은 일상을 살아가는 우리는 이미 하나입니다."라는 공익광고

- 관심사항에 대한 정보를 제시하라.
  고관여 제품의 경우에 효과적이다.

- 그럴듯한 명분을 주어라.
  남자는 자기행동을 합리화시키기 위해 ~철학, ~주의, ~이즘 등을 내세우기 좋아 한다.

- 정치적 이슈나 경제문제를 거론하라.
  관심사항을 거론하면 주목 효과를 극대화시킬 수 있다.

3. 청소년의 마음을 움직이는 카피 전략

일반적으로 청소년은 11세부터 19세까지를 말하며 통칭 10대라고 부르기도 한다. 그들은 심리적 · 정서적으로 매우 불안하며 장래문제, 이성문제, 부모와의 관계 등으로 불안하다. 따라서 청소년은 정해진 틀과 규제 및 타율에서 벗어나려는 특유의 본능적 속성을 가지고 있다.

교육심리 학자들은 청소년들의 이상하고 특이한 행동을 지극히 정상적인 성장과정의 한 모습으로 진단하기도 한다. 청소년은 사회를 인식하고 해석하는데 있어서도 외형적인 틀에 크게 얽매이지 않고 사고의 폭도 대단히 넓다. 청소년들은 다른 계층과는 달리 그들만의 독특한 특성을 지니고 있다. 다른 계층과 비교해서 청소년들만이 가지고 있는 특성을 들면 다음과 같다.

- 심리적 · 정서적으로 불안하다.
  장래문제, 이성문제, 부모와의 관계, 친구와의 관계 등으로 불안하다.
- 이성에 눈을 뜨기 시작한다.
  즉, 성에 관심이 많다.
- 부모 및 친구들과 갈등을 일으킨다.
- 정해진 규범과 신념에서 벗어나고자 한다.
- 추상적이거나 가상적인 사고를 자주 한다.
- 충동적이며 감수성이 예민하다.
- 독립심이 강하고 비판적이며 유행에 민감하다.

이와 같이 청소년의 특징이 다른데도 불구하고 아직도 청소년을 구별하지 못하는 광고를 많이 볼 수 있다. 최근 들어 청소년을 대상으로 한 표적마케팅(target marketing) 전략이 크게 각광을 받으면서 하나의 유행처럼 전 세계에 퍼져가고 있다. 이런 추세에 편승하여 오늘날 청소년 시장은 마케팅에서 주요 변수로 등장하였다.

청소년들은 누구보다도 먼저 상품이나 최신유행에 대한 정보를 얻기 때문에 가족들의 구매의사결정에 중요한 역할을 하는 것으로 나타났다. 즉, 청소년은 구매자 및 구매영향자 그리고 사용자로서의 역할이 증대되었다.

그러나 청소년들은 사고방식과 행동방식이 다른 계층과는 크게 다르기 때문에 그들을 대상으로 하여 마케팅 활동을 전개할 때에는 특별히 신경을 써야 한다. 청소년기의 특징을 기초로 하여 청소년의 마음을 사로잡고 그들을 움직이기 위한 카

얼짱이라는 청소년들의 관심사에 초점을 맞춘 광고

빌보드 차트 1위를 기록한 BTS의 음악과 KB국민은행 광고

청소년들이 자주 쓰는 언어(상근이)를 구사한 광고

집단충동을 이용한 카스맥주 광고

피전략을 살펴보면 다음과 같다.

- 청소년의 언어를 구사하라.
  그들이 사용하고 있는 언어를 인식하고, 느끼고, 공감하라.

- 집단충동을 이용하라.
  그들은 충동적이다. 그들의 가슴속을 꽉 메우고 있는 집단충동 의식을 이용하라.

- 광고노래(CM)나 징글(jingle)을 적극 활용하라.
  그들은 유행에 민감하다. 그들이 좋아하는 대중스타나 인기가수를 이용하라.

- 억압과 타율에 대한 보상을 주어라.
  그들은 정해진 규범과 신념에서 벗어나고자 한다. 그들에게 욕구를 분출할 수 있는 기회를 제공하라.

블랙핑크 걸그룹을 이용해 욕구를 분출할 수 있는 기회를 제공한 스프라이트 광고

성(sex)을 제품에 연관시킨 광고

- 독립된 인격체로 격상시켜라.

  그들은 독립심이 강하다. 그들도 책임질 나이로 인정하라.

- 성적 욕구를 해소시켜 줄 수 있는 방안을 강구하라.

  그들은 성에 관심이 많다. 성의 상품화보다 성적 욕구를 해소시켜 줄 수 있는 방법을 제시하라. 그러나 광고에서 성을 제품에 연관시키는 것에 대하여는 그 나라의 문화와 관습에 따라 달라질 수 있음을 고려해야 한다.

- 카피를 절제하라.

  논리적이거나 현학적인 카피보다 집약되고 상징화된 비주얼이 오히려 효과적일 수 있다.

4. 노년층의 마음을 움직이는 카피 전략

오늘날 고령화 추세가 점점 가속화되고 그 범위도 넓게 나타나고 있다. 퇴직금, 연금수령, 취업률 증가 등으로 인해 노년층의 경제적 여건이 나아지고 있는 것도 사실이다. 이에 따라 노년층이 중요한 소비층으로 부상하고 있으며 은빛시장(silver market)이 새로운 블루오션 시장으로 각광을 받고 있다.

상품구매에 있어서 나이는 문제가 안 된다. 노년층은 생각 이상으로 역동적인 집단이다. 노년층 시장은 매우 다양하다. 수입, 교육, 삶의 경험 등이 다양하다. 그들의 마음은 늘 젊고 쓸 수 있는 시간과 돈이 많다. 따라서 광고주는 그들이 원하는 제품을 만들어 주어야 할 뿐만 아니라 그들이 행복하게 소비하고 편리하게 해주어야 한다.

노년기에 나타날 수 있는 특징에 기초하여 노년층의 마음을 사로잡고 그들을 움직이기 위한 카피전략을 살펴보면 다음과 같다.

- 단면적으로 가정하지 말라.

  그들은 다면적이다. 그들의 특성을 정확히 알고 이해해야 한다.

노년층을 대상으로 행복과 편리성을 소재로 삼은 광고

노년층을 대상으로 행복과 편안한 삶을 소재로 삼은 광고

나이와 건강에 상관없이 보험에 가입할 수 있는 혜택을 제시한 OK 실버보험 광고

나이에 상관없이 대학에 다닐 수 있다는 것을 보여 주어 심리를 사로잡은 통신회사 광고

나이가 들어 은퇴하는 것을 긍정적으로 보여 주고 새로운 시작임을 나타낸 광고

- 사실을 분명하고 직설적으로 말하라.

  그들에게 혜택을 주고 알게 하라.

- 관계를 구축하라.

  그들은 개인적 관계를 중요시하며 신속한 의사결정을 하지 않는다. 무엇보다도 중요한 것은 그들에게 압력을 가하지 말라.

증언을 통해 믿음을 심어주기 위한 광고

- 생애단계(life stage)적 마케팅을 활용하라.

  그들은 자신들이 살아온 세계에서 인생을 바꾼 사건들에 대해 민감하게 반응한다. 이런 사건들을 캠페인의 결정적 순간으로 만들어라.

- 교육시켜라.

  그들은 읽고, 듣고, 배울 수 있는 시간적 여유가 많다.

- 그들의 시각에서 디자인하라.

  서체를 크게 쓰고, 충분한 여백을 주고, 헤드라인을 굵게 쓰고, 카피를 칼럼처럼 쪼개어 시각적으로 접근하기 쉽게 만들어라.

- 위협적인 내용은 자제하라.

  그들을 위협하면 아무것도 되지 않는다. 대신 나이 먹음과 은퇴의 정당성을 축하하라.

- 늙은이로 부르지 말라.

그들이 가장 싫어하는 것은 늙은이로 부르는 것이다. 노인이나 연장자라는 말도 크게 다르지 않다.

- 위험성을 제거하라.

그들의 신뢰와 충성도를 얻기 위해 보증이나 무료쿠폰을 제공해 보라.

- 믿음을 보여줘라.

그들은 믿고 싶어 한다. 따라서 그들에게 믿음의 기회를 주어라. 증언(testimonial)이나 보증(endorsement)광고를 시도해 보라.

Summary 요약

- 오늘날 여자들은 가정에서도 사회에서도 구매의사결정에 막강한 영향력을 미치고 있으며 적극적인 사회활동과 경제활동으로 소비패턴과 구매패턴을 엄청나게 변화시켜 놓고 있다. 또한 직장여성의 증가로 인하여 여자의 역할이 다양화되고 있다. 따라서 광고인들은 이와 같이 막강하게 변신한 여자를 주목하지 않으면 안 되게 되었다.

- 여자의 마음을 사로잡고 그들을 움직일 수 있는 카피전략으로는 신데렐라 콤플렉스를 자극하라. 여자의 질투심을 불러 일으켜라. 여자의 말을 들어라. 디테일 한 것을 주어라. 애인에게 속삭이듯이 말해라. 유행에 앞서가는 방법을 제시하라. 필요하면 섹스어필 하라. 한 편의 드라마를 연출하라. 재미있고 쉽게 써라. 화끈하게 아부하라. 바라보면 꽃이 되는 여자라고 말하라. 여자가 가지고 있는 고정관념을 바꿔라. 여자의 라이프스타일에 맞추어라. 여자의 지성을 믿는다고 칭찬하라. 아름다운 희생의 주인공으로 만들어라. 이 세상에서 유일한 사람이라고 말하라. 소프트 세일을 하라. 3차원적 세계를 보여 주어라. 진실을 말하라. 행동에 대한 책임을 지라고 말하라.

- 남자는 사회활동을 주로 하고 거기서 자신의 존재를 확인하려고 노력한다. 따라서 남자는 여자와는 달리 라이프스타일도 다르고 관심사항도 다르다. 그런데도 아직 남자와 여자를 구별하지 못하는 광고를 많이 볼 수 있다. 분명한 것은 남자는 여자와 달리 남자만의 독특한 특성을 지니고 있다.

- 남자의 마음을 사로잡고 그들을 움직일 수 있는 카피전략으로는 야망과 성공을 불러 일으켜라. 남자가 갖추어야 할 덕목을 활용하라. 남자의 속물근성에 어필하라. 연인, 아내, 가족에 대한 사랑을 얘기하라. 위기의 남자임을 강조하라. 관심사항에 대한 정보를 제시하라. 그럴듯한 명분을 주어라. 정치적 이슈나 경제문제를 거론하라.

- 청소년들은 누구보다도 먼저 상품이나 최신유행에 대한 정보를 얻기 때문에 가족들의 구매의사결정에 중요한 역할을 하는 것으로 나타났다. 즉, 청소년은 구매자 및 구매영향자 그리고 사용자로서의 역할이 증대되었다. 그러나 청소년들은 사고방식이나 행동방식이 다른 계층과는 크게 다르기 때문에 그들을 대상으로 하여 마케팅 활동을 전개할 때에는 특별히 신경을 써야 한다.

- 청소년의 마음을 사로잡고 그들을 움직이기 위한 카피전략으로는 청소년의 언어를 구사하라. 집단충동을 이용하라. 광고노래(CM)나 징글(jingle)을 적극 활용하라. 억압과 타율에 대한 보상을 주어라. 성적욕구를 해소시켜 줄 수 있는 방안을 강구하라. 독립된 인격체로 격상시켜라. 카피를 절제하라.

- 오늘날 고령화 추세가 점점 가속화되고 그 범위도 넓게 나타나고 있다. 퇴직금, 연금수령, 취업률 증가 등으로 인해 노년층의 경제적 여건이 나아지고 있는 것도 사실이다. 이에 따라 노년층이 중요한 소비층으로 부상하고 있으며 은빛시장이 새로운 블루오션 시장으로 각광을 받고 있다. 따라서 광고주는 그들이 원하는 제품을 만들어 주어야 할 뿐만 아니라 그들이 행복하게 소비하고 편리하게 해주어야 한다.

- 노년층의 마음을 사로잡고 그들을 움직이기 위한 카피전략으로는 단면적으로 가정하지 말라. 사실을 분명하고 직설적으로 말하라. 관계를 구축하라. 생애 단계적 마케팅을 활용하라. 교육시켜라. 그들의 시각에서 디자인하라. 위협적 내용은 자제하라. 늙은이로 부르지 말라. 믿음을 보여줘라. 위험성을 제거하라.

Test
기출문제

01 남자와 비교해서 여자만이 가지고 있는 특성과 거리가 가장 먼 것은?
① 여자는 관계에 초점을 두는 반면 남자는 경쟁에 높은 가치를 둔다.
② 여자는 사람들과 가족에 의해 움직이지만 남자는 활동이나 성과에 따라 움직인다.
③ 여자는 남자보다 구매를 결정을 하는데 더 많은 시간이 걸린다.
④ 여자는 남자에 비해 칭찬, 유행, 무드, 우정, 의리, 용기, 드라마에 약하다.
⑤ 여자는 스트레스를 받을 때 해소시키려고 노력하지만 남자는 대응을 생각한다.

02 여자의 마음을 움직이기 위한 카피전략과 거리가 가장 먼 것은?
① 무드를 팔고 이미지로 승부하라.
② 신데렐라 콤플렉스를 자극하라.
③ 유행에 앞서 가는 방법을 제시하라.
④ 여자는 명분에 약하므로 그럴듯한 명분을 주어라.
⑤ 연인에게 사랑을 속삭이듯이 친근감 있게 말하라.

03 청소년의 마음을 움직이기 위한 카피전략과 거리가 가장 먼 것은?
① 집단충동을 이용하라.
② 성의 상품화 방안을 강구하라.
③ 억압과 타율에 대한 보상을 주어라.
④ 청소년의 언어감각을 살려라.
⑤ 독립된 인격체로 격상시켜라.

04 청소년의 마음을 움직이기 위해서는 논리적이고 현학적인 카피와 집약되고 상징화된 비주얼이 필요하다. 따라서 청소년의 마음을 움직이기 위해서는 카피를 절제하는 것이 바람직하다. O|X

05 노년층의 마음을 움직이기 위한 카피전략과 거리가 가장 먼 것은?
① 사실을 분명하고 직설적으로 말하라.
② 생애 단계적 마케팅을 활용하라.
③ 위협적인 내용은 자제하라.
④ 그들의 시각에서 디자인하라.
⑤ 증언이나 보증 광고를 지양하라.

[정답]
01 ④ **02** ④ **03** ② **04** × **05** ⑤

광고 불변의 법칙

야 망 을 품 어 라 !

아망을 품은 카피라이터는 드물다.
그들이 카피를 쓰는 일에 열과 성을 다하면 광고주의 매출이 두 배로 뛰어 오르고
자신도 유명해질 수도 있다는 생각을 좀처럼 하지 못한다.
눈을 높여라!
새로운 길을 개척하라!
홈런을 날려라!
불후의 명작들과 겨뤄라!

CHAPTER 12

광고 전략 수립과정 및 광고공모전

Understanding of Advertising

광고 전략의 수립과정을 사전조사, 상황분석, 문제 및 기회분석, 광고목표설정, 광고 전략수립, 실행, 성과분석 및 조정을 살펴본 다음, 대학생 광고공모전을 미국 대학생 광고대회와 우리나라 대학생 광고공모전을 구분하여 살펴보도록 한다.

Advertising & Copy

'나를 아는 여행친구! 여행의 시작'
이라는 슬로건으로 고객의 needs에 맞는 시장을 선도하며 여행 문화의 글로벌화를 실현하겠다는 메시지를 전하고 있다.

CHAPTER

12

광고 전략 수립과정 및 광고공모전

1. 광고 전략 수립과정

최근 들어, 기업 간의 경쟁이 치열해 지면서 전략(strategy)의 중요성이 한층 더 부각되고 있다. 이 중에서도 광고 전략(advertising strategy)은 오늘날 불확실한 환경 속에서 생존 및 성장을 위한 중요한 전략적 도구로 인식되고 있다.

광고 전략은 통합적이어야 한다. 즉, 광고 전략은 광고목표를 달성하기 위한 각 수단들이 유기적으로 결합하여 하나의 일치된 방향을 가져야 한다. 그러나 광고 전략은 각 기업체 또는 제품에 따라 그 방법이 여러 가지 형태로 나타날 수 있기 때문에 정형화된 광고 전략의 모델을 말하기에는 어려움이 많다고 할 수 있다. 따라

그림 12-1 | 광고 전략 수립과정

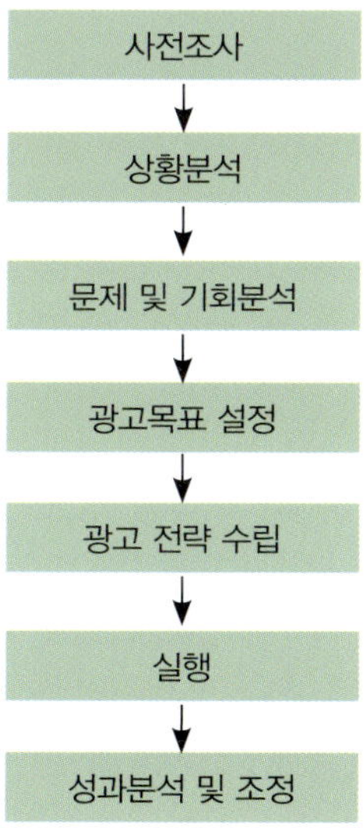

서 일반적으로 사용될 수 있는 광고 전략의 수립과정을 살펴보면 [그림 12-1]과 같다.

1) 사전조사

사전조사는 광고 전략 수립에 앞서 실시하는 자료의 수집으로써 기업 및 브랜드의 연혁, 고객에 대한 분석(인구통계학적 변수, 심리적 변수, 행동적 변수), 경쟁상품에 대한 분석 등을 들 수 있다.

TIP | 고객에 대한 분석 시 고려해야 할 변수

첫째, 인구통계학적 변수(demographics variable)를 고려해야 한다. 이들 변수는 나이, 성별, 가족규모, 가족생활주기, 소득, 직업, 교육수준, 종교 등이 있다. 이러한 변수는 가장 기본적이면서도 가장 중요한 변수라고 할 수 있으며 측정하기가 비교적 쉽기 때문에 널리 이용되고 있다.
둘째, 심리적 변수(psychographics variable)를 고려해야 한다. 이들 변수는 사회계층, 라이프스타일, 개성 등이 있다. 이러한 변수는 인구통계학적 변수들보다 더 구체적인 정보를 제공해 준다. 그러나 측정하는 데 어려움이 있다.
셋째, 행동적 변수(behavioristic variable)를 고려해야 한다. 이들 변수는 구매동기, 추구하는 편익, 제품지식과 사용경험, 사용량, 브랜드애호도, 가격민감도 등이 있다.

2) 상황분석

상황분석도 광고 전략 수립에 앞서 실시하는 기초적 작업으로써 기업(조직)이 처해 있는 여건(현황)을 상세히 분석하는 과정을 말한다. 이 과정은 주로 [그림 12-2]와 같이 SWOT 분석을 통해서 이루어지고 있다. 이러한 SWOT 분석은 주로 기업의 내부요인으로 강점(strength)과 약점(weakness), 기업을 둘러싸고 있는 외부요인으로 기회(opportunity)와 위협(threat)을 분석한다.

그림 12-2 | SWOT 분석도

Strength(강점)	Weakness(약점)
Opportunity(기회)	Threat(위협)

강점은 목표달성에 도움을 줄 수 있는 내부역량을 말하며, 약점은 목표달성을 방해할 수 있는 내부의 제약요인을 말한다. 기회는 자사에게 유리하게 이용할 수 있는 외부요인을 말하며, 위협은 기업의 성과에 부정적인 영향을 미칠 가능성이 있는 외부요인을 말한다(Kotler & Armstrong, 2008). 그러나 이러한 SWOT 분석은 기업(조직)에 따라 비중과 내용이 다를 수 있다. SWOT 분석도 예시를 들면 [그림 12-3]과 같다.

그림 12-3 | SWOT 분석도 예시

일반적으로 사용되고 있는 SWOT 분석을 위한 체크 리스트(check list)를 제시하면 다음과 같다.

(1) 강점(strength)

- 우리는 고유한 경쟁우위를 보유하고 있는가?
- 우리는 충분한 재원을 보유하고 있는가?
- 우리는 경쟁자보다 잘 할 수 있는 것이 있는가?
- 우리에 대해 소비자들이 좋게 생각하는가?
- 우리는 시장의 주도자로 알려져 있는가?
- 우리는 고유한 기술을 보유하고 있는가?
- 우리는 생산과 마케팅의 원가우위를 보유하고 있는가?
- 우리의 경영진은 그 동안 일을 잘해 왔는가?

(2) 약점(weakness)

- 우리는 명확한 전략적 안목이 없지는 않은가?
- 우리의 경쟁적 위치가 악화되고 있지는 않은가?
- 우리의 시설은 낙후되어 있는가?
- 우리의 수익성은 예상보다 나쁜가?
- 우리의 경영진은 전문성이 부족하지는 않은가?
- 우리는 핵심역량이 부족하지는 않은가?
- 우리는 운영상의 문제를 갖고 있는가?
- 우리는 현재와 미래 사업을 위해 현금보유가 충분하지 못한가?
- 우리는 시장에서 약한 이미지를 가지고 있는가?

(3) 기회(opportunity)

- 우리는 새로운 세분시장에 진입할 수 있는가?
- 우리의 상품라인을 확장할 수 있는가?
- 우리의 경쟁자가 약하거나 안이한 태도를 갖고 있는가?

- 우리의 시장은 성장하고 있는가?

(4) 위협(threat)

- 우리는 새로운 경쟁자를 맞이할 것인가?
- 우리는 다른 상품으로부터 대체위협을 받고 있는가?
- 우리의 시장은 성장이 둔화되고 있는가?
- 우리는 정부의 새로운 규제로부터 영향을 받는가?
- 우리는 경기침체에 대해 예민한가?
- 우리 소비자의 요구와 취향이 바뀌고 있는가?
- 우리 소비자의 인구통계학적 특징이 바뀌고 있는가?

3) 문제 및 기회분석

앞서 실시한 SWOT 분석에 기초하여 경쟁사 대비 자사의 강점을 부각시키고, 약점을 보완해야 하며, 기회를 포착하고, 위협요인에 대비할 수 있어야 한다.

4) 광고의 목표 설정

광고의 목표는 마케팅의 목표에 결부되어 있기 때문에 마케팅의 목표에 대한 분명한 파악이 우선적으로 이루어져야 한다. 마케팅의 목표는 광고의 목표에 비해 더 계량적인 성격을 가져야 한다.

일반적으로 마케팅의 목표로 많이 사용되고 있는 항목으로는 시장점유율, 성장률, 수익성 등이 있다. 또한 마케팅의 목표는 상품, 가격, 유통까지도 포함하고 있기 때문에 광고보다는 더 포괄적이라고 할 수 있다. 따라서 광고의 목표는 마케팅의 목표와 결부되어 있기 때문에 계량적인 마케팅 목표를 커뮤니케이션의 차원으로 해석하여 목표를 설정해야 한다.

가장 널리 잘 알려진 광고계통의 목표 항목으로는 Colley가 제시한 DAGMAR(defining advertising goals for measured advertising results)를 들 수 있다. 광고의 목표를 설정하는데 참고할 수 있는 DAGMAR의 Check List를 수정 · 보완하여 제시하면 다음과 같다.

① 광고는 판매를 완결 짓는데 어느 정도 역점을 두고 있는가?

- 판매의 제반기능을 발휘한다.
- 잠재고객에게 구매하도록 유도한다.
- 구매를 하도록 동기를 부여한다.
- 구매를 하도록 상기시킨다.
- 구매를 위한 이벤트와 연결시킨다.
- 충동구매를 자극한다.

② 광고는 잠재고객을 단계별로 촉진하여 판매의도를 이룩하는데 역점을 두고 있는가?

- 상품 또는 브랜드의 존재를 인식시킨다.
- 브랜드 이미지와 브랜드에 대한 호의적 · 정서적 태도를 형성시킨다.
- 브랜드의 우수한 특징과 편익(benefit)에 대한 정보를 제공한다.
- 경쟁자의 광고소구(appeal)를 견제하거나 대응한다.
- 편견이나 오보 등과 같은 판매의 장애요인을 수정한다.

이벤트와 연결시켜 구매를 유도하기 위한 광고

심벌마크에 대한 친근감을 부여하여 재인을 유도하기 위한 광고

신상품을 출시할 수 있는 기반을 위한 volvo XC40광고

시승 및 전시장을 방문하여 실연하도록 유도한 자동차 광고

포장, 로고타입, 심벌마크에 대해 친근감을 부여하여 재인(recognition)을 유도한다.

③ 광고는 장기적으로 소비자의 애호도(충성도)를 향상시키는데 역점을 두고 있는가?

- 장기적으로 이익이 될 수 있는 기업과 브랜드의 신뢰도를 향상시킨다.
- 유통경로에서 교섭력을 강화할 수 있도록 최종수요에 대한 힘을 구축한다.
- 광고주로 하여금 선호하는 대리점과 소매상을 선택할 수 있게 한다.
- 대대적인 유통망을 구축한다.
- 신상품을 출시할 수 있는 기반을 구축한다.
- 신규시장을 개척할 수 있도록 브랜드의 재인을 구축한다.

④ 광고는 구체적으로 판매를 향상시키는 데 어떻게 기여할 수 있는가?

- 타사의 위협으로부터 기존고객을 방어한다.
- 타사 브랜드의 사용자를 자사 브랜드의 사용자로 전환시킨다.
- 타사 상품(브랜드)보다는 자사 상품(브랜드)을 구매하도록 유인한다.
- 상품(브랜드)의 비구매자를 구매자로 전환시킨다.
- 비정기적인 구매자를 정기적인 구매자로 전환시킨다.
- 상품의 새로운 용도를 부각시킨다.

- 더 큰 패키지 구매나 다수 품목을 구매하도록 유도한다.
- 사용자로 하여금 구매를 하도록 상기시킨다.
- 구매빈도와 구매량을 늘리도록 유도한다.

⑤ 광고는 최종구매까지 연결되도록 어떤 구체적인 방법을 추구하고 있는가?
- 잠재고객이 카탈로그, 프리미엄, 경영자문 등에 참가하도록 설득한다.
- 잠재고객이 전시장을 방문하거나 실연(demonstration)하도록 유도한다.
- 잠재고객이 상품을 시용(trial) 또는 사용하도록 유도한다.

⑥ 광고는 판매원을 지원하고 사기를 높이는 데 역점을 두고 있는가?
- 신규거래를 개설할 때 판매원을 지원한다.
- 도매상과 소매상으로부터 주문이 증가하도록 판매원을 지원한다.
- 월등한 진열위치를 확보할 수 있도록 판매원을 지원한다.
- 판매원이 진입하도록 지원한다.
- 판매원의 사기를 높인다.
- 유통경로의 위상을 높인다.

⑦ 광고는 고객만족과 구매를 실현하는 데 정보 전달적인 역할을 하는가?
- 구매 장소에 관한 정보를 제공한다.
- 사용 방법에 관한 정보를 제공한다.
- 광고모델, 제품특징, 포장, 가격, 특별조건, 보증, 교환 등에 관한 정보를 제공한다.

⑧ 광고는 기업에 대한 신뢰와 호감을 조성하는 데 어느 정도 역점을 두고 있는가?
- 고객과 잠재고객이 기업을 신뢰하고 좋아 한다.
- 유통경로를 신뢰하고 좋아 한다.
- 종업원, 금융기관, 일반대중이 기업을 신뢰하고 좋아한다.

⑨ 기업은 광고를 통해 구체적으로 어떠한 이미지를 추구하는가?
- 상품의 품질과 서비스를 추구한다.
- 기업과 제품의 신뢰성을 추구한다.
- 상품의 다양성과 연계성을 추구한다.
- 성장, 진취성, 기술력을 추구한다.

구매 장소에 관한 정보를 제공해 주기 위한 광고

5) 광고 전략 수립

광고를 떠오르는 영감이나 예술적인 느낌만으로 제작하기보다는 과학적이고 논리적인 전략적 차원에 바탕을 두고 창의성 있게 만들어야 한다. 광고 전략은 독립된 별도의 과정이 아니라 마케팅 전략과 목표에 부합하도록 일관성 있게 수립되어야 한다. 즉, 광고 전략은 마케팅 전략과 목표 및 광고의 목표를 달성할 수 있도록 통합마케팅 커뮤니케이션(IMC) 차원에서 수립되고 전개되어야 한다.

따라서 광고는 마케팅 목표를 달성할 수 있도록 통합 마케팅적 광고가 수행될 때 비로소 광고의 목표를 달성할 수 있다. 통합마케팅 커뮤니케이션 차원에서 광고 전략을 수립할 때 고려해야 할 사항을 들면 〈표 12-1〉과 같다.

표 12-1 | 광고 전략 수립 시 고려할 사항

• 전략적 광고캠페인 계획 목표, 표적소비자, 브랜드 포지셔닝, 광고캠페인 전략
• 매체전략 매체목표, 매체선정, 매체계획(전달수단, 예산할당, 스케줄)
• 메시지 전략 소비자특성 파악, 메시지 목표, 상품고유의 판매명제(USP), 빅 아이디어
• 기타 촉진 및 설득방법 판매촉진, 홍보 및 공중관계, 인적 판매, 직접마케팅

TIP | 통합마케팅 커뮤니케이션(IMC)

통합마케팅 커뮤니케이션은 광고 외에 다른 촉진수단, 즉 홍보, 인적 판매, 판매촉진뿐만 아니라 상품, 가격, 유통에 따른 커뮤니케이션의 효과를 포함하는 광고의 확장된 개념이라고 할 수 있다.

6) 실행

실행단계에서는 상황적 변화로 인해 광고 전략을 수정해야 할 경우를 대비하여 상황적 계획(contingency planning)을 사전에 준비할 필요가 있다.

7) 성과분석 및 조정

실행에 들어간 모든 광고 전략은 성과를 측정하여 평가를 받아야 한다. 평가방법에는 정량적 평가와 정성적 평가가 있다. 평가결과가 좋으면 피드백과 함께 확산시키고 평가결과가 나쁘면 원인을 규명하여 수정 · 보완하여야 한다.

2. 대학생 광고공모전

1) 미국 대학생 광고대회

미국에서 실시하고 있는 전국대학생광고대회(National Student Advertising Competition: NSAC)는 대학생들에게 전문적인 광고캠페인을 개발하고 발표할 수 있는 기회를 제공하는 데 목적을 두고 있다. 그래서 이 대회를 대학생 광고의 월드 시리즈라고 부르기도 한다.

미국 대학생 광고대회 로고

제일기획 대학생 광고공모전 로고

이 대회는 미국광고연합(American Advertising Federation: AAF)이 후원하고 있으며 매년 가을에 실시한다. 대회에 참여하는 팀은 실제 광고주를 위한 캠페인을 만들어 지역대회와 전국대회에서 발표를 한다. 이를 통해 대학생들은 실제현장에서 부딪치는 새로운 비즈니스의 세계를 경험해 볼 수 있다.

일부 대학에서는 정규 교육과정의 일부분으로 인정하여 대회에 참여하기도 하고 어떤 대학에서는 광고 동아리의 회원자격으로 대회에 참여하기도 한다. 학생들은 광고주와 전국 대학생 광고대회가 제시하는 가이드라인에 따라 작성하여야 한다.

작성내용은 크게 광고기획서 부문과 광고작품 부문으로 이루어진다. 광고기획서는 광고캠페인의 로드맵과 같다. 광고기획서는 상황분석, 조사방법, 미디어전략 및 전술, 크리에이티브 전략 및 전술, 프로모션 전략 및 전술, 예산 등을 포함시켜 기술하여야 한다.

반면에 광고작품은 4~5명의 발표자가 자신들의 팀을 소개하고, 의견을 제시하며, 작품을 보여 준다. 20분 발표에 이어 10분간의 질의응답이 이루어진다. 질의응답 시간은 심사위원들이 발표자들을 테스트하는 시간이기도 하다. 따라서 여기서 전체 프레젠테이션의 승패가 판가름 날 수 있으므로 철저한 준비가 필요하다.

2) 우리나라 대학생 광고공모전

우리나라에서도 제일기획을 비롯해 여러 광고관련 대행사들과 매체사들이 전국에 있는 대학생을 대상으로 광고기획(광고 전략) 부문과 광고작품 부문에 대해 광고공모전을 실시하고 있다. 수상작에 들면 상금과 더불어 입사하는데 가산점을 주기 때문에 많은 학생들이 관심을 가지고 응모하고 있다.

수업이 끝난 후 우리나라에서 유명 광고대행사로 널리 알려져 있는 제일기획이 전국에 있는 대학생을 대상으로 광고기획 부문과 광고작품 부문을 공모전을 통해 수상한 작품을 지금까지 배운 광고지식을 총동원하여 감상해 보시기 바랍니다.

| 제일기획 대학생 광고공모전 수상작품 감상하기(1998년도~현재) |

주소 창에 http://ideafestival.cheil.co.kr을 입력한 후 화면의 하단에 있는 [역대수상작]을 클릭.

Summary
요약

- 최근 들어, 기업 간의 경쟁이 치열해 지면서 전략의 중요성이 한층 더 부각되고 있다. 이중에서도 광고 전략은 오늘날 불확실한 환경 속에서 생존 및 성장을 위한 중요한 전략적 도구로 인식되고 있다. 광고 전략은 통합적이어야 한다. 즉, 광고 전략은 광고목표를 달성하기 위한 각 수단들이 유기적으로 결합하여 하나의 일치된 방향을 가져야 한다.

- 광고 전략은 각 기업체 또는 제품에 따라 그 방법이 여러 가지 형태로 나타날 수 있다. 그렇기 때문에 정형화된 광고 전략의 모델을 말하기에는 어려움이 많다고 할 수 있다. 따라서 일반적으로 사용될 수 있는 광고 전략의 수립과정은 사전조사 → 상황분석 → 문제 및 기회분석 → 광고목표 설정 → 광고 전략수립 → 실행 → 성과분석 및 조정의 과정을 들 수 있다.

- 사전조사는 광고 전략 수립에 앞서 실시하는 자료의 수집으로써 기업 및 브랜드의 연혁, 고객에 대한 분석, 경쟁상품에 대한 분석 등을 들 수 있다. 상황분석은 사전조사와 같이 광고 전략 수립에 앞서 실시하는 기초적 작업으로써 기업(조직)이 처해 있는 여건(현황)을 상세히 분석하는 과정을 말한다. 이 과정은 주로 SWOT 분석을 통해서 이루어지고 있다.

- 문제 및 기회분석은 앞서 실시한 SWOT 분석에 기초하여 경쟁사 대비 자사의 강점을 부각시키고, 약점을 보완해야 하며, 기회를 포착하고, 위협요인에 대비할 수 있어야 한다. 광고의 목표를 설정할 때에는 광고의 목표가 마케팅의 목표에 결부되어 있기 때문에 마케팅의 목표에 대한 분명한 파악이 우선적으로 이루어져야 한다. 일반적으로 마케팅의 목표로 많이 사용되고 있는 항목으로는 시장점유율, 성장률, 수익성 등이 있다.

- 광고 전략을 수립할 때에는 광고를 떠오르는 영감이나 예술적인 느낌만으로 제작하기보다는 과학적이고 논리적인 전략적 차원에 바탕을 두고 창의성 있게 만들어야 한다. 광고 전략은 독립된 별도의 과정이 아니라 마케팅 전략과 목표에 부합하도록 일관성 있게 수립되어야 한다. 즉, 광고 전략은 마케팅 전략과 목표 및 광고의 목표를 달성할 수 있도록 통합마케팅 커뮤니케이션 차원에서 수립되고 전개되어야 한다.

- 실행단계에서는 상황적 변화로 인해 광고 전략을 수정해야 할 경우를 대비하여 상황적 계획을 사전에 준비할 필요가 있다. 성과분석 및 조정단계에서는 실행에 들어간 모든 광고 전략의 성과를 측정하여 평가를 받아야 한다. 평가방법에는 정량적 평가와 정성적 평가가 있다. 평가결과가 좋으면 피드백과 함께 확산시키고 평가결과가 나쁘면 원인을 규명하여 수정 · 보완하여야 한다.

- 미국에서 실시하고 있는 전국대학생광고대회는 대학생들에게 전문적인 광고캠페인을 개발하고 발표할 수 있는 기회를 제공하는데 목적을 두고 있다. 이 대회는 미국광고연합이 후원하고 있으며 매년 가을에 실시한다. 작성내용은 크게 광고기획서 부문과 광고작품 부문으로 이루어진다. 이를 통해 대학생들은 실제현장에서 부딪치는 새로운 비즈니스의 세계를 경험해 볼 수 있다.

- 우리나라에서도 제일기획을 비롯해 여러 광고관련 대행사들과 매체사들이 전국에 있는 대학생을 대상으로 광고기획(광고 전략) 부문과 광고작품 부문에 대해 광고공모전을 실시하고 있다. 수상작에 들면 상금과 더불어 입사하는 데 가산점을 주기 때문에 많은 학생들이 관심을 가지고 응모하고 있다.

Test
기출문제

01 광고 전략 수립과정의 변수와 거리가 가장 먼 것은?
① 성과분석 ② 기회분석 ③ 사전조사
④ 상황분석 ⑤ 품질분석

02 고객에 대한 분석 시 고려해야 할 변수 중 심리적 변수로 가장 적합한 것은?
① 가족규모 ② 교육수준 ③ 라이프스타일
④ 소득과 직업 ⑤ 브랜드 애호도

03 SWOT 분석의 주요 요인과 거리가 가장 먼 것은?
① 위협 ② 품질 ③ 약점
④ 기회 ⑤ 강점

04 광고 전략은 마케팅 전략과 광고의 목표를 달성할 수 있도록 통합마케팅 커뮤니케이션 차원에서 수립되고 전개되어야 한다. 여기서 통합마케팅 커뮤니케이션은 광고 외에 다른 촉진수단, 즉 홍보, 인적 판매, 판매촉진뿐만 아니라 상품, 가격, 유통에 따른 커뮤니케이션의 효과를 포함하는 광고의 확장된 개념이라고 할 수 있다.
여기서 통합마케팅 커뮤니케이션의 약자를 영어 대문자 3자 이내로 쓰시오.

05 미국 대학생 광고대회와 우리나라 대학생 광고공모전의 경우, 광고관련 단체들이 전국에 있는 대학생을 대상으로 광고캠페인을 개발하고 발표할 수 있는 기회를 제공하기 위하여 (　　) 부문과 광고작품 부문에 대해 광고공모전을 실시하고 있다.
빈칸에 들어갈 알맞은 것을 한글 4자 이내로 쓰시오.

[정답]
01 ⑤ **02** ③ **03** ② **04** MC **05** 광고기획 또는 광고 전략

참고문헌

광고계동향 (2018). 제일기획.

광고연감 (1999~2017). 제일기획 마케팅연구소.

독립신문 창간호 (1896).

동방기획사보 (1992). 8월호 특집.

동아일보 (1937. 12. 14).

동아일보 (2009. 5. 22).

매일신보 (1922. 5. 25).

방송심의사례집 (2007). 방송위원회, p.139.

방송통신광고비 조사보고서(2013-2017). 한국방송광고진흥공사.

방송심의사례집 (2009). 방송통신심의위원회, p.140.

삼정 KPMG (2010). 해외콘텐츠시장조사, p.69.

양정혜 (2009). 광고의 역사. 파주: 한울.

유영실 (2007). 세계는 이 광고에 놀랐다. 서울: 커뮤니케이션북스.

유영실(2011), 돈 못 버는 광고들의 착한 상상력. 서울: 학이시습.

이두희 (2003). 광고론. 서울: 박영사.

장대련, 한민희 (2006). 광고론. 파주: 학현사.

제임스 허먼 (2012). 상 받은 광고가 11배 잘 팔린다. 서울: 문예마당.

최호규 (1995). 비교광고를 통한 태도변화의 구조적 관계에 관한 연구. 광고연구, 28, 177.

하루야마 유키오 (2007). 서양 광고 문화사. 서울: 한나래.

한국광고협회 (2012). 광고계동향. 252, 10-22.

한국방송광고진흥원 연간보고서 (2012).

한민희, 장대련 (1995). 광고경영론. 파주: 학현사.

한성주보 제4호 (1886. 2. 22).

황성신문 (1903).

American Marketing Association(AMA). 1963.

American Marketing Association(AMA). 2004.

Ash, S. B., & Wee, Chow-Hou (1983). "Comparative Advertising: A Review with Implications for Further Research,"in *Advances in Consumer Research, 10*, Richard P. Bagozzi and Alice M. Tybout, eds. Ann Arbor, MI: Association for Consumer Research, pp.370-376.

Bagozzi, R. (1975). "Marketing as Exchange,"*Journal of Marketing, 39*(October). pp.32-39.

Bennett, P. D. (1995). *The AMA Dictionary of Marketing Terms*, 2nd ed.. New York: McGraw-Hill.

Bovee, C. L., & Arens, W. F. (1989). *Contemporary Advertising*, 4th ed.. Homewood, IL: Irwin.

Chaiken, S. (1980). "Heuristic Versus Systematic Information Processing and the Use of Source Versus Message Cues in Persuasion," *Journal of Personality and Social Psychology, 30*(5).

Colley, R. H. (1961). *Defining Advertising Goals for Measured Advertising Results*. New York: Association.

of National Advertisers.

Dunbar, D. S. (1990). "Music in Advertising,"*International Journal of Advertising*, November, pp.197-203.

Dunn, S. W., & Barban, A. M. (1986). *Advertising: Its Role in Modern Marketing*, 6th ed.. Chicago, IL: The Dryden Press.

Gorn, G. J. (1982). "The Effects of Music in Advertising on Choice Behavior: A Classical Conditioning Approach," *Journal of Marketing, 46*(Winter).

Griffin, R. W. (2006). Management, Houghton Mifflin Company. p.370. Adapted from Abraham H. Maslow(1943). "A Theory of Human

Motivation," *Psychological Review, 50*, pp.370–396.

Kotler, P., & Armstrong, G. (2008). *Principles of Marketing*, 12th ed., Pearson Education Inc..

Kotler, P. (1988). *Marketing Management: Analysis, Planning, Implementation, and Control*, 6th ed., Prentice–Hall, p.587.

Krugman, H. E. (1965). "The Impact of Television Advertising: Learning without Involvement," *Public Opinion Quarterly, 29*, pp.349–356.

Lavidge, R. J., & Steiner, G. A. (1961). "A Model for Predictive Measurements of Advertising Effectiveness," *Journal of Marketing, 25*(October). pp.59–62.

MacInnis, D. J., & Jaworsky, B. J. (1989). "Information Processing from Advertisements: Towardan Integrative Framework," *Journal of Marketing, 53*(October). pp.1–23.

Mackenzie, S. B., & Lutz, R. J. (1983). "Testing Competing Models of Advertising Effectivenessvia Structural Equation Models," Proceedings of the Winter Educators'Conference, Chicago: American Marketing Association, pp.70–75.

Mackenzie, S. B., Lutz, R. J., & Belch, G. E. (1986). "The Role of Attitude Toward the Ad as a Mediator of Advertising Effectiveness: A Test of Competing Explanations," *Journal of Marketing Research, 23*, p.130–143.

McCarthy, E. J. (1996). *Basic Marketing: A Managerial Approach*, 12th ed., Homewood, IL: Irwin. Two alternative classifications are worth noting. Frey proposed that all marketing decision variables could be categorized into two factors: the offering(product, packaging, brand, price, and service) and methods and tools(distribution channels, personal selling, advertising, sales promotion, and publicity). See Albert W. Frey, Advertising, 3rd ed., New York: Ronald Press, 1961, p.30. Lazer and Kelly proposed a three factors classification: goods and services mix, distribution mix, and communications mix. See William Lazer and Eugene J. Kelly, Managerial Marketing: Perspectives and Viewpoints, rev. ed., Homewood, IL: Irwin, 1962, p.413.

Mitchell, A. A., & Olson, J. C. (1981). "Are Product Attribute Beliefs the Only Mediator of Advertising Effects on Brand Attitudes?" *Journal of Marketing Research, 18*(August). pp.318–331.

Moore, D. L., & Hutchison, J. W. (1983). "The Effect of Ad Affect on Advertising Effectiveness," in *Advances in Consumer Research, 10*, Richard P. Bagozzi and Alice M. Tybout eds. Ann Arbor, MI: Association for Consumer Research, pp.526–531.

Moriarty, S., Mitchell, N., & Wells, W. (2009). *Advertising: Principles and Practice*, 8th ed., Pearson Education Inc., pp.54–55. p.139. p.187.

Nylen, D. W. (1993). *Advertising: Planning Implication and Control*, 3rd ed., Cincinnati, OH: South Western Publication, Co.

Petty, R. E., & Cacioppo, J. T. (1981). *Attitudes and Persuasion: Classic and Contemporary Approaches*. Dubuque, IA: William C. Brown.

Petty, R. E., & Cacioppo, J. T. (1986). "The Elaboration Likelihood Model of Persuasion," in *Advances in Experimental Social Psychology, 19*, Leonard Berkowitz, ed. Orlando, FL: Academic Press, Inc. pp.123–205.

Petty, R. E., & Cacioppo, J. T. (1986). *Communication and persuasion: Central and Peripheral Routes to Attitude Change*. New York: Springer–Verlag.

Petty, R. E., Cacioppo, J. T., & Schumann, D. (1983). "Central and Peripheral Routes to Advertising Effectiveness: The Moderating Role of Involvement," *Journal of Consumer Research, 10*,(September). 135–146.

Rogers, R. W. (1983). "Cognitive and Physiological Processes in Fear Appeals and Attitude Change: A Revised Theory of Protection Motivation," in J. Cacioppo and R. Petty, eds., *Social Psychophysiology,* New York, NY: Guilford.

Strong, E. K. (1925). *The Psychology of Selling.* New York: McGraw-Hill.

Wells, W., Burnett, J., & Moriarty, S. (2006). *Advertising: Principles and Practice.* Englewood Cliffs, NJ: Prentice-Hall, p.89.

Zajonc, R. B. (1980). "Feeling and Thinking: Preference Need No Inference," *American Psychologist, 35*, pp.151-175.

ZenithOptimedia (2010). Advertising Expenditure Forecast 2010.

E-Marketer

www.daum.net

www.google.co.kr

www.naver.com

www.tvcf.co.kr

찾아보기

[인명]

[내용]

저/자/약/력

최호규(崔鎬圭)
공주대학교 경영학과 교수, 경영학(마케팅) 박사

저자는 1997년부터 2002년까지 제주대학교에서 전임강사, 조교수로 재직하였으며 2002년부터 2018년 현재까지 공주대학교 인문사회과학대학 경영학과에서 조교수, 부교수, 교수로 재직하고 있다. 강의과목은 주로 마케팅원리, 마케팅전략, 마케팅리서치, 소비자행동분석, 소비자행동연구, 광고와 멀티미디어, 광고론, 광고와 소비자심리, 광고와 카피를 담당하고 있다.

권주형(權周衡)
공주대학교 경영학과 외래교수, 경영학(마케팅) 박사

저자는 2012년 중국해양대학 초빙연구원을 비롯하여, 충북대학교, 단국대학교, 숭실대학교, 세종대학교 등에서 강의하였으며, 2018년 현재 KNU기업경영연구소가 수행하고 있는 한국연구재단 대학중점 연구과제의 공동연구원으로 활동하고 있다. 강의과목은 주로 경영학원론, 마케팅원리, 마케팅전략, 유통관리론, 연구조사 방법론, 중소기업 사례연구 등을 담당하고 있다.

광고의 이해(2판)

초판발행 2014년 3월 10일 **1판 1쇄 발행** | 2014년 6월 30일 **1판 2쇄 발행** |
2015년 6월 30일 **1판 3쇄 발행**
2판발행 2018년 9월 10일 **2판 1쇄 발행** | 2019년 9월 10일 **2판 2쇄 발행** |
2020년 9월 10일 **2판 3쇄 발행** | 2022년 3월 10일 **2판 4쇄 발행**

지은이 최호규 권주형
펴낸이 최용구 | **펴낸곳** 도서출판 **이프레스**
주소 (04316) 서울시 용산구 원효로 89길 19 (원효로1가)
전화 02) 537-1720(영업부), 537-1721(편집부), 537-1711(팩스)
이메일 epress01@naver.com | **홈페이지** www.epress1.com
등록 2009년 12월 10일 제16-2710호
기획마케팅 최용구 장만동 최충구 진소희 | **책임편집** 석기은 황가연

ISBN 979-11-87570-36-3 93320
정가 25,000원